NINE FACES OF THE SOUL

회복과 치유로 가는 길

- 에니어그램 IN FACES -

황인숙 지음

EBSH연구소

한 처음에 말씀이 계셨다.

말씀은 하느님과 함께 계셨는데 말씀은 하느님이셨다.

그분께서는 한 처음에 하느님과 함께 계셨다.

모든 것이 그분을 통해 생겨났고 그분 없이 생겨난 것은 하나도 없다.

그분 안에 생명이 있었으니

그·생·명·은·사·람·들·의·빛·이·었·다

그 빛이 어둠 속에서 비치고 있지만

어둠은 그를 깨닫지 못하였다.

요한 1,1-5

머리글

에니어그램의 지혜는 인간의 내면을 비추어 주는 거울로서 영적 성장과 상담에 사용되었으나 은밀히 구전으로만 전해져 왔다고 합니다. 에니어그램의 지혜가 글로 쓰여질 때 그 지혜를 잃어버린다고 믿었기 때문이었지요. 그런 이유에서 에니어그램의 지혜는 준비된 차기 지도자 중 두 사람에게만 은밀히 전수 되었고 한 사람은 지도자의 예기치 못한 사고에 대비한 것이었다고 합니다.

그렇게 비밀리에 전수되어온 에니어그램을 유럽 사회에 소개한 사람은 러시아의 신비주의 스승 구르지예프(G.I.Gurdjieff)였습니다. 구르지예프는 그의 첫 스승 보르쉬 신부의 영향으로 잃어버린 고대의 신비를 찾아 오지를 탐방했으며 특히 사막의 교부들로부터 얻은 지혜와 통찰로써 사람의 얼굴로 드러나는 사소한 표정과 몸짓 등으로부터 심리상태를 읽을 수 있었다고 합니다. 몸과 마음은 하나로 움직이고 있으며 한 사람의 사소한 얼굴 표정, 몸짓 등은 한 사람의 내면을 가장 정확하게 드러내기 때문이지요. 그러나 얼굴의 사소한 표정이나 몸짓 등으로 내면을 읽어내기는 쉽지 않습니다. 달이 고요하게 가라앉은 수면 위로는 자신을 비추어 줄 수 있지만 출렁이는 물결위로는 비추어 줄 수 없듯이, 우리의 마음도 고요하게 가라 앉을 때에야 타인의 얼굴을 제대로 비춰낼 수 있기 때문이지요. 그러한 이유에서 에니어그램은 심리학 통계학과 연계되어 지력에 의한 두뇌적이고 분석적이고 이론적인 방법으로 발전되어 왔습니다. 그리고 연구자의 다양한 성격만큼이나 다양한 이론을 담은 책자들이 쏟아져 나왔습니다. 이러한 현상은 물질만능시대를 살아가는 만큼 인간의 영적 갈증이 그 균형을 잡기 위한 것이라고 할 수 있겠습니다.

그러나 에니어그램을 위한 영적 작업이 지혜가 아닌 지력, 존재가 아닌 지식에 의해 발전되어 온 탓에 연구자의 성격적 성향과 지식에 따라 각기 다른 기준의 체크리스트와 유형설명과 이론들을 양산해 내게 되었지요. 인간의 지력이란 외부로부터 들어오는 정보를 자신의 성격적 성향과 지식에 따라 달리 이해할 수 밖에 없는 한계를 지니고 있기 때문입니다. 사람의 일을 포함한 현상 들에 대한 경험과 이론을 놓고 볼 때 이론이란 지력의 한계 내에서 현상 안에 숨겨진 신비를 풀어낸 것이고 신은 인간의 지력 그 한계 내에서만 자신을 보여 줄 수 있기 때문이지요. 그렇기 때문에 신성의 현현인 사람의 내면을 읽고자 하는 에니어그램 워크숍에서 지력에 의해 고안된 체크리스트나 유형설명을 사용한다는 것은 불가능합니다. 본질 안에서 하나인 우리는 본질에 다가서는 만큼 모든 유형의 장점을 쓸 것이고 집착 안에 갇혀 있을 때라도 농도, 강도의 문제가 있을 뿐 모든 유형의 집착을 쓸 수 있기 때문입니다. 그렇기 때문에 체크리스트나 유형설명을 들을 때 모두가 자신을 설명하는 것처럼 들립니다. 이러한 혼란 가운데 체크리스트나 유형설명을 듣는 이들은 체크리스트의 항목과 유형설명을 머리로 분석하게 됨으로써 자신의 내면을 정직하게 직면할 수 없게 됩니다. 그리고 위험한 것은 체크리스트나 유형설명 개발자들의 다양한 성격만큼이나 다양한 유형설명을 참고하면서 다시 자신의 성격적 성향과 지식의 한계 내에서 타인을 판단하게 된다는 점입니다. 에니어그램을 다루는 이러한 태도들이 만연될 때 에니어그램은 인류공동체의 성장이라는 명제보다 지적 유희의 도구로 전락하게 되어 늘어지고 시시해 질 수 밖에 없을 것입니다.

우리들 생물학적 몸은 홀로 존재할 수 없는 관계 안의 생명입니다. 관계 안의 생명인 우리의 생물학적 몸은 관계 안에서 일어나는 여러 변수에 따라 변화를 거듭하다가 한날 먼지로 돌아갈 뿐인 비실재적 존재입니다. 비실재적 존재로서의 생물학적 몸을 생명이게 해 주는 것은 우주만물을 자신과 연결시켜 움직여가고 있는 사랑과 생명의 창조적인 힘, 우주적 기운으로서 우주에 형식과 의미 질서를 부여하여 다스리는 로고스, 신성의 빛입니다. 우리는 한 사람을 움직여가는 우주적 기운과의 연결 망 안에서 보여주는 한 사람의 얼굴 기운, 눈빛으로부터 한 사람을 움직여가는 영적 정신적 신체적 조건과 성격을 유추해 볼 수 있을 뿐입니다. 성격유형에 대한 설명은 로고스, 신성의 빛이 어떻게 한 사람의 영적 정신적 신체적 조건이 되어 자신을 드러내는가를 보여주는 한 사람과의 연결 망 안에서 그리고 다른 사람과의 관계 안에서 끊임없이 변화하는 움직임 자체라는 맥락 안에서 특징만을 간단히 설명해 주는 것이 위험을 줄여주는 방법일 것 입니다.

20세기 들어서면서 데카르트의 심신이원론으로부터 출발한 환원론적, 기계론적 생물관에 입각한 생물의학은 질병치료에 있어서 한계를 드러내고, 양자 물리학, 양자 생물학, 뇌과학 등의 영향으로 건강에 대한 정의는 심신일원론에 입각한 전일주의의학 즉 영적 정신적 신체적 부분을 포함해서 정의되고 있습니다. 이 책은 사랑과 생명의 창조적인 힘, 신성의 빛이 어떻게 한 사람의 의식과 숨을 움직여가는 영적 정신적 신체적 조건과 연결되는지 그리고 자신의 영적 정신적 신체적 조건의 알아차림이 어떻게 영적 치유와 함께 몸과 마음의 치유로 연결될 수 있는지에 대한 이해를 중심으로 편집되어 있습니다. 이 책이 자신과 이웃에 대한 올바른 이해와 더불어 공동체의 의식성장과 변화에 기여할 수 있기를 바랍니다.

자신의 귀한 얼굴 사진을 기증해 주신 분들께

마음 깊이 감사 드립니다.

추천의 글

인간은 자신의 의미를 근원적으로 탐구하는 존재이다. 의미 탐구적 존재로서 인간의 자기이해 역사를 우리는 철학의 시조인 탈레스로부터 시작되었다고 생각한다. 이러한 생각은 개념적이고 이론적인 차원의 인간 이해의 역사에 한하여 그 진실성을 갖는다. 인간이란 무엇인가라는 근원적 질문에 대한 탐구는 철학 이전부터 있어왔다. 기원전 2500년경 아프카니스탄 지역에서 유래한 에니어그램이 한 예이다. 플라톤이 신화적 설명을 통해 보여주는 인간 본성론을 들여다보면 에니어그램 성격론의 토대인 장, 가슴, 머리라는 도식을 응용하고 있음을 알 수 있다. 오늘날 에니어그램은 현대 심리학과 결합해 과학주의적 성향을 강화시키고 있다. 이 점에서 황인숙 선생님이 의욕적으로 저술한 『에니어그램 IN FACES』는 기존의 에니어그램 관련 도서와 비교해 의미 있는 차별성을 보여주고 있다.

저자가 지적하듯 에니어그램은 자기 의미 탐구의 역사 안에서 발굴해낸 철학, 심리학의 언어들을 신비와 하나로 묶어 주고 있다. 그런 의미에서 영성과 심리학의 다리라고 불리는 에니어그램은 진정한 자유와 충만하고 건강한 삶을 위한 '자기 찾기'의 내면적 방법이지 단순히 심리분석과 그것에 기초한 자기개발의 기술적 도구가 아니다. 이와 같은 문제의식이 저자가 이 책을 기획한 동기이며 생명력과 영성 회복의 중요성을 강조하는 이유이기도 하다. 이 책의 또 다른 미덕은 저자 자신의 오랜 내적 수련과 실천적 지혜가 친절하고 이해 가능한 방식으로 녹아 있다는 점이다. 내적 여행을 통한 생명력의 회복과 참된 자아에의 길을 걷고자 하는 이들에게 일독을 권한다.

철학박사 이종하

당신께는 생명의 빛이 있고

저희는 당신의 빛으로 빛을 보옵니다.

시편 36,10

EBSH

Enneagram Based Spiritual Healing

사랑과 생명의 빛을 찾아서

어떤 사람이 절벽에서 떨어지다 중간에 삐죽이 나와 있는 나뭇가지를 붙잡을 수 있었다. 그는 잡고 있는 나뭇가지가 부러지기 전에 하느님께서 주실 다른 도구를 기대하며 하느님을 불렀다. 그가 잡고 있는 나뭇가지 아래로 얼마 떨어지지 않는 곳에 안전하게 디디고 설 땅이 있었지만, 나뭇가지라는 도구에 마음이 묶여 있던 그는 땅을 내려다볼 여유가 도저히 없었다. "나뭇가지를 놓아라." 어디선가 하느님의 음성이 들려왔다. 그는 이해할 수가 없었으므로 다른 하느님을 불렀다. 그러나 다른 하느님은 없다. 나를 살려주리라고 굳게 믿고 있는 나뭇가지라는 도구에 마음이 묶여 있는 동안에는 나는 편안하게 디디고 설 땅을 내려다 볼 수 없다.

우리에게 집착이란 우리가 잡고 있는 나뭇가지와 흡사하다. 삶을 돌아보면 우리는 가끔 가혹한 현실에 부딪혀 왔고 그 현실 안에서 분노와 회한과 슬픔 등 부정적인 감정에 시달려 끝내는 죽을병에 걸려 몸져눕는다거나 혹은 그에 상응하는 정신적인 죽음을 겪을 때가 있었다. 그토록 열심히 살아왔는데 무엇이 잘못 되었단 말인가 내 처신은 분명이 옳고 좋았는데 어찌하여 나는 그토록 왜곡되고 어찌하여 그처럼 쉽게 일이 틀어지는지 알 수 없었다.

그렇다. 삶의 막다른 곳에서 우리의 의지와 힘이 온전히 꺾이고 고갈되고 바닥을 드러냈을 때에야 우리는 비로소 초췌해지고 무기력한 얼굴로 자신을 돌아보기 시작한다. 나의 의지와 힘으로 해 낼 수 있으리라고 믿었던 만큼의 소란스러움, 그 소요가 가라앉고 난 뒤에야 찾아오는 고요 속에서 우리는 서서히 깨닫게 된다. 나라는 존재는 내가 힘겹게 퍼 올린 힘에 의해서가 아니고 절대적인 어떤 힘에 의해 받쳐지고 있다는 것을.

에니어그램은 우리를 궁극적으로 받쳐 주고 있는 절대적인 힘에 대해서 이야기해 준다. 우리를 살릴 수 있으리라고 믿었으나, 실은 스스로를 파괴하도록 부추겼던 우리들의 집착 - 거짓 자아상(自我象) 너머로 빛나고 있는 영원한 생명과 사랑의 빛, 거룩하고 숭고한 의지와 힘에 대해서, 사랑과 생명의 빛 안에서 누리게 될 충만하고 가볍고 자유로운 삶에 대해서 이야기해 준다. 에니어그램은 잃어버린 낙원에서의 자유와 기쁨과 평화를 우리에게 되돌려 주기 위해서 우리들 스스로를 묶고 있는 집착의 정체를 보여주고, 우리들 스스로 이해의 폭을 제한시켜 온 집착의 눈과 집착의 귀에서 벗어나, 진리의 눈으로 올바로 보고 진리의 귀로 올바로 듣도록 격려해 준다.

에니어그램 안에서 우리는 나를 포함한 우리 모두의 부정적인 태도 안에 숨어있는 본질을 이해함으로써 부정적으로 반응하기보다 좀 더 유연하게 반응할 수 있기를 원한다. 다시 말해서 애벌레에게서 나비를, 독수리 알에서 독수리를, 죄인에게서 성인을 볼 줄 아는 지혜의 눈과 귀로 보고 알아듣기를 원한다. 우리의 본질대로 존재자체로 이해하고 존재 자체로 판단하고 반응함으로써 우리가 그토록 염원해온 의사소통의 문제를 해결하고 기쁨과 평화와 사랑이 있는 조화로운 사회를 꿈꾼다.

삶의 벼랑 끝에서 나의 의지와 나의 힘이 아무런 소용이 없음을 온 몸으로 느끼게 되는 의식의 전환점에서 비로소 열리게 되는 깨달음의 길! 그 전환점이 육체적인 죽음이든, 정신적인 죽음이든, 그런 의미에서 죽음에 비할 수 있는 어떤 종류의 고통이라도 우리에게 축복일 수 있다. 절벽 끝에서 생명의 끈 인줄 알고 굳게 잡았던 나뭇가지 세상의 방식으로 살아가고자 했던 나뭇가지를 놓아 버린 후, 그분을 올려다 볼 수 있을 때에야 비로소 그분은 당신의 모습을 드러내 보여 주시면서 말씀 하신다.

"그래 아가야 내가 바로 길이요, 진리요, 생명이란다."

나뭇가지를 놓아라! 그러면 하느님께서 날게 해 주신다.

날자! 빛을 향하여.

"절벽 끝으로 오라." 스승이 말했다.

"못하겠어요. 스승님 겁이 납니다."

"절벽 끝으로 오라." 다시 스승이 말했다.

그는 절벽 끝으로 갔다.

스승은 …

그를 밀어버렸다.

그리고 그는

날 * 아 * 올 * 랐 * 다.

목 차

1. 빛의 선물로부터 온 빛의 생명, 영적 존재 – 보이는 것은 실재가 아니다.

에니어그램의 스승 구르지예프(G.I.Gurdjieff)는 "무수한 세계들이 절대로부터 태어나고 각각의 세계로부터 새로운 또 다른 창조의 빛이 시작된다."라고 말함으로써 인간을 포함한 세계가 절대라고 부르는 창조의 빛으로부터 온 움직임이라고 설명했다. 절대의 의미는 스스로 존재하면서 모든 것을 뛰어넘는 비교 불가능이라는 의미다. 스스로 존재하면서 모든 것을 뛰어넘는 절대를 신성이라고 부른다면 구르지예프가 말하는 창조의 빛이란 신성의 빛을 의미한다.

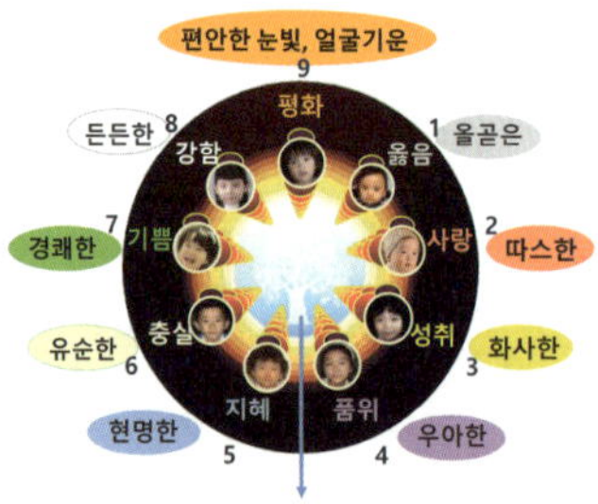

스스로 존재하는 존재적 영적 생명 - 로고스, 신성의 빛

에니어그램(Enneagram)은 9(ennea)라는 숫자와 점, 선, 도형(gram)을 가리키는 희랍어의 합성어로서 보편진리 안에 내재된 신성의 빛을 뜻한다. 성격유형론에서 에니어그램은 우주에 형식과 의미, 질서를 부여하여 다스리는 로고스, 신성의 빛으로부터 온 아홉 영적 의식에너지를 뜻한다. 인간의 육체적 심리적 생명(bios, psyche)은 스스로 존재하는 존재적 영적 생명(Zoe), 우주에 생명의 숨, 생기를 불어넣어 움직이고 있는 사랑과 생명의 빛, 아홉 영적 의식에너지의 움직임이다.

아홉 영적 의식에너지 - 영적 옳음, 영적 사랑, 영적 성취, 영적 품위, 영적 지혜, 영적 충실, 영적 기쁨, 영적 강함, 영적 평화는 사랑과 생명의 창조적인 힘, 신성의 빛으로부터 온 빛의 선물로서 흙의 먼지로 빚어진 인간의 몸을 생명이게 해주는 생명의식에너지, 생명의 빛이다. 인간의 육체적 심리적 생명은 사랑과 생명의 창조적인 힘, 빛의 선물로부터 생명을 얻은 빛의 생명이며 아홉 영적 의식에너지가 움직이는 영적 존재다. 아홉 영적 의식에너지 - 영적 옳음, 영적 사랑, 영적 성취, 영적 품위, 영적 지혜, 영적 충실, 영적 기쁨, 영적 강함, 영적 평화는 인간의 의식과 숨을 움직여 생명으로 살아가도록 해 주는 본래덕목이며 인간은 본래덕목의 얼굴인 본래면목으로 태어난다.

1) 빛의얼굴

인간의 얼굴은 존재적 영적 생명, 신성의 빛으로부터 온 빛의 얼굴로 태어나지만, 인간의 육체적 심리적 생명은 관계 안에서 일어나는 여러 조건에 의해 변화를 지속하다가 먼지로 돌아갈 비실재적 존재로서의 움직임이다. '보이는 것은 실재가 아니다.' 라는 철학적 명제가 아니더라도 육안으로 보이는 우리의 몸은 끊임없는 세포교환으로 한 순간도 그 자리에 있지 못하고 생성과 소멸의 변화를 반복하다가 한낱 먼지로 돌아갈 뿐인 유한한 생명으로서의 움직임이다. 그러나 우리의 얼굴은 영원한 사랑과 영원한 생명에 대해서 이야기한다. 영원을 꿈꾸고 천상적인 아름다움과 사랑을 노래하는 나의 얼굴은 어디서 왔을까?

한 사람의 얼굴을 보면서 우리는 "저 사람은 참 올곧고 원칙적이야." 혹은 "저 사람은 참 따뜻한 사람이야" 혹은 "저 사람은 참 밝고 명랑해" 혹은 "저 사람에게서는 참 편안한 기운이 느껴져." 라고 말한다. 한 사람으로부터 오는 기운은 한 사람의 기질과 성품, 정체성을 말해 주는 것으로서 한 사람을 움직이는 우주적 생기, 아홉 영적 의식에너지로부터 오기 때문이다.

영상물의 제작자가 TV화면을 통하여 영상물을 내어 보내듯이 사랑과 생명의 창조적인 힘, 아홉 영적 의식에너지도 나의 얼굴을 통하여 자신을 내어 보낸다. 영상물이 제작자의 마음에 따라 기획되고 살아 움직일 뿐 스스로 존재할 수 없듯이, 나의 얼굴도 아홉 영적 의식에너지와 같은 주파수의 진동으로 공명할 수 있을 때 선명하게 살아 움직이지만 그렇지 못할 때 구겨지고 흐려진다. 오장육부의 뿌리로서 몸을 지탱해 주는 척추 역시 아홉 영적 의식에너지와 같은 주파수의 진동으로 공명할 수 있을 때 바로 서게 되며 척추와 연결된 신경계도 살아나 오장육부도 튼실해지고 얼굴빛도 살아난다. 아홉 영적 의식에너지가 움직이는 신체는 신체를 단련시키기 위한 운동보다 아홉 영적 의식에너지 안에서 일어나는 어떤 통찰의 순간에 더욱 빠르게 반응하며 가벼워진다. 로고스로부터 온 아홉 영적 의식에너지는 생명의 혈을 움직이는 우주적 생기로서 몸 세포를 활성화시켜주는 숨과 함께 하고 있기 때문이다.

심 · 기 · 혈 · 정의 의미를 풀어보면 '마음은 기(氣)와 함께 있고, 기(氣)는 혈의 흐름을 과 함께 있고, 혈의 흐름은 건강과 함께 있다' 라는 의미다. 그리고 혈의 흐름을 움직이는 기(氣)는 숨길 따라 흐른다. 숨길은 마음이 어떤가에 따라 열리거나 막힌다. 평온한 마음은 평온한 숨길을 내고 분노나 슬픔 같은 마음은 숨길을 막는다. 평온한 숨길따라 생명의 혈이 흐르고 있으니 평온한 마음으로부터 오는 숨은 생명을 의미한다. 그런 의미에서 분자 생물학자였다가 명상가가 된 메사추세츠대 의과대학 존 카밧진(Jon Kabat-Zinn) 박사는 "숨 쉴 힘만 있어도 살아날 수 있다." 라고 강조한다.

"하느님께서 흙의 먼지로 사람을 빚어 코에 생명의 숨을 불어 넣으사 사람이 생명체가 되었다." 창세기 2, 7

육체적 심리적 생명(bios, psyche)의 움직임은 고요하고 평온한 하늘의 마음으로부터 온 숨이 끊어짐과 동시에 흙의 먼지로 돌아간다. 인간은 고요하고 평온한 하늘의 마음과 함께 있는 숨을 통한 물질과 에너지의 대사작용(교환)으로 살아갈 힘과 생명력을 얻기 때문이다.

동의보감을 보면 하늘의 마음이 마음의 주인이고, 주인인 하늘의 마음으로부터 오는 고요, 평화가 생명의 혈을 움직여가는 생기(生氣)라고 설명한다. 또한 세로토닌(Serotonin) 같은 면역성 호르몬도 고요, 평화 안에서 방출된다. 반대로 인간의 희로애락은 몸과 마음의 객으로서 삿된 기운, 사기(邪氣)라는 것이며 혈의 흐름을 방해할 뿐만이 아니라 스트레스 호르몬을 방출시켜 질병에 노출되도록 한다. 그런 의미에서 도교에서는 생명을 살린다는 의미의 양생(養生)사상을 무위자연(無爲自然)사상이라고 설명한다. 무위자연 사상이란 내가 한다는 의도가 없는 무위 안에서 하늘의 마음에 의해 저절로 그러함이 드러나도록 해야 생명력이 살아난다는 의미다.

이탈리아의 카를로 마리아 마르티니 (Carlo Maria Martini) 추기경[a] 역시 움베르뜨 에코와의 대화를 엮은 그의 저서『무엇을 믿을 것인가』에서 이렇게 쓰고 있다. "복음서에서 가르치는 최상의 가치는 육체적 생명(bios)이나 심리적인 생명(psyche)이 아니라 인간에게 전달된 하느님의 생명(Zoe)입니다. 위의 세 용어는 신약성서에서 엄밀히 구분되어 있습니다. 그리고 앞의 두 단어는 세 번째 것의 하위개념입니다."

실제로 우리의 마음이 하느님의 생명(Zoe), 존재적 영적 생명인 로고스로부터 오는 영적 사랑 안에서 평화로울 때 숨길 또한 평화롭고, 평화로운 숨길 따라 기혈이 열려 우리의 얼굴 빛은 환하게 살아난다. 또한 면역성 호르몬의 방출로 몸은 잘 조율된 피아노 건반처럼 아름다운 삶을 연주한다. 우리는 그렇게 우리를 움직이는 영적 사랑, 기쁨, 평화 안에서 숨쉬고 노래할 수 있는 로고스의 아홉 얼굴들이다. 그리고 각 얼굴은 자신과 연결된 사랑과 생명의 빛, 로고스에 지속적으로 닿아 숨쉬고 노래하기 위한 무의식적 본능적 생존 욕구에 의해서 빛의 가치를 추구한다. 그리고 그 가치가 자신 안에서 올곧게 발현될 때 얼굴빛은 생기를 띄운다. 에니어그램 탐구는 이탈리아의 철학자 이탈로 만치니(Italo Mancini)의 마지막 저서『얼굴들이 돌아오게 하소서』에서 언급한 것처럼 "세계는 얼굴이라고 하는 이타성의 중심들이 존재하고 있다는 사실에 의해 주어지는 것이며, 바라볼 얼굴, 존중할 얼굴, 어루만질 얼굴들이 존재하기에 세계도 존재한다."라는 의미에서 우리들 본래

---

a)카를로 마리아 마르티니(Carlo Maria Martini) 추기경: 밀라노 대교구장 겸 진보적인 성서학자로서 유력했던 교황 후보였다. "가톨릭교회는 200년 이상 시대에 뒤떨어졌다"고 질타하던 교회의 스승

면목의 회복과 관련된 삶의 양식을 위한 탐구여야 한다.

요즈음은 뇌에 대한 연구가 활발하게 이루어지고 있으나 아직 뇌에 대한 온전한 이해는 어렵다. 그렇더라도 지금까지의 뇌 연구를 통하여 분명해 진 것은 '우리에게 자유의지란 없다.'라는 것이다. 우리들 뇌 안에서 일어나는 일들은 살펴보면 뇌로 들어오는 여러 정보에 의한 전기신호에 따라서 순간 순간 자동적으로 처리되고 결정된 것들을 의식이 나중에 알아차리면서 자유의지에 의한 선택이었다고 믿는다는 것이다. 뇌는 자신을 움직이는 아홉 영적 의식에너지, 아홉 영성에 따른 가치를 가지고 있고 그 가치라는 창으로 선과 악을 분별하여 즉각 즉각 알아채고 반응하는 기계적 자동반응을 가지고 있다. 그러나 인간의 의식은 그러한 기계적 자동반응에 의한 것들을 나중에 알아차리면서 자신의 자유의지에 의한 선택이었다. 라고 믿는다. '인간에게 자유의지가 없다.'라는 결정론과 '자유의지가 있다.'라는 자유의지의 유무를 묻는 길에서 철학적 의미를 찾는다면 인간의 자유 의지란 '궁극적 원인의 무의식성'이라고 말하는 독일의 관념론 철학자인 요한 고틀리프 피히테(Johann Gottlieb Fichte)의 철학에서 찾아 볼 수 있겠다.

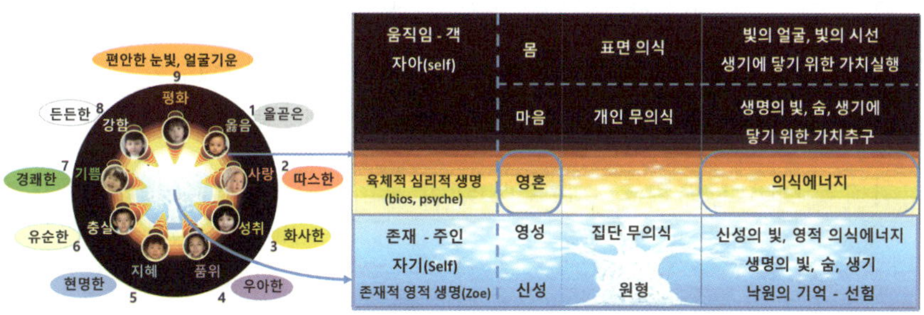

인간의 의식이 거대한 빙산으로 있는 무의식에 의해 이끌린다고 말한 융은 집단 무의식의 원형을 신성의 빛이라고 설명하고 진실한 자신이라는 의미에서 자기(Self)라고 표현했다. 융은 생명의 궁극적 원인인 로고스, 신성의 빛으로부터 온 아홉 영적 의식에너지, 영적 기쁨 사랑 평화를 자기(Self)라고 표현함으로써 결국은 소멸될 자아(self)너머에 있는 궁극적 실재, 영적 기쁨 사랑 평화에 대해서 이야기 하고 있다. 영적 기쁨 사랑 평화는 우리들 집단 무의식의 원형으로서 이미 나 자신이며, 나는 존재 자체로 기쁨이고 사랑이며 평화인 신성의 불꽃으로서 영원불멸의 존재인 것이다.

우리는 우리 안에 없는 것을 보고 듣고 느끼고 이해할 수는 없다. 또한 우리 안에 없는 것을 이야기 할 수 없다. 베토벤은 자신 밖에서 자연의 음악을 듣고 많은 아름다운 곡을 작곡했지만, 귀가 먹고 난 뒤에야 비로소 자신 안에 깃들어 있는 내면의 음률에 귀 기울일 수 있었고 더욱 아름다운 곡을 작곡할 수 있었으며, 프란치스코 성인 역시 눈이 멀고 난 다음에야 내면에 자리한 영혼의 눈으로 본 아름다운 세상에 대해서 그토록 결 고은 찬미의 노래를 부를 수 있었다. 신곡을 쓴 단테 역시 눈이 멀고 난 다음에야 비로소 자신 안에 이미 깃들어 있던 아름다운 천국을 더욱 선명하게 그려낼 수 있었다.

육안으로 보이는 것들은 이미 내 안의 나, 존재의 깊은 의식과 함께 있는 낙원의 기억 - 영적 기쁨 사랑 평화의 투영이기 때문이다. 영원한 생명의 기쁨과 사랑 평화와 아름다움을 꿈꾸며 살아간다는 것은 우리의 영원한 가치이며 이데아다. 우리는 우리들 실재인 우리 자신을 그리워하며 꿈꾼다. “너 자신을 알라” 라고 말했던 소크라테스는 이데아란 ‘존재에 대해 근원적인 물음을 끊임없이 물을 때 홀연히 나타나는 어떤 것이며, 묻는 자의 존재를 포함하여 세계 일체를 이루는 존재의 시원이며 진리 그 자체이다.' 라고 말했다. 이데아의 철학적 의미는 모든 사물이 생기게 된 존재의 궁극적 원인이자 궁극적 실재인 본질을 뜻한다. 이데아를 정의하고 있는 다른 설명을 들어보면 생성과 소멸을 거듭하는 감각세계의 사물은 이데아를 본떠 이루어진 것이지만, 생성과 소멸을 거듭하고 있는 감각세계의 사물은 진실한 존재가 아니고, 이데아야말로 진실한 존재이며 영원불멸의 궁극적 실재라는 것이다. 영원한 생명의 기쁨을 노래하고 사랑과 선함을 보고 느끼는 우리의 얼굴은 우리의 영원한 가치이고 이상인 이데아 - 영적 기쁨 영적 사랑 영적 평화와 함께 있다.

2) 빛의 시선

분자생물학자인 존 카밧진(Jon Kabat-Zinn) 박사를 비롯하여 많은 분자생물학자들이 대거 명상가들이 되었다. 그들이 인체의 세포분자에 생화학적 변화를 일으키거나 조절하고 있는 의식에너지를 발견했기 때문이다. 길을 가다가 우리는 어떤 얼굴에 시선을 줄 때가 있다. 그러면 나의 시선을 받은 얼굴은 어김없이 나를 쳐다 본다. 우리들의 눈빛, 시선에 담긴 의식에너지는 사람을 움직일 만큼 힘이 있다. 누군가가 나를 사랑스러운 시선으로 불러주면 사랑스러운 시선에 담긴 의식에너지는 나의 몸을 사랑스런 기운으로 이완시켜주고 밝고 환한 시선으로 불러주면 나의 몸도 밝아지며 편안한 시선으로 불러주면 나의 몸도 편안해 진다. 우리의 눈빛, 시선에 담긴 기운 - 의식에너지는 몸 세포분자에 생화학적 변화를 일으켜 줄 수 있는 힘이 있기 때문이다. 눈으로 보이는 거시세계의 물질 입자는 예측 가능하지만 눈으로 볼 수 없는 미시세계의 의식에너지, 마음은 예측이 어렵다. 그러나 미시세계의 연구를 위한 양자역학을 통하여 조금씩 의식의 실체가 드러나고 있으며, 그러한 과학자들의 노력은 자연스럽게 자연과학과 인문학을 연결시켜 준다. "양자역학은 우리 가운데 누구도 제대로 이해하지 못하지만 우리가 사용할 줄은 아는 무척 신비스럽고 당혹스러운 학문이다." 라고 한 양자물리학자 머레이 겔만(Murray Gell-Mann)의 말처럼 아직 양자역학에 대한 온전한 이해는 어렵고 양자역학에 대한 해석만 있을 뿐이다. 그러나 양자역학의 연구로 확인된 중요한 것은 인간을 포함한 모든 물질은 원자로 되어있으며 원자를 구성하는 아원자는 원자핵과 그 주위를 돌고 있는 전자기파의 파동이라는 것이어서 빛의 존재라는 것이다.

그렇다면 인간의 눈빛이나 얼굴 기운은 어디로부터 온 것일까? 필자가 진행하는 에니어그램 워크숍에서는 참가자들 스스로가 자신의 눈빛, 얼굴 기운을 파악하면서 스스로 자신의 성격유형을 찾아가도록 진행한다. 그런 이유에서 필자는 인간의 눈빛, 얼굴기운 등이 어디서 오는 것인가를 규명해 줄 과학적 이론을 찾고 있다가 코펜하겐 해석을 만났다. 필자는 코펜하겐 해석 - 관찰대상은 관찰자의 관찰 즉 관찰자의 시선에 담긴 의식에너지에 의해서만 물리적 상태가 결정 된다는 것에 착안하여 인간의 눈빛, 얼굴 기운이 태초 관찰자의 시선에 담긴 의식에너지 즉 신성의 빛으로부터 온 아홉 영적 의식에너지로부터 왔다고 추측해 보았다. 한 사람의 눈빛과 얼굴기운은 한 사람을 비추고 있는 빛의 시선을 보여주고 있으며 한 사람을 비추고 있는 빛의 시선은 한 사람의 생명을 움직이는 생명의식에너지, 생명의 빛으로서 한 사람을 움직이는 삶의 의미이자 가치가 된다. 예를 들어보면 유명한 물리학자인 리처드 필립스 파인먼(Richard Phillips Feynman)의 유언은 "너무 지루해서 두 번 죽는 건 못하겠다. (I'd hate to die twice. It's so boring)" 였다. 아홉 영적 의식에너지 - 옳음, 사랑, 성취, 품위, 지혜, 충실, 기쁨, 강함, 평화의 시선 중 기쁨의 시선이 움직이는 기쁨 유형에게 죽음보다 심각한 건 지루함이다. 이들은 기쁨의 시선으로부터 왔고, 기쁨의 기운이 이들의 숨과 혈을 움직이는 생명의 기운이기 때문이다. 인간은 모두 자신을 움직이는 빛의 시선에 닿아 살아갈 힘과 생명력을 얻기 위한 무의식적 본능적 생존욕구에 의해서 빛의 시선에 따른 빛의 가치를 추구한다. (빛의 시선에 대한 이론은 필자의 경험을 코펜하겐 해석과 접목하여 필자의 지력 그 한계 안에서 풀어낸 해석임을 밝힌다.)

인체는 장기로 되어 있고, 장기는 세포조직으로, 세포조직은 세포분자로, 세포분자는 세포원자로 구성 되어 있다. 그리고 세포원자를 움직이고 있는 아원자는 양자, 중성자의 결합인 원자핵과 그 주위를 돌고 있는 파동인 전자기파(전기파+자기파)라는 것인데 파동인 전자기파란 빛 에너지를 말한다. 빛이 물결치는 파동이라는 파동설과 물질인 입자라는 입자설은 아인슈타인 이후 '스스로 힘을 가지고 흐르는 입자의 파동'으로 정리 되었다. 인체를 포함한 모든 물질의 기본요소는 스스로 힘을 가지고 흐르는 입자의 파동이며 스스로 힘을 가지고 흐르는 입자의 파동성은 곧 자연의 모습이라는 것이다.

인체를 포함한 모든 물질, 자연의 모습이 스스로 힘을 가지고 흐르는 입자의 파동이라면 어떻게 우리 눈에 물질의 모습으로 보이는가?

코펜하겐 해석에 의하면 파동이 눈에 보이는 물질입자의 모습으로 나타날 때는 유일하게 그것을 보는 관찰자의 주관 즉 관찰자의 시선에 담긴 의식에너지가 개입될 때라는 것이다. 다시 말하면 인체를 포함한 물질의 기본요소인 전자기파의 파동은 관찰 되지 않을 때는 물결치는 파동으로 있다가 그것을 보는 관찰자의 시선에 담긴 의식에너지, 관찰자의 주관이 개입 될 때 관찰자의 시선에 담긴 의식에너지, 주관에 따른 물질입자의 모습으로 나타나 준다는 것이다. 일상 안에서 관찰 행위는 관찰 대상을 건드리지 않고서도 가능하지만 양자 단위의 소립자 세계에서는 관찰 행위 자체가 관찰대상의 상태를 건드리게 된다. 관찰자는 자신의 시선에 담긴 의식에너지, 주관으로 관찰대상의 상태에 물리적 교란을 일으켜 주어 관찰대상의 상태를 변화시킨다. 다시 말하면 관찰대상의 기본요소는 관찰자의 시선에 담긴 의식에너지, 주관을 포함한다는 것이어서 관찰자와 관찰대상은 서로의 시선에 담긴 의식에너지, 주관으로 연결된 하나라는 것이다.

거시세계에서 너와 나는 구분되지만 미시세계, 양자 단위의 소립자세계에서 너와 나는 서로의 시선에 담긴 의식에너지를 주고 받으며 하나로 얽혀있는 무경계라는 의미다. 김춘수 시인이 영감으로 쓴 시 '꽃'을 읽어보자.

내가 그의 이름을 불러 주기 전에는 그는 다만 하나의 몸짓에 지나지 않았다. 내가 그의 이름을 불러주었을 때 그는 나에게로 와서 꽃이 되었다. 내가 그의 이름을 불러준 것처럼 나의 이 빛깔과 향기에 맞는, 누가 나의 이름을 불러다

오. 그에게로 가서 나도 그의 꽃이 되고 싶다. 우리들은 모두 무엇이 되고 싶다.
너는 나에게 나는 너에게 잊혀지지 않는 하나의 의미가 되고 싶다.

김춘수 시인이 그를 꽃이라고 이름 지어 불러준 탓에 그가 시인에게 와서 꽃이 되었듯이, 나는 나의 시선에 담긴 의식에너지, 나의 주관에 따라 이름 지어 불러준 그것을 경험한다.

언젠가 만추의 공원을 걷고 있다가 은행 나무 옆으로 걷고 있는 노인의 뒷모습을 본 적이 있다. 늦가을 오후의 따스한 햇살이 노인의 등에 묻어 있었는데 어찌나 편안해 보이던지 한참 시선을 주며 걷고 있었다. 그런데 그 노인 역시 편안한 눈길로 나를 돌아보는 것이었다. 늦가을 오후 노랗게 익은 은행나무의 시선이 나를 편안하게 했는지, 은행나무를 배경으로 오후의 햇살 속을 걷고 있는 노인의 뒷모습이 나를 편안하게 했는지 알 수 없지만 만추의 계절에 노랗게 익은 은행나무와 함께 있는 정취는 우리에게 편안한 휴식을 준다. 우리는 분칠하지 않는 자연의 시선 앞에서 편안함을 느낀다. 그래서인가? 암환자들이 산으로 들어가 자연이 주는 편안한 시선 앞에서 치유되는 경우를 종종 본다. 우리는 자연이 주는 편안한 시선 안에서 쉬고 싶은 마음에 휴가를 떠난다. 조용하고 정갈한 수도원 건물 앞에 서면 우리의 몸노 정갈하고 조용해진다. 수도사들의 정성스런 기도가 수도원 건물의 기운을 정갈하게 만들어 주고 수도원 건물의 정갈한 시선 앞에서 나의 몸도 정갈해진다. 시선은 시선에 담긴 의식에너지로 대상을 변화시켜 주는 힘이 있다. 김영삼 대통령의 아버지가 어린 김영삼 아기를 대통령이라고 이름 지어 불러 주면서 기르던 그 믿음과 기대대로 대통령을 경험했듯이, 김춘수 시인이 그를 꽃이라고 불러준 탓에 그가 시인에게로 와서 꽃이 되었듯이, 나는 나의 시선에 담긴 의식에너지, 나의 주관에 따른 믿음과 기대대로 이름 지어 부르는 그것을 경험한다!

그러면 개인의 주관이 개입되지 않은 채, 모두가 그렇다고 부르는 이름의 의미는 무엇일까? 융이 말하는 집단무의식의 합의라고 말한다면 무리일까? 창세기 2장19절을 보면 이렇게 쓰여있다. "주 하느님께서는 흙으로 들의 온갖 짐승과 하늘의 온갖 새를 빚으신 다음 사람에게 데려가시어 그가 그것들을 무엇이라고 부르는지 보셨다. 사람이 생물 하나하나를 부르는 그대로 그 이름이 되었다."

이제 우리는 우리들 인체에 생화학적 변화를 일으키며 분자세포를 만들어낸 태초 관찰자의 시선 - 스스로 힘을 가지고 흐르는 입자의 파동 - 그 기원을 묻게 된다. 양자물리학자인 데이비드 봄(David Bohm)[b]은 우주공간을 채우고 있는 그 "어떤 것"으로부터 기원한다고 하는데 그 "어떤 것"이란 자기조직화(self-organization)능력을 가진 활성정보(active information)로서의 초월의식이라는 것이다. 초월의식이란 인간의 지력을 초월한 로고스, 신성의 빛으로부터 분화된 아홉 영적 의식에너지를 의미한다.

강길전[c] 박사가 정리한 데이비드 봄의 양자 이론을 보면 봄은 우주를 "전체와 접힌 질서" 안에서 풀어낸다. 봄은 육안으로 보이는 거시세계의 "표출질서(explicate order)"는 접혀 있어서 육안으로는 보이지 않는 미시세계의 "내장질서(implicate order)"에 의하여 생겨난다고 설명한다.

---

b) 데이비드 조지프 봄(David joseph Bohm):1917년 12월 20일 ~1992년 10월 27일) 주로 영국에서 활동한 미국의 양자물리학자

c) 강길전 : 충남대학교 교수 양자 의학을 연구 발전시키고 있다..

봄의 “내장 질서”를 설명해 보면 인체가 마치 러시아 인형처럼 인체의 세포분자를 형성하고 있는 전자기장과 같은 “거친” 의식 에너지 (파동wave)장 안에 “미세한” 또 다른 의식 에너지 (파동wave)장인 양자포텐셜(quantum potential)이 숨어 있고, “미세한” 또 다른 양자포텐셜(quantum potential)안에는 더욱 “미세한” 또 다른 의식 에너지 (파동wave)장인 양자포텐셜(quantum potential)이 숨어 있고, 인체의 가장 “미세한” 의식 에너지(파동wave)장인 양자포텐셜(quantum potential)은 우주공간을 채우고 있는 초양자포텐셜(superquantum potential)과 연결되어 있는데 초양자포텐셜(superquantum potential)이 스스로 존재하며 작용하고 있는 활성정보(active information), 자기조직화의 능력을 가진 초월의식(superconsciousness) 과 연결되어 있다고 설명한다.

봄은 이처럼 인체를 구성하는 세포조직 및 장기 등이 의식에너지인 파동과 물질입자 – 마음과 몸의 이중구조로 되어 있음을 실험으로 증명해 보임으로써 마음과 몸의 연결고리에 대해서 설명할 수 있었고 세포조직 및 장기들 각각의 파동장(의식에너지 장)을 디지털화 할 수 있어서 컴퓨터를 사용하여 질병을 진단할 수 있는 길을 열었다. 의식에너지 장이 긍정적일 때 우리는 긍정적인 정서를 경험하고 부정적일 때 부정적 정서를 경험한다. 그리고 우리가 경험하는 정서는 세포 분자에 생화학적 변화를 일으키거나 조절한다는 것이다. 한의학에서는 일찍부터 슬픔은 폐를, 지나친 생각은 비위를, 화는 간을 다치게 한다고 말해왔다.

눈은 예로부터 마음의 창이라고 불린다. 우리의 마음은 우리의 눈빛, 시선 안에 담긴다. 그리고 나의 몸 세포는 나를 바라보는 가족, 이웃, 친구들의 시선에 영향 받는다. 나를 바라보는 이웃의 시선이 긍정적일 때 나의 몸 세포는 살아나고 나의 자긍심도 살아난다. 그러나 이웃, 친구들의 시선이 부정적일 때 나의 몸 세포는 힘을 잃고 나의 자긍심은 상처받는다. 그런 의미에서 나를 사랑의 시선으로 보아주는 가족이나 이웃, 친구가 있다는 것은 축복이다. 그리고 서로를 긍정의 시선으로 보아 준다는 것은 공동체의 안녕을 위하여 아주 소중한 자산이 된다. 그러나 무엇보다 가장 큰 영향력을 가지고 나를 지켜 줄 수 있는 것은 내가 나를 바라 보는 긍정의 시선, 자긍심일 것이다. 가족이나 이웃, 친구의 시선이 곱지 않다고 하더라도 내가 나를 바라 보는 긍정의 시선, 자긍심이 확고하다면 이웃, 친구들의 곱지 않는 시선에도 불구하고 흔들리지 않을 것이다. 내가 나를 바라보는 긍정의 시선, 자긍심은 어머니의 자궁에서부터 나를 빚어낸 태초 관찰자의 시선, 하느님께서 나를 보시는 시선에 대한 믿음, 임마누엘 하느님에 대한 자각으로 확고해 질 수 있다.

인체 세포의 초미립자 수준에서 마치 러시아 인형처럼 내 안에 나를 관찰하고 있는 또 다른 시선의 내가 있고, 다시 그러한 나를 관찰하고 있는 또 다른 시선의 내가 있는데, 그렇게 내 안의 시선을 쫓아 가다 보면 스스로 존재하며 작용하고 있는 태초 관찰자의 시선 - 우주적 생기, 생명의 궁극적 원인이자 궁극적 실재로서 나의 영성이 되어 나의 얼굴 안에 거처를 마련하신 로고스, 임마누엘 하느님의 시선과 만난다. 진리이고, 사랑이며 선함 자체이신 로고스, 임마누엘 하느님의 시선에 담긴 아홉 영적 의식에너지는 스스로 힘을 가지고 흐르는 입자의 파동, 의식에너지의 기원이 되어 어머니의 자궁에서부터 나의 눈빛과 얼굴 빛을 빚어낸다.

로고스, 임마누엘 하느님의 시선 중 영적 강함의 시선으로부터 온 눈빛은 든든한 힘을 가지고 있는 눈빛으로, 영적 사랑의 시선으로부터 온 눈빛은 사랑스럽고 따스한 눈빛으로, 영적 지혜의 시선으로부터 온 눈빛은 지혜롭고 현명한 눈빛으로 자신이 어디로부터 왔는가를 드러내어 보여주고 있다. 어머니의 자궁으로부터 나를 빚어낸 태초 관찰자의 시선 임마누엘 하느님의 시선에 대해서 성서는 이렇게 표현하고 있다.

"모태에서 너를 빚으시고 도우시는 분 두려워하지 마라. 나의 종 야곱아"
(이사야 44,2)
"만군의 주님께서 나에게 권위를 주어 파견하신 그분께서 너희를 약탈한 민족들을 두고 말씀하신다. 너희를 건드리는 자는 나의 눈동자를 건드리는 자다."
(즈카르야서 2,12)

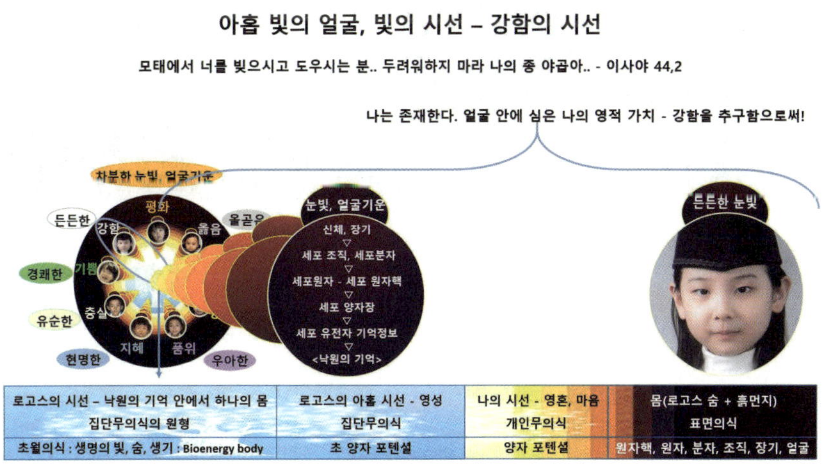

아홉 빛의 얼굴, 빛의 시선 – 사랑의 시선

모태에서 너를 빚으시고 도우시는 분.. 두려워하지 마라 나의 종 야곱아.. - 이사야 44,2

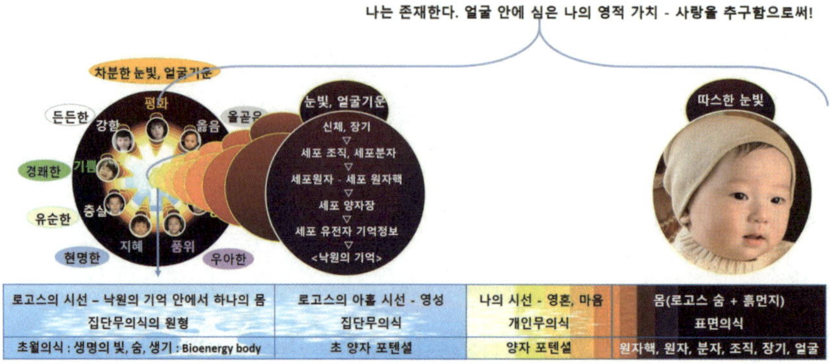

아홉 빛의 얼굴, 빛의 시선 – 지혜의 시선

모태에서 너를 빚으시고 도우시는 분.. 두려워하지 마라 나의 종 야곱아.. - 이사야 44,2

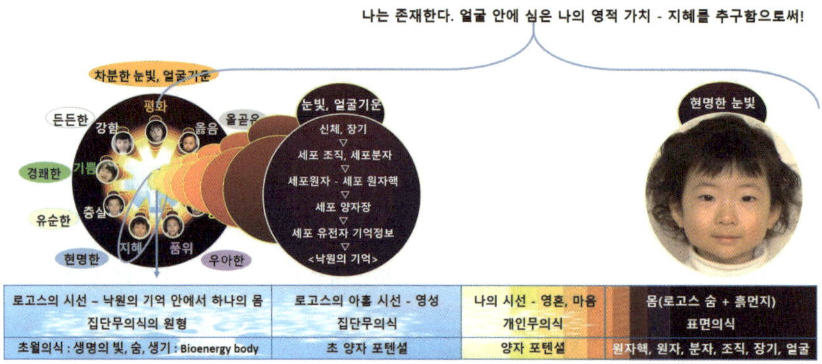

우주공간을 채우고 있는 태초 관찰자 로고스의 시선, 임마누엘 하느님의 시선에 담긴 아홉 영적 의식에너지는 자기조직화의 능력으로 스스로 힘을 가지고 흐르는 입자의 파동, 의식에너지의 기원이 되어 자신과 우리의 몸과 만물을 하나로 연결시킨다. 양자 생물학자인 글렌라인(G.Rein) 역시 신체의 가장 근원적인 곳에서 세포분자에 생화학적 변화를 일으키거나 조절하고

있는 영적 정신적 의식에너지를 일컬어 모든 에너지를 발생시키는 궁극적 실재라고 결론지었다. 그리고 '의식은 모든 종류의 에너지들을 발생시키는 근원지로서 아인슈타인이 열렬히 찾던 통일장일 것이다.' 라고 이해했다.

수태되는 순간 나를 비추고 있는 태초 관찰자, 로고스, 임마누엘 하느님으로부터 오는 빛의 시선은 모태에서부터 나의 몸과 마음을 빚어낸다. 나의 몸은 나를 빚어낸 빛의 시선을 드러내 보이는 눈빛과 얼굴 기운을 지니고 되고, 나의 마음은 나를 빚어낸 빛의 시선을 드러내 보이는 기질(氣質)과 가치 그리고 그 가치를 실현시키고자 하는 사고방식, 행동방식 등을 지니고 태어난다. 아홉 신성의 빛 중 한 사람을 비추고 있는 빛의 시선은 태어나기로 약속된 유전자처럼 수태된 순간부터 한 생명이 끝날 때까지 항구하게 지니고 갈 한 사람의 성격, 정체성이 된다.

그런 이유에서 우리들 중 누구는 공평하고 정의로운 낙원에서의 평화로운 일상을 꿈꾸고, 누구는 강해야 한다고 외치고, 누구는 옳음과 완벽을 추구하고, 또 누구는 사랑이 최종 목표라고 외치며 세상이 아름다움에 의해 구원되리라고 믿는다. 그리고 또 누구는 지혜를 구하러 세상에 왔다고 외치며, 누구는 공동체를 위하여 충실하게 헌신하며, 누구는 기쁨을 추구한다. 우리는 그렇게 자신을 움직이는 로고스, 임마누엘 하느님과 함께 자신에게 주어진 역할과 소명을 충실히 실행함으로써 숨 쉴 힘을 얻게 되는 로고스의 아홉 손이다.

"모든 날 중 가장 완전히 잃어버린 날은 웃지 않는 날이다." 란 글을 남긴 프랑스의 극작가 샹포르(Chamfort)와 "웃지 않는 하루는 낭비한 하루다."

라는 말을 남긴 찰리 채플린(Charles Spencer Chaplin)에게 웃음은 어떤 의미일까? 웃을 수 없는 날이 완전히 잃어버린 날이고 낭비한 날이라고 표현할 만큼 샹포르와 채플린에게 웃음은 존재의 의미이며 힘과 생명력의 의미일 것이다. 샹포르와 채플린은 영적 기쁨의 시선으로부터 왔고, 기쁨의 시선으로부터 오는 생명의 기운으로부터 숨 쉴 힘을 얻기 때문이다. 『지성에서 영성으로』의 작가 이어령씨는 이렇게 말한다. "간절하게 살고 싶은 욕망을 통해 우리는 그분을 만납니다. 그 분이 바로 생명인 까닭입니다. 하나님이 믿기지 않을 때에는 그냥 목숨이라고 불러보세요. 그러면 이 뜨거운 나의 생명 속에서 나도 모르게 숨 쉬는 호흡의 리듬, 바다의 썰물과 밀물처럼 나의 날숨과 들숨의 운율을 타고 그 분의 음성이 들려올 지도 모릅니다."

우리의 시선이 사랑과 생명의 질서인 로고스, 임마누엘 하느님의 시선, 빛의 시선과 하나로 연결될 때 우리는 존재의 깊은 의식으로부터 들려오는 생명의 소리를 듣는다. 그럴 수 있을 때 우리는 얼굴빛을 되찾고 숨길 또한 고요해 지며 집중력은 강화되고 재능도 잠재력도 살아난다.

데이비드 호킨스(David Ramon Hawkins) 역시 그의 『의식혁명』에서 이렇게 말하고 있다. "개별적 인간의 의식은 어떤 거대한 데이터베이스에 연결된 컴퓨터 단말기와도 같습니다. 그 데이터 베이스는 인간의 의식자체이고 그것에 대해 우리 자신의 지식은 개별적 표현에 불과하지만, 그 개별적 표현들은 전 인류의 공통의식 속에 뿌리박고 있습니다. 그 데이터베이스는 천재의 영역입니다. 인간의 의식이란 그 데이터베이스와 연결되어 있으므로 만인은 자신의 탄생 덕분에 천재에 접속되어 있습니다. 그 데이터베이스에 들어있는 무한한 정보는 누구든, 어느 때, 어느 장소건, 쉽게 이용할 수 있도록 지금 드러나 있습니다. 이것은 놀라운 발견인데, 그 속에는 개인과 집단이 전혀 예상하지 못할 정도로 삶을 바꿀 수 있는 힘이 들어 있습니다."

가장 자기다운 재능은 자신을 움직이는 빛의 시선으로부터 온다. 임마누엘 하느님의 시선, 빛의 시선과 함께 있는 무한 용량의 데이터베이스와 연결되어 있는 우리의 의식과 재능은 얼굴 안에 심어진 영성과 그 마음이 추구하는 가치 안에서 힘을 찾아 숨 쉴 수 있으며 꽃피워 낸다.

본질 안에서 하나의 의식공동체

자연을 관찰한다는 건 무슨 의미인가? - 의식에너지(파동) – 집착에 따른 인식, 인식에 따른 양자교란이 없는 본질 안에서 하나일 때 공명한다.

우리는 가끔 지구 끝에서 끝까지 떨어져 있어도 마음이 서로 연결 된다는 것을 경험할 때가 있다. 어떤 사람을 생각하고 있을 때 바로 그 사람으로부터 소식을 듣게 되는 경우다. 그렇게 우리는 마음과 마음이 서로 연결되어 있다는 것을 느낄 때가 있는데, 데이비드 봄은 인체 세포를 구성하고 있는 입자의 파동이 전달되는 속도가 빛의 속도보다 빨라서 우주의 끝에서 끝까지 떨어져 있어도 텔레파시로 통한다고 하지 않고 "두 사람의 인체 세포를 구성하고 하는 각 입자가 우주공간을 채우고 있는 초양자포텐셜, 스스로 작용하고 있는 초월의식 안에서 하나로 연결되어 있기 때문에 저절로 그렇게 되는 것이다." 라고 설명한다.

데이비드 봄은 이처럼 인체 세포의 입자들이 하나로 연결되는 이치를 비국소성 원리(non - locality principle)라고 불렀다. 인간의 특성이나 물질의 특성이 이처럼 서로 연결되어 있어서 분리 불가능하다는 비국소성 원리는 나중에 실험으로 증명되었는데 과학 분야의 가장 심원한 발견으로 평가 받았다. 또한 인체의 세포는 초양자포텐셜에 의해 공간뿐만이 아니라 시간을 초월하여 과거, 현재, 미래로도 연결되는데 쉬모니(Abner Shimony)[d]에 의해 실험으로 밝혀짐으로써 지금 현재의 내 세포가 시공을 초월하여 우주공간을 채우고 있는 빛의 시선, 초월의식과 연결되어 있다는 것이 밝혀졌다. 그러므로 우리들 현재의 세포유전자 DNA는 태초의 창조질서와 낙원의 기억, 진화와 성장에 관한 정보뿐만 아니라, 인류 공동체의 문화와 습관 가족력까지 기억정보로 가지고 있다. (세포 유전자의 DNA 1 그램 안에는 대충 10억 테라바이트의 정보가 저장된다고 한다) 그런 이유에서 우리는 세대간의 차이, 동서 문화의 차이에도 불구하고 천상적인 풍경이나 그림, 천상적인 음악 안에서 똑 같이 감동한다.

몇 년 전에 작가 한강 씨의 작품『채식주의자(The Vegetarian)』가 세계 3대 문학상으로 꼽히는 맨부커상을 수상했다. 한강의 작품『채식주의자』를 번역한 영국의 젊은 번역가 데보라 스미스(Deborah Smith)는 채식주의자를 읽으면서 까뮈를 읽는 듯한 감동을 느꼈다고 말했다. 그 젊은 번역가는 어떻게 세대간의 차이를 너머 까뮈를 이해할 수 있었으며, 동서양 문화의 차이를

d) Abner Shimony : 1928년 콜럼버스, 오하이오에서 태어난 미국의 양자 물리학자

너머 한강의 작품을 이해할 수 있었을까? 맨부커 선정위원회도 데보라 스미스가 20대의 젊은 번역자이며 한국어를 배운지 7년 밖에 되지 않았음에도 불구하고 뛰어난 번역을 보여줬다고 칭찬했다. 무엇이 작가와 번역자의 의식을 하나로 묶어 주어 있는 그대로의 감동으로 번역하도록 했을까?

작가 한강과 번역가 데보라 스미스의 의식이 서로 소통한다는 의미는 인류공동체를 구성하고 있는 각각의 세포들이 시공을 초월하여 초월의식, 빛의 시선과 다 함께 연결되어 있어서 진화와 성장의 모든 기억들을 각각의 세포 유전자 기억 정보 안에서 함께 공유하고 있다면 가능한 일이다.

한 사람이 온다는 것은 한 사람을 만들어낸 태초 관찰자의 시선, 빛의 시선과 함께 하는 낙원의 기억과 창조질서, 진화와 성장과정의 전 정보가 온다는 것이다. 필자는 어느 날 유치원에 다니는 어린 손녀를 데리고 민속촌에 가서 활을 잡아당기는 모습을 보았는데 이미 궁사나 된 듯한 몸짓을 연출해 낸다. 누구로부터 배운 것이 아니라 이미 손녀의 몸 안에 내재되어 있는 몸의 표현이다. 쉬모니의 실험결과에 의하면 인체 세포의 DNA에 내재된 정보는 집단무의식 층으로 표현할 수 있는 초양자포텐셜에 의해 공간뿐만이 아니라 시간을 초월하여 과거, 현재, 미래까지 다 함께 하나로 연결되어 있다니 가능한 일이다. 하나의 의식공동체 안에 함께 묶여 있는 우리들의 영혼 안에서 각성이 일어날 때 동양의 어떤 이에게 각성이 일어나면 같은 의식수준에 있는 서양의 어떤 이에게도 똑 같은 각성이 일어난다. 구르지예프와 융 역시 비슷한 시기인 1920년도에 활발하게 움직였다.

3) 빛의 시선이 낳은 영적 정신적 신체적 조건

존재의 궁극적 원인이자 실재인 아홉 영적 의식에너지로부터 오는 빛의 시선 - 옳음, 사랑, 성취, 품위, 지혜, 충실, 기쁨, 강함, 평화의 시선은 각 시선에 따른 영적 정신적 신체적 조건을 낳는다.

영적 조건이란 아홉 빛의 시선 - 옳음, 사랑, 성취, 품위, 지혜, 충실, 기쁨, 강함, 평화의 시선 중 자신을 움직이는 빛이 시선에 따른 빛의 가치를 수행하기 위한 의식에너지체계로서 신과 이웃 환경에게 다가가는 관계 방식을 말한다.

정신적 조건이란 영적 조건 - 신과 이웃 환경에게 다가가는 관계 방식, 의식에너지체계에 따른 이지, 감정, 의지의 심적 작용을 말한다. 이지, 감정, 의지의 심적 작용에는 자신의 움직이는 빛의 가치를 수행하면서 숨쉬고 살아갈 생명력을 얻기 위한 무의식적 본능적 생존욕구로부터 온 집착, 충동, 강박, 사고방식, 행동방식, 태도 등이 포함된다. 또한 빛의 가치를 수행하면서 살아남기 위한 신념틀과 신념틀에 따른 인식틀을 가지고 있으며 인식틀에 따른 감정 상태를 가지고 있다. 어떤 사람은 자주 두렵고, 어떤 사람은 자주 수치스럽고 슬프며, 어떤 사람은 자주 화가 난다. 이러한 감정 상태는 한 사람의 타고난 인식 틀에 의한 것이므로 한 사람의 삶이 어떻게 변해가든 끈질기게 되풀이 된다.

신체적 조건이란 정신적 조건 - 신과 이웃 환경에게 다가가는 관계 방식, 의식에너지체계에 따른 이지 감정 의지의 심적 작용, 사고과정으로 드러나는 눈빛, 얼굴기운, 표정, 몸짓, 걸음걸이 등을 말한다.

한 사람의 영적 조건은 한 사람의 정신적 조건으로 드러나고, 한 사람의 정신적 조건은 한 사람의 신체적 조건으로 드러난다.

생각이 많은 이지적 자아는 생각이 가득 찬 지혜롭고 온화한 눈빛과 얼굴로서 자신을 드러내고, 느낌이 강한 감정적 자아는 느낌이 있는 따스하고 사랑스러운 눈빛과 얼골로서 자신을 드러내며, 판단이 빠른 의지적 자아는 불의에 맞서 즉시 행동할 것 같은 정의롭고 단호한 눈빛과 얼굴로서 자신을 드러낸다.

에니어그램 워크숍을 진행하다 보면 매번 참가자들은 유형에 따라 같은 얼굴 빛, 눈빛, 몸짓과 태도로 똑 같이 반응한다는 것을 알 수 있다. 강사가 올바로 이야기를 하고 있는지 알아보려는 듯 심판관의 눈빛으로 쳐다보는 유형은 어김없이 옳음 유형이며, 별 중요한 이야기가 아니더라도 강사에게 힘이 되어주려는 듯 고개를 끄덕여 주는 유형은 어김없이 사랑이 많은 사랑 유형이다. 가끔 의심스런 눈길을 보내는 참가자들은 어김없이 지혜유형이며, 지적 호기심에 눈빛을 반짝거리며 몰입하고 있는 유형은 어김없이 기쁨 유형이다. 아무 감정 없는 뚝뚝한 얼굴이지만 심지 있는 강렬한 눈빛으로 몰입하고 있는 유형은 어김없이 강함 유형이며, 잔잔한 호수처럼 깊은 눈으로 진지하고 조용하게 몰입하는 유형은 어김없이 평화유형이다. 같은 영적 의식에너지와 연결되어 있는 같은 유형은 같은 영적 정신적 신체적 조건을 가지고 있기 때문이다.

몇 해전에 신경숙 작가의 표절 사건이 문학계를 어지럽힌 일이 있었다. 필자는 신경숙 작가가 표절시비에 힘들어하면서도 덤덤하게 자신의 입장을 설명하는 모습을 보면서 곤혹스럽게 떠 올린 기억이 있다. 필자가 초등학교 5학년이었을 때다. 그때는 긴 문장을 몇 줄로 요약해 오라는 국어숙제가 주어지는 일이 많았다. 그럴 때 어떤 학생들은 학습보조용으로 나온 책의 글을 복사해 오기도 했다. 그러나 당시 필자의 집이 가난하여 학습보조용으로 나온 책을 구입할 수가 없었다. 필자는 혼자 힘으로 요약할 수 밖에 없었는데 필자가 요약한 문장이 학습보조용 책에 요약된 문장과 토씨 하나 다르지 않았다. 어린 마음에 무척 곤혹스러웠다. 담임 선생님에게 학습보조용 책을 복사해 온 다른 학생들과 같이 오해를 받게 된 것이다. 같은 가치를 가지고 있는 같은 유형이라면 나이차이나 문화를 넘어서 같은 방식으로 표현한다. 필자는 신경숙 작가가 결코 표절 했다고 믿지 않는다. 같은 영적 의식에너지와 연결되어있는 같은 성격 유형은 같은 주제를 선정할 수 있고, 같은 줄거리를 만들 수 있고 토씨 하나 틀리지 않는 똑 같은 어휘를 사용할 수 있다.

필자의 친구 중에 오드리 햅펀과 닮은 수도자가 있다. 친구는 오드리 햅펀만큼 청순한 이미지를 가진 미인이었고 옷도 자신의 이미지에 맞는 톤으로 입는 멋스러운 친구였다. 그러나 그녀는 수도복을 입었을 때 가장 아름다웠다. 영적 의식에너지로부터 힘과 생명력을 얻게 되는 우리는 자신에게 주어진 가치를 영적 가치로 추구할 수 있을 때 가장 빛난다. 친구가 종신서원을 할 때의 모습은 오드리 햅펀과는 비교할 수 없을 만큼 영적 후광으로 빛났다. 친구의 얼굴이 얼마나 아름다웠던지 축하해 주러 갔던 동창들이 모두 가톨릭에 입교했다. 그런데 친구의 얼굴 모습은 젊은 시절뿐 아니라, 나이 들어가면서도 햅펀의 얼굴과 놀랄 만큼 같은 모습으로 변해가는 것이었다. 필자의 친구와 오드리 헵펀은 조상도 문화도 공유하지 않았지만 눈빛이나 얼굴윤곽, 표정, 특히 입술의 표정뿐만이 아니라, 치아의 윤곽까지 똑 같았다. 태어나기로 결정된 DNA가 같지 않고서는 불가능한 일이다. 수도자의 얼굴 사진이어서 책에 실을 수가 없어서 안타깝다.

한 뿌리로부터 생명의 물을 끌어 올려 크는 나무는 같은 모양의 줄기와 잎사귀와 꽃을 피운다. 마찬가지로 같은 빛이 시선이 낳은 영적 정신적 신체적 조건으로부터 오는 눈빛과 얼굴기운, 사고방식, 행동방식이나 표정, 태도, 몸짓은 같을 수 밖에 없다.

아홉 빛의 얼굴, 빛의 시선, 빛의 손

모태에서 너를 빚으시고 도우시는 분.. 두려워하지 마라 나의 종 야곱아.. - 이사야 44,2

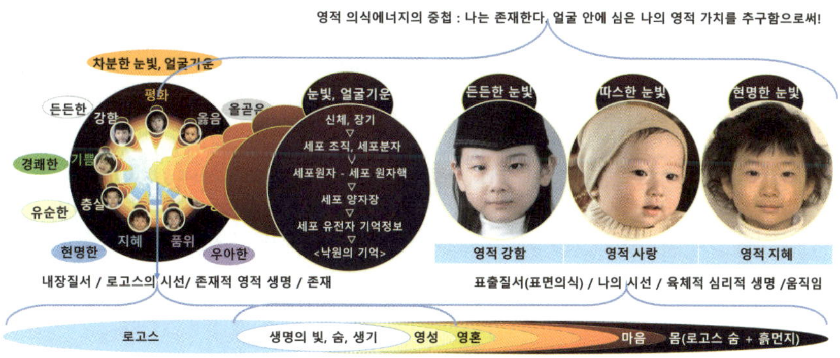

도플갱어라는 말은 동시에 다른 장소에 나타나는 사람, 두 개의 자아 혹은 두 개의 영혼으로 이중으로 돌아다니는 자라는 의미다. 아홉 영적 의식에너지 - 옳음, 사랑, 성취, 품위, 지혜, 충실, 기쁨, 강함, 평화의 시선 중 같은 시선으로부터 온 같은 유형들은 같은 자아, 같은 영적 정신적 신체적 조건을 가진 도플갱어들이라고 볼 수 있겠다. 도플갱어들을 취재한 동아닷컴의 박태근 기자는 "이들은 눈동자의 색, 치아의 윤곽까지 같았다." 라고 증언했다. 아래 기사를 보자

출처 : MBN News 게시일: 2015. 11. 1.

설레는 마음으로 기내에서 이륙을 기다리는 동안 나와 똑같이 생긴 완벽한 '남'을 만날 확률은 얼마나 될까요? 지구 반대편에서 살고 있다는 도플갱어, 만나면 둘 중 하나가 죽는다는 속설을 깬 유쾌한 일이 일어났습니다. 영국의 사진작가 닐 토마스 더글라스(32)씨는 지난 목요일, 웨딩촬영을 위해 아일랜드 갤웨이로 향하는 비행기에 올랐습니다. 그의 자리엔 누군가 이미 누군가 앉아 있었고 비켜달라고 말하려는 순간 그는 그와 똑같이 생긴 로버트 스털링(35)씨를 발견했습니다. 동행했던 더글라스씨 아내의 친구인 리 비티씨에 따르면 "이미 더글라스로 보이는 남자가 그의 자리에 앉아있었어요. 더글라스가 자리를 비켜달라고 하는 순간, 그 둘은 서로 너무나도 닮은 모습에 놀라버렸죠. 그리고 우리 주변에 앉아있던 승객들 모두 한바탕 웃음이 터졌네요." 비티는 두 털복숭이 남자가 나란히 앉아 함께 찍은 셀카를 트위터에 올렸고 비티의 게시글은 몇

분 채 되지 않아 엄청난 이슈를 불러일으켰고 그들과 닮은 붉은 수염을 늘어뜨린 턱수염남자들의 게시물이 연이어서 올라왔다고 합니다.

더욱 재미있는 일은 착륙 이후의 일이라고 하는데요. 두 사람은 마치 약속이라도 한 듯, 같은 호텔에 체크 인했고 간단히 술을 마시려고 들른 바에서 다시 마주쳤다고 합니다. 더글라스씨는 "갤웨이에 도착 후 맥주 한 잔을 하려고 바에 들렀는데, 그를 또 마주쳤어요. 결국 같이 술잔을 기울이며 라이브공연도 함께 보고 즐거운 시간을 보냈습니다." 라고 인터뷰했다고 합니다.

출처: ttp://news.chosun.com/site/data/html_dir/2015/11/02/2015110202694.html

신체의 움직임은 뇌의 운동출력회로를 통하여 이루어지는데 눈, 입술, 손의 움직임은 같은 운동출력회로를 거친다. 따라서 같은 영적 정신적 신체적 조건을 가진 같은 유형은 같은 상황에서 같은 눈빛, 같은 입술 표정, 같은 손짓으로 반응한다.

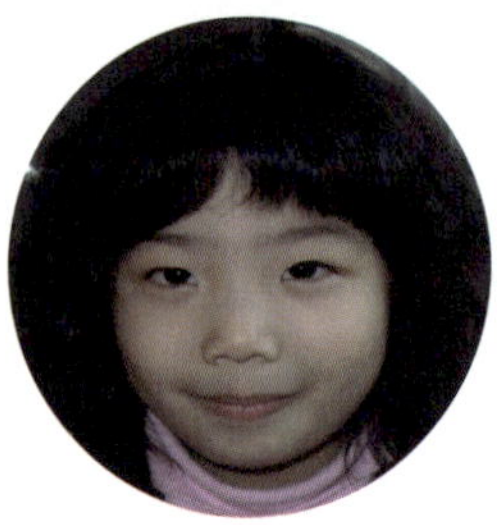

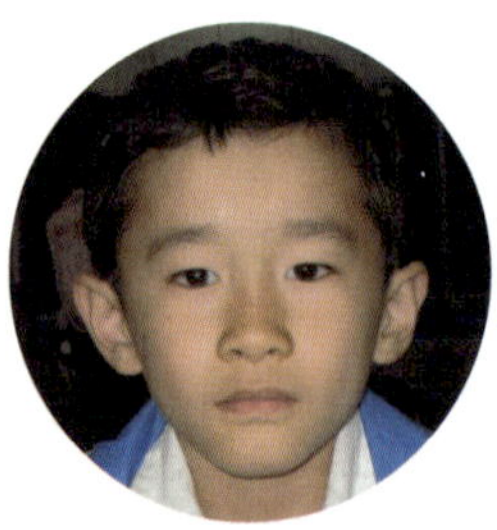

위의 얼굴 사진으로 보면 같은 표정을 지을 때만 같을 수 있는가? 라는 생각을 하게 된다. 한 사람의 얼굴 근육의 움직임은 한 사람의 희로애락에 따른 표정이 만들어낸다. 같은 유형은 같은 영적 가치를 가지고 가치실현을 위한 같은 신념 틀과 인식 틀을 가지고 있다. 따라서 같은 상황에서 같은 신념 틀을 가지고 같은 인식 틀로 반응하게 되며 인식 틀로부터 온 희로애락과 희로애락이 만들어내는 같은 표정, 같은 얼굴 근육의 움직임을 가지게 된다.

※ 일란성 쌍둥이의 얼굴

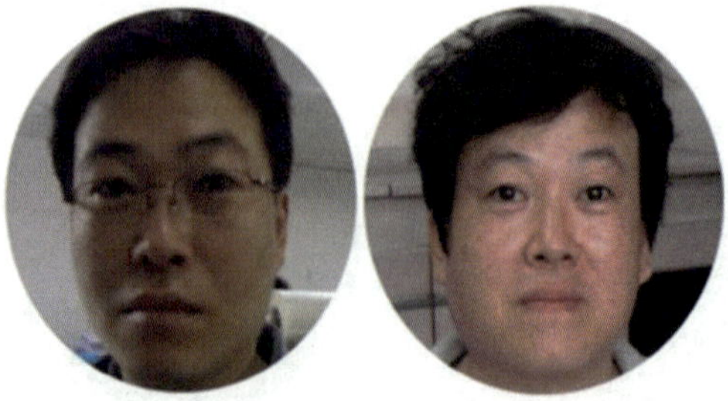

<일란성 쌍둥이의 얼굴은 얼굴 모양은 같지만 그들을 움직이는 영적 의식에너지가 다른 만큼 가치도 다르고 가치를 수행하기 위한 관계 방식도 다르며 관계 방식에 따른 사고방식과 사고과정에 따른 눈빛, 얼굴빛, 입술표정도 다르다>

한 뿌리로부터 힘과 생명력을 얻게 되는 같은 유형은 자신에게 주어진 가치를 수행하면서 숨 쉴 힘을 얻기 위한 무의식적 본능적 생존욕구에 따라 당면한 현실을 알아채고 반응하는 같은 사고방식, 행동 방식, 태도 등의 기계적 자동반응을 가지고 있다.

한 사람의 얼굴 주름은 한 사람의 희로애락에 따른 표정이 만들어낸다. 나이 들어가면서도 같은 얼굴 주름을 가지고 있다는 것은 세상을 인식하고 경험하고 반응하는 똑 같은 방식을 가지고 있다는 증거다. 그렇다고 지구촌의 모든 얼굴이 아홉 영적 의식에너지로부터 온 아홉 얼굴로만 있다는 것은 아니다. 에니어그램 성격유형은 신의 마음에 대해서 이야기하고 있는 만큼 관상(觀象)이 아니고 심상(心象)을 이야기하고 있다. 얼굴 모양은 부모로부터 물려받았기 때문에 다를 수 있으나, 마음의 창이라고 불리는 눈빛과 얼굴

기운만큼은 같은 유형일 경우 똑 같다.

그렇다면 성형으로 얼굴을 고치게 될 때 어떻게 될까라는 질문이 있다. 에니어그램 성격 유형은 얼굴 안에 심어진 심상(心象)을 통해 알게 되는 만큼 유형을 찾는 데에 가장 큰 단서가 되는 것은 마음의 창이라고 불리는 눈빛과 얼굴 기운이다. 눈빛과 얼굴 기운은 성형으로 고쳐질 수 없으므로 여전히 한 사람의 성품을 드러내고 있으며, 성형으로 얼굴을 대폭 수정했다고 하더라도 10년 이상의 오랜 시간이 흐르게 되면 차츰 예전의 얼굴 모습을 회복해 간다고 한다. 얼굴 근육의 움직임은 타고난 가치에 의해 경험하는 희로애락에 따라 표정이 만들어져 변형을 거치게 되며 그에 따라 타고난 본래의 모습대로 복구되기 때문이다.

사람의 얼굴이란 당면한 현실과 상처에 따라 성인의 얼굴이 되기도 했다가 악마의 얼굴이 되기도 하는데 어떻게 같을 수 있을까 하는 의문도 있을 수 있다. 우리는 이태리의 어느 화가가 예수를 배반한 유다의 얼굴 모델을 찾기 위해서 헤매다가 예수의 모델이었던 동일인을 찾았다는 일화를 듣고 있다. 우리의 의식은 주어진 영성에 따른 집착과 충동에 얼마만큼 매여 있는가 혹은 집착과 충동으로부터 얼마만큼 자유로워져 영성을 회복했는가에 따른 영적 수준 즉 의식에너지를 가지고 있다. 우리의 얼굴은 우리의 영적 수준, 의식에너지에 따라 우리를 비추고 있는 영성의 빛을 온전히 영적 모습인 예수의 얼굴로 발현시킬 수도 있고, 집착의 모습인 유다의 얼굴로 발현시킬 수도 있다. 유형이 같아도 영성의 회복 정도 - 의식에너지에 따라 상황을 알아채고 경험하고 반응하는 양상과 얼굴은 매 순간 달라진다.

우리의 얼굴은 영성의 회복 정도에 따라 긍정적으로 흐를 때와 부정적으로 흐를 때의 연속성을 가지고 있으며, 긍정적으로 흐를 때 보이는 영적 모습과 부정적으로 흐를 때 보이는 집착의 모습은 한 연속성 안에 있는 다른 모습들이다. 가령 기쁨의 기운을 타고난 이가 집착과 충동 안에서 재미를 찾아 어떤 중독에 빠져 고생하고 있다고 하면 그의 얼굴은 기쁨의 본질로부터 오는 생명의식에너지 - 생기로부터 지지되지 않으므로 밝고 환한 영적 기쁨의 기운이 드러나지 않는다. 그러나 한 연속성 안에 있는 그의 얼굴 기운은 본질의 힘을 만나기만 하면 금방이라도 기쁨을 터뜨릴 것 같은 가볍고 경쾌한 기운을 가지고 있게 마련이다.

지구촌의 인류공동체는 나이 차이, 남녀 차이, 동 서양의 차이, 인종간의 차이를 불문하고 유형에 따라 같은 얼굴빛, 눈빛, 표정, 같은 얼굴 근육의 움직임으로 반응한다. 구르지예프는 같은 영성이 낳은 얼굴, 성품, 기질에 따라 보여주는 인간의 한결같은 반응을 보고 "인간은 기계이다."라고 표현했으며, 유형에 따른 눈빛, 얼굴빛, 표정, 사소한 몸짓, 태도 등으로부터 한 사람의 내면을 읽을 수 있었다고 한다. 같은 영적 의식에너지로부터 온 같은 유형이 똑 같은 얼굴빛, 눈빛, 입술 표정을 가지고 있다는 것은 인체가 우주공간을 채우고 있는 초월의식으로부터 분화된 영적 의식에너지의 자기조직이라는 프랙탈(fractal)우주론을 증거해 준다.

프랙탈(fractal)우주론에 근거한 인체의 조건을 이해하게 되면 "심리학은 아직 멀었습니다. 기계를 연구하기 위해서는 심리학이 아니라 기계역학이 필요합니다. 이것이 우리가 기계역학에서 시작해야 하는 이유입니다." 라고 말한 구르지예프의 가르침에 귀를 기울이게 된다.

인간이 더듬어 알게 된 그 어떤 과학적 이론이라도 신비를 모두 풀어내어 설명해 줄 수는 없겠다. 그러나 영적 의식에너지가 모든 에너지를 만들어내는 궁극적 실재라는 글렌라인의 양자 생물학, 인체가 로고스로부터 분화된 아홉 영적 의식에너지와 연결되어 있는 의식체라는 것을 확인해 준 봄의 양자 물리학은 각 개인은 공동체를 구성하고 있는 하나의 연결임을 보여주고 있으며, 공동체를 위하여 어떻게 기도하고 어떻게 처신해야 하는지에 대한 지침을 전달해 준다.

1. 유형 - 옳음 유형

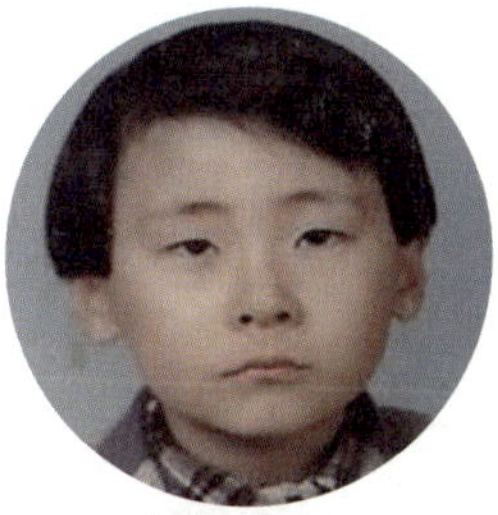

가운데 얼굴은 도산 안창호선생의 얼굴이다. 옳음 유형의 관심사는 잘못된 것을 가려내어 바로 잡아 보려는 사회적 변화에 있다. 이들은 타고난 교사들로서 교육적이고 계농수의사적인 자질을 가지고 있다. 도산 안창호선생의 일생에서 빼놓을 수 없는 것은 교육자로서의 애국 계몽운동이었다.

2. 유형 – 사랑 유형

이들의 눈은 항상 소외되고 핍박 받고 있는 어려운 이들에게 다가가 동정심을 가지고 보살핀다. 소파 방정환은 힘없는 어린 아이들을 위한 사랑으로 '어린이'라는 고운말을 만들어낸 분이다.

3. 유형 – 성취 유형

이들은 확신으로 반짝이는 눈과 생기발랄함으로 공동체에 신선한 활력을 불어 넣어주며, 목표를 정하고 일을 효과적으로 할 수 있도록 동기를 부여해 준다.

4. 유형 – 품위유형

이들은 타고나는 얼굴기운이 품위인 만큼 결코 자신을 부풀리기 위하여 진한 화장을 한다거나 별스러운 치장을 하지 않는다. 그들은 타고나는 얼굴기운 덕분에 누더기를 걸쳐도 아름답다.

5. 유형 – 지혜유형

오른쪽 얼굴은 간디의 얼굴이다. 간디의 눈빛과 얼굴기운은 지혜 유형 특징인 이성적인 눈빛과 맑고 온화한 얼굴 기운을 보여주고 있다. 간디의 일생은 누구보다도 금욕적인 지혜 유형의 특징을 보여 준다. 그가 쓴 친필 자서전에서도 그는 부인과도 각방을 쓸 정도로 금욕적이었으며 일생을 통해 자신이 찾아 헤맨 것은 진리였다고 고백하고 있다. 더구나 그는 자신이 정치에 관심을 쏟을 수 있었던 힘은 진리추구로부터 왔다고 썼다. 그의 진리추구는 공동체를 위한 영적인 것이었고 그는 진리를 몸소 사는 행동하는 지성이 될 수 있었다.

6. 유형 - 충실유형

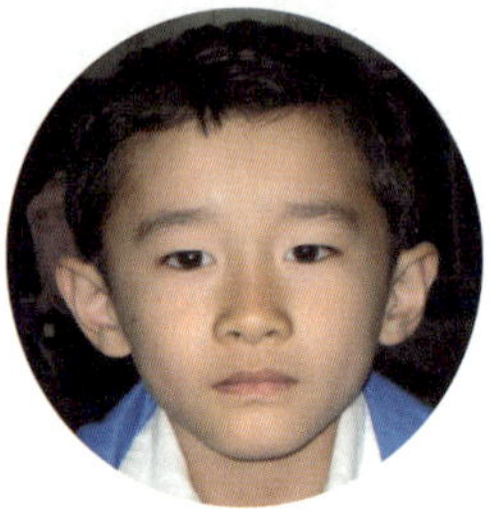

가운데 얼굴은 페스탈로치의 얼굴이다. 충실 유형들의 관심사는 공동체의 안녕과 복지이다. 페스탈로찌의 묘지명에는 모든 일을 남을 위해 했을 뿐 그 자신을 위해서는 아무것도 하지 않았다. 라고 쓰여 있다. 이들은 공동체를 위해 '이거다' 하는 확신을 가질 수 있을 때 누구보다도 용감해 지며 자신을 던져 헌신한다.

7. 유형 - 기쁨 유형

기쁨이 이끌어가는 이들에게 삶은 자유롭고 즐겁고 밝고 가볍다. 이들은 천국에 들어가기 합당한 어린 아이 같은 천진함과 순수함, 단순함을 지니고 있다. 즐겁고 가볍고 상냥한 이들의 옆에 있으면 기분이 좋아진다. 이들은 순수한 존재의 기쁨을 우리에게 일깨워준다.

8. 유형 - 강함 유형

오른쪽 얼굴은 마틴 루터 킹 목사의 얼굴이다. 이들은 불의를 보는 제 2감각을 가지고 있는 만큼 불의를 폭로하여 공동체를 정의롭고 공정하게 변화시킨다.

9. 유형 - 평화 유형

위의 표정은 평화유형들이 무방비 상태에서 지을 수 있는 표정이다. 이들

은 편견 없이 대상을 보는 능력으로 억울하게 소외 받고 있는 사회적 약자를 찾아 변호해 줄 수 있으며 이들의 부드러움은 상대로 하여금 전의를 상실하도록 만들어 준다. 넬슨 만델라, 황우석 박사도 평화유형이다. 이들의 눈빛과 얼굴기운은 부드럽고 조용하게 가라앉아 정지되어 있는 듯한 기운이나 심지가 있어 보인다. 공평하고 정의로운 낙원에서의 평화로운 일상을 꿈꾸는 이들의 관심사 역시 공평하고 정의로운 사회적 변화다. 이들은 정의로운 분배, 공익을 위한 가치에 따라 움직인다.

에니어그램 각 성격 유형은 각 영적 의식에너지로부터 온 같은 눈빛과 얼굴 빛을 가지고 있으며, 각 영적 의식에너지가 움직여가는 재능에 의하여 생각하고 말하고 행동한다. 그리고 각 영적 의식에너지로부터 온 재능은 공동체를 위한 소명이자 역할로서 주어진다. 로고스의 아홉 손으로서 자신과 연결된 영적 의식에너지로부터 온 소명과 역할을 살아가는 각 유형의 모습을 성서는 이렇게 표현하고 있다.

"은사는 여러 가지지만 성령은 같은 성령이십니다. 직분은 여러 가지지만 같은 주님이십니다. 활동은 여러 가지지만 모든 사람 안에서 모든 활동을 일으키시는 분은 한 분 하느님이십니다. 하느님께서는 공동 선을 위하여 각 사람에게 성령을 드러내 보여 주십니다. 몸은 하나이지만 많은 지체를 가지고 있고, 몸의 지체는 많지만 모두 한 몸인 것처럼, 그리스도께서도 그러하십니다." 고린 1서 (12,4~12)

우리의 얼굴 안에 심어진 영적 가치를 찾아 움직인다는 의미는 얼굴 안에 심어진 생명의 빛, 말씀의 의미를 살아간다는 것이다. 얼굴 안에 심어진 생명의 빛, 말씀의 의미를 살아간다는 것은 우리에게 사랑과 생명의 선물로 주어진 임마누엘 하느님의 시선, 빛의 시선을 되찾아 이웃과 더불어 낙원에서의 평화와 기쁨과 사랑을 누리며 다 함께 하느님의 얼굴을 그려가면서 아버지의 뜻이 하늘에서와 같이 땅에서도 이루어지도록 하는 것이다.

그러므로 모든 더러움과 그 넘치는 악을 다 벗어버리고 여러분 안에 심어진 말씀을 공손히 받아들이십시오. 그 말씀에는 여러분을 구원한 힘이 있습니다.
야고 1,21

자신의 얼굴을 찾아 떠나는 내면여행을 통하여 우리는 우리 안에 새겨 주신 하느님의 얼굴과 하느님의 시선을 만나게 되고 또 우리들 안에 있는 많은 부정적인 모습에도 불구하고 그 부정적인 것들 역시 하느님께서 주신 선물의 이면들이었다는 것을 깨닫게 된다. 결점이 장점이었고 죄가 있는 곳에 하느님의 연민과 은총 또한 풍부할 수밖에 없다는 것, 그렇게 하느님은 우리 안에서 우리를 사랑하시고 용서하실 수밖에 없는 분임을 깨닫게 된다. 예수 그리스도께서 십자가상에서 드렸던 기도 "저들을 용서하소서. 저들은 자신이 하는 일을 모르고 있기 때문입니다." 라는 말씀은 예수 그리스도의 인간성을 통해 하느님 자신의 성품을 드러내신 말씀이셨다.

자신의 얼굴을 이해한다는 것은 존재의 깊은 의식 안에서 나와 함께 계시는 하느님의 얼굴과 하느님의 시선을 이해한다는 것이며, 나를 통하여 자신의 성품을 드러내시는 하느님의 얼굴과 새로이 상봉한다는 것이다. 그러므로 에니어그램 워크숍은 하느님의 얼굴과 하느님의 시선을 내 안으로부터 찾아 들어가는 내면여행이며, 워크숍을 통하여 우리는 자신에 대한 새로운 이해와 긍정적인 시선을 얻게 된다. 우리는 생명의 궁극적 원인이자 실재이며 본질인 임마누엘 하느님 시선에 대한 자각 안에서 자신에 대한 긍정적인 이해와 시선을 얻을 수 있을 때에야 비로소 이웃과의 관계 안에서도 조화와 균형을 이루어 긍정적인 관계를 이루어 나갈 수 있게 된다.

하나의 근원으로부터 온 각각의 얼굴들이 깨어나 생명의 원인이고 본질이며 생명력인 임마누엘 하느님의 시선, 영적 의식에너지에 대한 각성이 일어난다면 공동체의 치유도 가능해 지지 않을까?

<모든 사멸하는 것들은 저마다 한 가지 일을 한다. 저마다 살고 있는 내면의 그 존재를 표출하고 있다. 자아를 주장 한다 – 자신의 길을 간다. 나 자신을 말하고 쓰며 내가 하는 것이 나이며 그 때문에 내가 왔다고 외친다. 나는 이렇게 부연한다. 의로운 이는 의를 행하고 은총을 간직한다. 그것은 그의 모든 행동을 은총이 되게 하는 것이니 하느님 보시기에 자신인 것을, 그리스도를 하느님 보시는 가운데 행하는 것이다. 왜냐하면 그리스도는 모든 곳에서 자신 밖의 아름다운 수족과 아름다운 눈에서 노니시며 사람들 얼굴의 특색에 따라 행하시기 때문이다>

제러드 맬리 홉킨스 지음 | 김영남 옮김 『불멸의 금강석』

2. 조건으로부터 오는 인식의 감옥 – 스트레스의 존재론적 의미

<모든 존재(有)는 훌륭하다>라는 철학적 보편사유와 하느님이 세상을 창조하시고 <보시기에 참 좋았다> 라고 쓴 성서의 표현처럼 우리는 존재의 깊은 의식으로부터 발현된 빛의 얼굴로서 완벽하며 훌륭하고 좋다. 우리는 신성의 빛으로부터 발현된 빛의 얼굴로서 그 빛의 성품을 이 땅에서도 구현하고자 하는 소명을 지닌 채 태어난다.

우리는 신성으로부터 받은 소명을 이루어 낼 수 있도록 소명에 따른 특별한 재능도 함께 부여 받았다. 우리는 우리의 소명을 위해서 주어진 재능을 쓰고 있으며 그 재능에 의해 생각하고 말하고 행동한다. 그러므로 우리의 재능으로 표현되는 우리의 역할과 소명은 존재의 깊은 의식 안에 함께 있는 신성이 원하는 진정한 소망에 의한 것이다. 우리는 그렇게 신성으로부터 부여 받은 소명과 역할을 충실히 살아 우리의 내면이 바라는 진정한 소망대로 충만하고 행복하고 자유롭게 완성을 향해 나아가고 싶다.

그런데 우리는 어찌하여 우리의 진정한 소망에 의해 생각하고 말하고 행동하면서 누리고자 했던 진정한 행복은 제쳐두고 진정한 소망이 무엇인지도 모른 채, 혼돈 가운데 헛된 바램들을 키워 왔을까? 어찌하여 우리는 어두움 가운데 좌충우돌하며 시지프 신화 속의 이야기처럼 산의 정상으로 힘겹게 밀어 올린 돌덩이를 또 다시 힘겹게 들어 올리는 헛손질을 평생 동안 되풀이 하고 있을까?

의식할 수 있는 개별 의식 안에서 우리 각 개인은 구별 된다. 그러나 의식할 수 없는 무의식 층으로 들어 갈수록 우리의 의식은 서로 연결되어 얽혀 있으며, 집단 무의식 안에서, 집단무의식의 원형(原形)이라고 부르는 신성의 빛, 로고스와 함께 있는 낙원의 기억 안에서 하나의 몸이다. 김수환 추기경의 장례를 치르고 난 뒤 가톨릭교회에서는 김수환 추기경의 49일 미사가 끝났다는 소식을 알렸다. 가톨릭이지만 49일 미사를 드려야만 안심이 되는 이유는 한국인의 집단무의식 안에 자리하고 있는 불교적 성향 때문이다. 요한 바오로2세와 함께 최연소 추기경으로 선출되었고, 교황선출에서도 요한 바오로2세 다음으로 많은 표를 얻었던 김수환 추기경은 로마 베드로 대성전에 그려진 벽화들 앞에서 그리 오래 머물러 있을 수는 없었다고 한다. 그러나 석굴암 앞에 세워진 부처의 이마로부터 비추어오는 풍광 앞에서 한 시간을 무아지경에 있었노라고, 자신 안에 1000년을 두고 흐르는 불교적인 피를 속일 수가 없었노라고 고백한 바 있다. 김수환 추기경의 고백은 집단 무의식이 우리들 삶을 얼마나 강하게 지배하고 있는지를 알게 해 준다. 그리스 신화에 나오는 빛의 탄신일인 12월 25일을 성서에서는 생명의 빛인 예수그리스도가 태어난 날로 적고 있다. 신화소(神話素) 안에서 더욱 얽혀있는 우리의 의식은 태초 관찰자의 시선, 로고스 하느님의 시선에 따른 낙원의 기억 안에서 하나의 의식공동체로 함께 있다. 아홉 마음으로 나뉘어 있으나, 생명의식에너지 층, 본질 안에서 하나의 의식공동체로 함께 있는 우리는 주체이면서 객체이다. 주체이자 객체인 우리는 주어진 영성이 다르더라도 우리의 재능을 본질적인 순결한 힘으로 추구할 수 있을 때 모든 이의 의식에 닿아 공감과 공명을 불러일으킬 수 있는 예술 작품을 잉태할 수 있으며 모든 이에게 생명력을 나눠 줄 수 있다. 우리는 숭고하고 고결한 영감에 의해 탄생한 미켈란젤로의 작품 앞에서 모차르트가 낳은 천상적인 선율 앞에서 똑같이 감탄한다.

주 하느님께서 보기에 탐스럽고 먹기에 좋은 온갖 나무를 흙에서 자라게 하시고 동산 한가운데 생명나무와 선과 악을 알게 하는 나무를 자라게 하셨다.
창세기 2,9

신성의 빛과 하나로 연결되어 있는 우리의 육체적 심리적 생명은 존재적 영적 생명인 임마누엘 하느님의 시선, 빛의 시선과의 일치 안에서 공명하며 서로 생명의 빛을 주고 받으며 공존할 수 있다. 그러나 빛의 시선과 상관없이 자신의 힘으로 선악을 판단해 보려는 알몸의 시선은 자아중심적인 이기적인 시선으로 빛의 시선과의 연결이 흐려지면서 두려움과 함께 흔들린다.

선악과를 먹고 태어난 알몸의 영혼은 이미 자신의 힘으로 선악을 분별해 보기 위한 힘의 중심에 따른 자아중심적 이기적인 시선을 가지고 있기 때문이다.

주 하느님께서 사람을 부르시어 "너 어디 있느냐?" 하고 물으셨다. 그가 대답하였다. "동산에서 당신의 소리를 듣고 제가 알몸이기 때문에 두려워 숨었습니다.” 그분께서 ‘네가 알몸이라고 누가 일러주더냐? 내가 너에게 따먹지 말라고 명령한 그 나무 열매를 네가 따 먹었느냐?” 창세기3,9 -11

아홉 신성의 빛 - 옳음, 사랑, 성취, 품위, 지혜, 충실, 기쁨, 강함, 평화로부터 오는 힘은 크게 세 힘으로 나눠진다. 진리와 선함과 아름다움이다. 진리이고 선함이고 아름다움 자체인 신성(神性)으로부터 온 육체적 심리적 생명은 진리와 선함과 아름다움을 추구함에 있어서 현실을 알아채고 대처하는 방식과 힘을 얻는 고유의 신체기관을 가지고 있다. 머리, 심장, 장이다. 우리는 진리를 추구할 수 있도록 힘의 중심이 머리에 있는 머리 중심 사람, 사랑과 아름다움을 추구할 수 있도록 힘의 중심이 심장에 있는 심장 중심 사람, 선함을 추구할 수 있도록 힘의 중심이 장에 있는 장 중심 사람으로 태어난다.

구르지예프는 자신의 힘으로 선악을 분별해 보겠다는 우리의 일상의식층을 인식의 감옥 안에서 잠자는 의식에너지 층이라고 표현하고, 위급한 상황에서 무의식적인 힘을 끌어다 쓰는 의식 층은 비상 의식에너지 층이라고 표현하고, 전체성을 가진 눈으로 주체적 영성에 의해 행동할 수 있는 의식층을 생명 의식에너지 층이라고 표현했다.

생명의식에너지 층에서 하나의 몸으로 있는 의식공동체

개체는 연결 : 육체적 심리적 생명은 존재적 영적 생명, 전체성과의 연결이 끊어질 때 질병이 발생하는 움직임

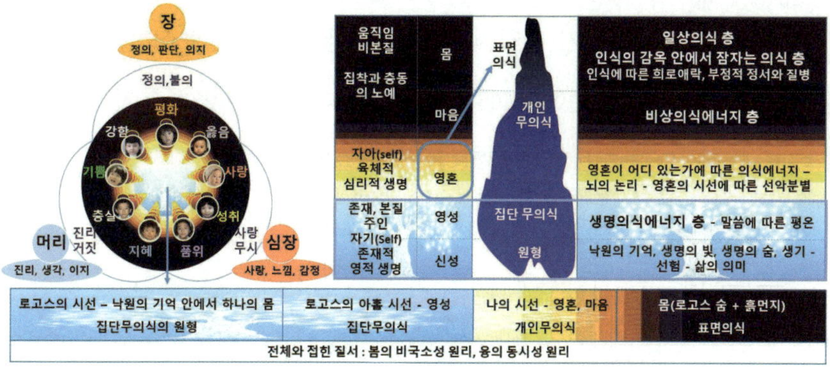

자아충족을 위해 내 힘으로 선과 악을 분별해 보려는 교만으로 인해 원죄를 지닌 채 태어나는 우리의 알몸은 이미 자아충족을 위한 이기적인 시선을 가지고 태어난 집착의 몸이며, 집착과 충동에 따른 이기적인 시선으로 상대방의 생각과 말과 행동이 자신의 가치와 부합되지 않을 때 자신의 가치에 따른 죄의 모습 – 콤플렉스인 그림자를 투사하여 장 중심 사람들은 정의에 따른 죄의 모습인 불의로, 머리중심 사람들은 진실에 따른 죄의 모습인 거짓으로, 심장중심 사람들은 사랑에 따른 죄의 모습인 무시로 판단하고 반응하려는 무의식적인 성향을 지닌 채 태어난다. 우리가 지니고 태어나는 무의식적인 성향은 생명의 본질과는 상관없이 자아충족을 위해 선악을 분별하여 판단하고 반응하려는 이기적인 것으로써 잘못된 자기 사랑이며 인식에 따른 두려움 수치심 분노 등 부정적 정서와 함께 우리를 죽음으로 이끈다.

< 선과 악을 알게 하는 나무 열매만은 따 먹지 말아라. 그것을 따 먹는 날 너는 반드시 죽는다. 창세기 (2:17) >

우리들 각자와 연결된 빛의 소명에 따른 의식의 고착으로 인해 집착이 생겨나고 집착에 갇힌 우리들 눈과 귀는 자아충족을 위한 이기적인 시선에 갇혀 잘못 보고 들음으로써 우리의 이해는 제한되며, 잘못 보고 듣고 잘못 반응함으로써 조화롭지 못한 관계에 놓이게 된다. 그리고 조화롭지 않는 관계안에서 부정적인 감정들을 경험한다.

조화롭지 않는 관계에서 오는 부정적인 감정들 두려움, 걱정, 수치심, 질투, 우울, 권태로움, 의기소침, 슬픔, 화 등은 감정의 종류에 따라 특정한 장기에 기억되고 영향을 주어 병들게 한다. 예로부터 슬픔은 폐를 망가뜨리고, 고통을 거쳐 정화된 내적 기쁨이 아닌, 승부에서 이겼을 때 느끼는 거짓 기쁨은 심장을 망가뜨리고, 화는 간을 상하게 한다고 알려지고 있으며 병든 장기들은 서로 역학적으로 작용하여 결국 죽음에 이르게 된다. 스트레스의 존재론적 의미다.

1) 그림자투사

로고스로부터 분화된 아홉 영적 의식에너지 - 평화, 옳음, 사랑, 성취, 품위, 지혜, 충실, 기쁨, 강함은 차별대립에 근거한 자성을 가지고 있다고 하더라도 차별대립을 너머선 공성으로서의 초월의식이다. 온전한 평화는 사랑과 기쁨 없이 존재할 수 없고, 온전한 사랑은 평화와 기쁨 없이 존재할 수 없고, 온전한 기쁨은 사랑과 평화 없이 존재할 수 없기 때문이다. 차별 대립을 넘어 함께 있음으로써 온전해 지는 초월의식의 힘으로부터 온 우리들 생명은 피부조직을 경계로 떨어져 있다고 하더라도 조화와 균형 안에서 다 함께 손잡고 생명력을 주고 받음으로써 살아있음, 생명의 약동을 느끼게 된다.

그러나 선악과 열매를 따서 먹고 자신의 힘으로 선과 악을 분별 해보겠다고 태어난 알몸의 영혼은 알몸의 지력에 관여하여 자신과 연결된 영적 의식에너지에 따른 영적 가치라는 거울로 상대방의 생각과 말과 행동을 비추어 보도록 요구하고 "저건 맞아, 저건 틀렸어" 라고 판단하도록 만든다. 알몸의 지력은 실상 다름을 인정하지 못한다. 선악과를 먹고 태어난 알몸의 지력은 다른 가치로부터 온 생각과 말과 행동을 자신의 가치라는 거울로 비추어 보고 이해되지 않을 때 자신의 가치에 따른 죄의 모습으로 이름 지어 부르는 그것으로 경험하고 반응하도록 만든다.

2011년도 한국정신과학학회지에 『심신치유에서 몸과 마음의 연결에 관하여』라는 제목으로 실린 강길전 박사의 논문에 의하면 "뇌의 홀로그램에 뜬 빛 에너지 장에 실린 파동(wave)정보를 누가 해석할 것인가?" 라는 물음에 "뇌의 홀로그램에 뜬 파동(wave)정보는 뇌 세포 유전자의 양자장 즉 기억정보에 따른 연상작용(투사)에 의하여 해석되고, 망막은 뇌가 해석해 준 그대로 비추어 낸다." 라고 설명하고 있다.

우리는 대상을 보고 들을 때 대상의 모습이 있는 그대로 망막에 비치는 줄 알지만 모든 물질의 기본요소는 '스스로 힘을 가지고 흐르는 입자의 파동'이기 때문에 눈으로 들어오는 정보는 단지 파동(wave)정보일 수 밖에 없

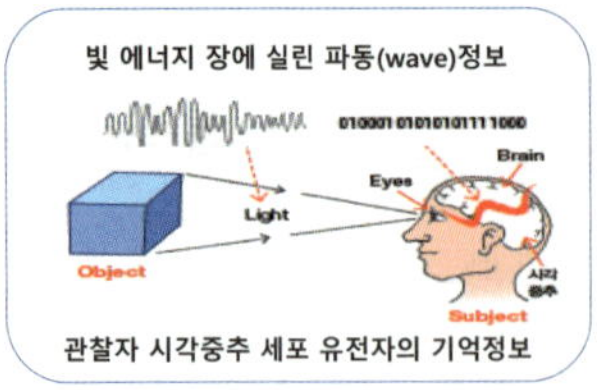

다. 빛 에너지 장에 실려 눈으로 들어오는 파동(wave)정보는 뇌 시각중추, 청각중추 세포 유전자에 새겨진 기억정보에 의한 연산작용(투사)에 의하여 재해석 되고 난 다음 그 해석대로 망막에 상이 맺힌다는 것이다. 우리는 대상을 있는 그대로 보고 듣는다고 믿지만 실은 뇌의 기억정보가 해석해 주는 대로 보고 들을 수 밖에 없는 구조적인 한계를 가지고 있다.

우리의 뇌는 낙원의 기억으로부터 시작하는 긍정적인 기억정보와 선악분별에 따른 그림자투사 의한 부정적인 기억을 함께 가지고 있다. 우리의 뇌는 로고스 하느님의 시선, 빛의 시선과 얼마만큼 가까이 있었는가 혹은 멀어져 있었는가에 따른 긍정적인 혹은 부정적인 인식과 경험을 기억정보로 축적하게 되며 축적된 기억정보에 따른 연상작용(투사)으로 대상을 이해하고 인식한다. 긍정적이든 부정적이든 자신의 기억정보에 따른 투사를 거치고서야 인식하게 되는 우리는 한강의 작품을 번역한 데보라 스미스처럼 자신이 가진 긍정적인 기억 정보에 의한 연산작용(투사)로 눈물 흘릴 수 있다.

그러나 선악과를 먹고 태어난 우리의 알몸은 자신의 영적 정신적 신체적 조건에 갇힌 시선 안에서 상대방의 생각과 말과 행동이 이해되지 않을 때 자신에게 주어진 가치에 따른 죄의 모습으로 인식하게 되는 인식 틀을 가지고 태어난다. 불교에서는 선악분별로부터 오는 업, 까르마에 따른 종자식을 가지고 태어난다고 말한다. 아동의 인지발달 단계를 정리한 스위스의 아동발달심리학자이며 철학자이자 자연과학자인 장 피아제(Jean Piaget) 역시 아동의 전체적인 인지발달에 대한 명확한 설명은 내어 놓지 못했지만 인간은 새로운 사물이나 대상을 볼 때 발생학적으로 이미 자신이 가지고 태어나는 이해도식에 맞추어 인식하고 받아들인다는 것을 이해했다. 대상을 보고 듣는다는 것은 대상으로부터 눈으로 귀로 들어 오는 IN PUT 이 아니라 대상을 보는 자신의 이해도식에 따라 즉각 즉각 알아채므로 OUT PUT이다. 선악분별을 위한 우리의 영혼은 상대방의 생각과 말과 행동이 자신의 가치와 부합되지 않을 때 자신의 가치에 따른 죄의 모습으로 인식하고 알아챈다.

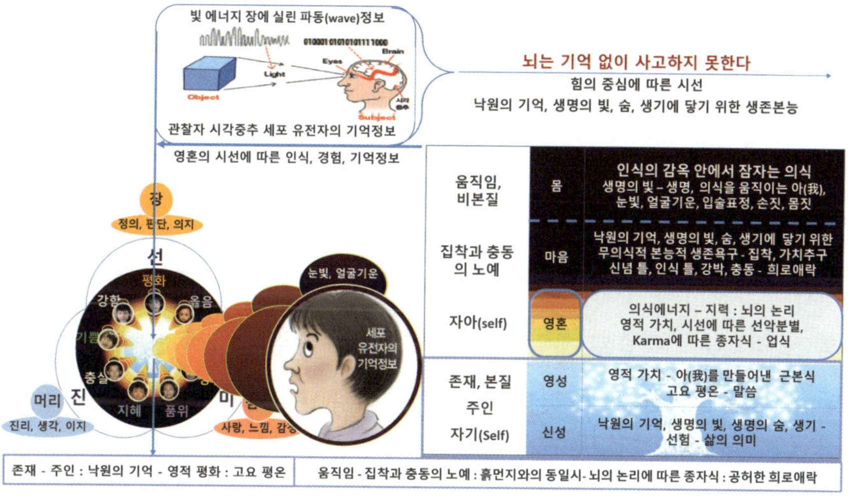

구르지예프가 정리한 인식의 감옥 안에서 잠들어 있는 의식이며, 융이 말하는 그림자투사다. 빛이 강할수록 그림자는 더욱 짙어진다. 자신에게 주어진 빛의 선물을 선물의 주인으로서 전체성을 가진 빛의 시선으로 조화와 균형 안에서 본질적으로 쓰지 못하고 선악분별을 위한 집착과 충동의 노예가 되어 비본질적으로 쓸 때 자신의 죄를 상대방으로부터 비추어내는 그림자투사는 더욱 심해진다. 우리는 상대방하고 싸운다고 믿지만 실상은 자신의 그림자투사가 만들어 낸 망령과 싸울 뿐이며 그림자투사가 만들어 낸 망령 – 두려움, 수치심, 화라는 반 생명에너지를 주고 받을 수 있을 뿐이다. 데이비드 호킨스 박사는 그의 의식혁명에서 이렇게 말한다.

"사람의 발달을 가로 막는 주요장애는 의식자체의 본성에 대한 지식의 결핍입니다. 자신 안에서 마음의 시시각각의 과정을 바라본다면, 우리의 마음은 그것이 인정하는 것보다 훨씬 빠르게 움직인다는 것이 금방 눈이 띌 것입니다. 행위가 사려 깊은 결정을 바탕으로 한다는 관념은 큰 착각임이 분명해 집니다. 의사 결정과정은 의식 자체의 기능입니다. 우리의 마음은 수백만 개의 데이터와 그 테이터의 상호관련 및 투사를 바탕으로 진행합니다. "

얼마 전 PC방 도우미를 흉기로 무참하게 살해한 청년의 얼굴이 공개되었다. 살인을 했다는 사실이 믿기지 않는 평범한 얼굴이었다. 왜 그랬을까? 기쁨의 시선이 낳아서 기쁨의 기운으로 숨 쉴 힘을 얻는 기쁨유형에게 세상은 늘 새로운 기쁨으로 가득 차 있어야 한다. "지루해서 두 번 죽지는 못하겠다."라는 유언을 남긴 양자 물리학자 파인만의 말처럼 기쁨유형에게 자신의 기쁨을 방해하는 모든 것들에 대한 우울함이나 지루함이란 죽음보다 참기 힘든 것이다. 그 청년의 삶이 우울하고 지루한 삶의 연속이었다면 자신의 가치를 찾아 숨쉬고 생존하기 위하여 PC방을 찾았을 것이다. 그런 이유에서 기쁨 유형들은 알코올 중독이든 게임중독이든 중독에 쉽게 빠져든다. 그런 모습을 보는 PC방 도우미가 아주 모범적이고 사람을 올바로 세우고 싶어하는 옳음 유형이었다면 눈에 많이 거슬렸을 것이다. 그런 이유에서 그들의 다툼은 그들 가치로부터 온 자아중심적 이기적인 시선에 따른 다툼일 수 있다. 그리고 그 다툼은 그들을 움직여가는 가치를 실행하면서 숨 쉴 힘을 얻기 위한 무의식적 본능적 생존 욕구와 맞물려있다. PC방 도우미를 살해한 청년은 숨 쉴 힘을 얻기 위한 절박한 생존 본능으로부터 온 행동이 방해 받았을 때 순간적으로 살인의 충동을 느꼈을 수 있다. 청년은 상황을 묻는 기자들의 질문에 지난날 무시당했던 기억까지 올라와서 살인을 하게 되었다고 말했다. 살인으로 유도된 청년의 의사결정은 데이비드 호킨스의 말처럼 청년의 기억정보에 따른 여러 투사가 겹쳐 증폭되면서 결정되었던 것이다.

청년은 자신의 상황을 설명하면서 그 순간의 기억에 따른 분노로 숨 쉬기 힘들어 했다. 어떤 이들은 심신미약처럼 보이기 위한 술수라고 이야기 했지만 그 당시 그 청년의 의식수준으로서는 숨쉬기 힘들었을 것이다. 그 청년은 시간을 되돌리겠다면 달리 행동했을 것이냐고 묻는 기자의 질문에 "모르겠다."라고 했다가 "네." 라고 대답하기도 했다. "모르겠다."가 자신의 심중을 더 솔직하게 표현한 말이었을 것이다. 그 청년에게 주어진 빛의 선물인 기쁨을 공동체를 위한 주인(자기, Self)으로 실행하지 못하고 집착과 충동의 노예(자아, self)가 되어 강박, 충동 안에서 그림자투사에 따른 부정적 정서와 함께 실행했기 때문에 그런 일이 벌어졌다는 걸 이해하기 까지는 많은 시간이 걸릴 것이다.

빛의 시선이 낳은 인간의 영적 정신적 신체적 조건은 인류공동체를 위한 빛의 소명과 역할을 실행하기 위한 장치로서 아홉 빛의 선물과 함께 전체성으로 가진 빛의 시선으로 조화와 균형 안에서 적절히 실행될 때 빛의 선물이 되지만 선악분별을 위한 자아중심적 이기적인 시선 안에서 집착과 충동 강박 안에서 실행 될 때 그림자투사와 함께 인류공동체를 질병과 죽음으로 몰아가는 장애가 된다. 우리는 매 순간 전체성을 가진 빛의 시선으로 타인의 생각과 말과 행동을 있는 그대로 알아 차리면서 자신과 공동체의 성장과 치유에 기여할 것인지 선악분별을 위한 집착과 충동의 노예로서 그림자투사에 따른 상처를 주고 받으며 질병과 죽음에 노출될 것인지 선택의 기로에서 있다.

신화에 등장하는 인물 중에 메두사는 뱀이 머리에 주렁주렁 매달려 있고, 차가운 눈, 날카로운 이로 위협하는 무시무시한 모습을 하고 있다. 이런 모습의 메두사와 싸움을 할 때 싸움을 하던 사람이 등 뒤의 거울로 자신을 본다면 미쳐버린다고 한다. 자신이 싸우고 있는 대상이 메두사인 줄 알았는데 메두사는 실상 자신이었던 것이다. 2차 대전 당시 독일의 히틀러가 영국의 윈스턴 처칠에게 유럽의 약소국가들을 하나씩 끌어들여 전쟁을 일으키려 한다고 판단한 나머지 자신이 전쟁을 일으켰듯이, 우리는 자신이 가지고 있는 죄의 모습, 까르마에 따른 업식, 자신의 그림자로 세상을 인식하고 경험하고 반응한다. 뇌 인지과학에서 "내가 나를 본다."라고 정리하는 이유이다.

인간 소외는 자주 자신의 죄를 상대방으로부터 비추어내는 그림자투사로부터 시작된다. 봄과 글레라인의 연구로 확인 했듯이 개체는 의식공동체를 구성하고 있는 연결이므로, 누군가를 소외시켜 연결이 끊어졌을 때 그 공동체는 균열이 가고 병 들 수밖에 없을 것이다. 공동체의 의식성장을 위해서 한 사람은 온 세상만큼 소중하다. 소외는 또 다른 소외를 불러오기 때문이다. 남아있는 사람들은 소외시킨 만큼의 공이 자신들에게 돌아올 줄 알겠지만 의식의 속성상 소외된 사람의 한을 풀어내기 위한 움직임이 남아있는 공동체 안에서 생겨나게 마련이다. 지구촌의 정의로운 분배가 무너지는 바람에 이슬람 국가가 벌이는 테러에 많은 젊은이들이 가담하게 되고 세상을 공포로 몰아가는 것처럼 피부조직을 경계로 떨어져 있지만 한 뿌리에 함께 연결되어 있는 개체인 우리들 세포는 그림자투사에 따른 망령이 시키는 대로 내가 이기고 네가 죽는 전략으로는 영적 정신적 신체적 조건에 따른 개체의 생명을 속여 잠깐은 타오르게 할 수 있겠으나 근본적으로 생명의 궁극적 원인이자 실재인 순수한 영적 의식에너지와 연결되어 있는 세포를 오래 속일 수는 없다. 우리들 몸 세포는 순결한 생기로부터 오는 힘을 얻을 수 없으므로 결국 병 들 수 밖에 없으며 각 개체의 연결인 공동체 역시 병 들 수 밖에 없는 것이다.

2) 그림자투사에 따른 스트레스와 질병

우주에 가득 차 있는 생명의 빛, 나의 혈을 움직여 살아갈 힘을 주고 있는 우주적 생기를 막는 것은 영적 정신적 신체적 조건으로부터 오는 그림자투사에 따른 부정적 정서다. 그림자투사로 부터 온 부정적 정서는 우주에 가득 차있는 빛의 시선으로 부터 내 몸으로 흘러내리고 싶은 생명의 기운을 온몸으로 막고 있다.

일상의식 안에서 그림자투사에 따른 인식과 인식에 따른 희로애락, 부정적 정서 안에서 방출되는 뇌파는 베타(β)파이며 뇌는 스트레스 호르몬을 방출한다. 휴가를 즐기고 있거나 심신이 안정되어 있을 때의 뇌파는 알파(α)파이며 뇌는 면역성 호르몬을 방출한다. 기도 혹은 명상 안에서 고요히 가라앉아 있거나 램수면 상태의 뇌파는 세타(θ)파이며 뇌는 면역성 호르몬을 방출한다. 그리고 모든 걸 신에게 의탁할 수 밖에 없는 깊은 수면상태의 뇌파는 델타(δ)파이며 면역성 호르몬을 방출한다.

일상 의식 - 그림자투사, 인식의 감옥 안에서 잠자는 의식에 따른 희로애락과 질병

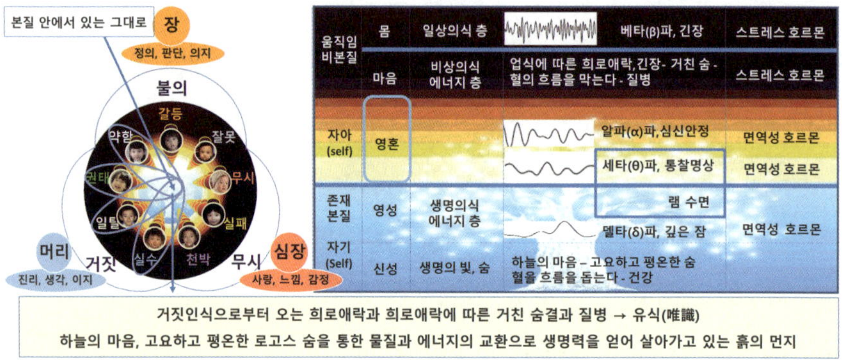

하늘의 마음으로부터 오는 고요, 평화와 함께 있는 생명의 기운은 혈의 흐름을 원활하게 해 주고 치유를 가져오는 면역성 호르몬 역시 고요하고 평온한 하늘의 마음 안에서 방출된다. 그러나 인간의 마음, 그림자투사오부터 오는 희로애락, 부정적 정서는 혈의 흐름을 막을 뿐만 아니라 스트레스 호르몬을 방출시켜 질병에 노출되도록 한다. 기쁨의 기운이 움직여가는 기쁨 유형들에게 웃음치료가 일시적인 치료효과는 있겠으나 고요하고 평온한 하늘의 마음으로부터 온 심장에게 고요를 동반한 영적 기쁨이 아닌 헛웃음은 스트레스다. 웃음치료의 시조인 노만 카슨스(Norman Cousins)는 결국 심장질환으로 사망했다. 기본적으로 희로애락, 부정적 정서는 고요하고 평온한 숨, 생기를 통한 물질과 에너지의 교환으로 생명력을 얻는 세포에게 스트레스

이기 때문이다.

영은 생명을 준다. 그러나 육은 아무 쓸모가 없다. 내가 너희에게 한 말은 영이며 생명이다. 요한 6,63

고요하고 평온한 하늘의 마음에 따른 인식은 건강을 가져오고 그림자투사에 따른 인식은 질병을 가져온다. 건강과 질병은 인식에 따른 마음의 결과다. 불교에서 이야기 하는 유식(唯識)의 의미는 '오직 인식밖에 없다.' 라는 의미이다. '오직 인식밖에 없다.' 라는 유식의 의미는 인간을 포함한 모든 물질의 기본요소인 '스스로 흐르는 입자의 파동'이 눈에 보이는 물질입자의 모습으로 나타날 때는 유일하게 그것을 보는 관찰자의 시선에 따른 인식, 인식에 따른 의식에너지가 개입될 때라는 코펜하겐해석을 상기시킨다. 오직 마음이 모든 걸 창조해 낸다는 일체유심조의 의미 역시 정신적 영적 의식에너지가 모든 에너지를 발생시키는 궁극적 실재로서 세포에 생화학적 변화를 일으키거나 조절한다는 양자 생물학자 글렌라인(G.Rein)의 이론을 상기시킨다.

일상의식 안에서 그림자투사로부터 온 희로애락, 부정적 정서를 경험하고 있는 뇌 변연계의 편도체는 작은 뇌의 역할로서 호르몬 시스템을 움직인다. 뇌는 그림자투사에 따른 부정적 정서의 발생과 동시에 투쟁할 것인가 도피할 것인가를 결정한다. 투쟁하려고 결정할 때는 에피네프린(아드레날린) 호르몬을 방출한다. 에피네프린(아드레날린)의 역할은 투쟁할 에너지를 만드는 것이므로 심근의 산소 요구도를 증가시킨다. 따라서 혈압상승과 함께 소화관으로 가야 할 혈류 감소로 체한 느낌이 들도록 만들며, 혈관벽의 스트레스와 혈전증가, 혈액응고, 뇌졸증 등을 유발한다. 또한 심장스트레스는 심근경색과 부정맥의 증가. 심실세동, 돌연사 등을 발생시킨다.

도피하려고 생각할 때 뇌는 코티솔 호르몬을 방출한다. 도피하려는 마음은 일단 힘을 축적한 다음에 공격하겠다는 의미다. 따라서 코티솔의 역할은 힘을 축적하기 위하여 혈중 포도당을 만들어 내지만 힘을 모아 써야 할 때를 대비하여 포도당 이용은 억제한다. 코티솔의 역할은 스트레스 진정효과로 에너지를 보존하는 긍정적인 기능이 있다. 그러나 지속적인 스트레스 상황에서 호르몬 조절이 이루어지지 않고 코티솔이 계속해서 높은 비율을 유지하게 될 때 혈당이 올라가고 당뇨병이 발생한다. 또한 유사시에 복부에서 에너지를 끌어다 쓰기 위하여 복부비만 특히 내장 비만을 불러오고, 해마의 시원세포 파괴로 기억력을 저하시키며, 지방분해촉진작용으로 혈중 콜레스테롤증가와 동맥경화증을 유발시킨다. 또한 염증반응억제 작용으로 면역세포 특히 암 세포를 잡아먹는 NK세포의 발생을 억제하여 암세포가 증식되도록 만든다.

요즈음 면역항암치료제가 각광받고 있다. 그러나 면역항암치료제를 쓸 때 무슨 일이 일어나는가? 뇌는 인위적으로 암을 없앴으니 투쟁할 것인가 혹은 도피할 것인가 하는 일상의 존재방식으로 돌아가게 되고 다시 스트레스 호르몬의 영향아래 놓이게 된다. 엄밀히 말해서 자신의 죄를 대상으로부터 비추어내는 그림자투사에 따라 투쟁할 것인가 도피할 것인가를 결정하고 실행하는 뇌의 어리석은 생존전략이 질병의 원인인 것이다. 그림자투사가 시작되는 순간부터 예를 들어 고무호스가 뱀으로 보이는 순간부터 혹은 상대방이 기어이 자신의 일을 실패로 끌고 갈 것이라고 믿는 순간부터 뇌는 투쟁할 것인가 도피할 것인가를 결정하고 실행하는 과정에서 방출되는 스트레스 호르몬의 생리작용아래 놓이게 된다.

인간이란 잡을 지프라기만 있어도 암세포가 자라도록 허용했던 기존의 존재방식 - 그림자투사에 따른 존재방식을 고집한다. 면역항암치료제란 지프라기 역시 그림자투사에 따른 뇌의 생존전략으로부터 온 어리석은 존재방식을 포기할 수 없도록 만든다. 절벽 아래로 굴러 떨어지다가 중간에 걸쳐진 나뭇가지 - 세상이 가르쳐 준 존재방식인 면역항암치료제란 지프라기를 잡고 하느님을 불러 보지만 영혼의 깨어남을 통한 빛의 시선 되찾기로 그림자투사를 멈출 수 있는 의식의 점프 없이는 절벽위로 날아 오를 수 있는 길은 보이지 않는다.

정상세포는 원활한 혈액순환과 면역성 호르몬의 생리작용으로 충분한 산소와 영양이 공급되는 상태에서 증식한다. 그리고 고요하고 평온한 숨, 생기 안에서 조화와 균형을 가지고 다 함께 공존하기 위하여 서로 다른 세포들을 위하여 존재한다. 그러나 암세포는 자신의 죄를 대상으로부터 비추어 내는 그림자투사에 따르는 부정적 정서 안에서 투쟁할 것인가 도피할 것인가를 결정해야 할 때 방출되는 스트레스 호르몬의 생리작용 안에서 증식한다. 암세포는 그림자투사에 따른 희로애락과 부정적 정서로부터 오는 혈액순환장애로 산소와 영양이 부족한 상태에서 무산소로 증식한다. 그리고 자신만의 생존을 위하여 다른 세포의 영양까지 뺏으며 무한 증식하는 욕심쟁이세포다. 암세포는 물론 자기 탓이 아닌 외부로부터 오는 독이나 공해로부터 오는 스트레스로 발생하기도 한다. 그리고 앞에 정말 호랑이가 나타났거나 악한과 마주하고 있다면 혹은 상습적으로 폭행을 일삼는 배우자나 그러한 유해한 환경과 마주하고 있다면 그럴 때 경험하게 되는 두려움, 수치심, 화 등의 부정적 정서로 투쟁할 것인가 도피할 것인가를 결정하고 실행하는 스트레스 호르몬의 영향아래 있을 수 있고 그럴 때 경험하는 부정적 정서는 생존을 위한 것이다. 그러나 무한경쟁시대를 살아가야 하는 현세대의 질병은 대부분 그림자투사에 의한 부정적 정서 안에서 방출되는 스트레스 호르몬의 생리작용으로 발생한다.

인간의 뇌는 뇌 변연계의 편도체에서 어떤 정서를 느끼는가에 따라 그 정서에 맞는 호르몬을 방출한다. 치유를 가져오는 면역성 호르몬은 빛의 시선으로 대상을 바라볼 수 있는 고요하고 평온한 마음 안에서 방출되고 질병의 악화를 가져오는 스트레스 호르몬은 그림자투사에 따른 희로애락과 부정적 정서 안에서 방출된다. 인간의 몸은 빛의 시선으로부터 오는 고요하고 평온한 정서 안에 있는가 혹은 그림자투사로부터 오는 희로애락과 부정적 정서 안에 있는가에 따라 순간순간 치유와 악화의 순간을 오고 간다. 그러다 어느 순간 영혼이 깨어나 빛의 시선을 되찾게 되면 뇌는 그림자투사를 멈추고 모든 걸 내려놓을 수 있게 된다. 그럴 때 뇌는 그림자투사로부터 오는 희로애락과 부정적 정서가 아닌 생명의 원인이고 본질이며 생명력인 고요 평화 안에 머물게 된다. 그리고 고요 평화와 함께 하는 깊고 평온한 숨길 따라 흐르는 생기가 혈의 흐름을 원활하게 해주고 면역성 호르몬의 생리작용도 활발해진다. 원활한 혈의 흐름과 면역성 호르몬의 생리작용으로 세포는 충분한 산소와 영양을 공급받게 되고 무산소증식으로 다른 세포의 영양을 뺏으면서 자라나던 암세포는 그 역할을 포기하게 되며 몸은 싱싱하게 회복된다.

면역항암치료제는 미국 카터 대통령의 뇌 흑색종이 나았다는 보고로 활발하게 연구되고 있다. 그러나 카터 대통령의 가족사를 보면 아버지가 목사인 만큼 카터 대통령 자신도 신앙인이다. 카터 대통령은 면역항암치료제이후 모든 걸 내려놓고 고요와 평화 안에 머물 수 있었을 것이다. 면역력은 좋은 식품이나 숙면으로도 강화될 수 있다. 그러나 식품이나 숙면 역시 면역력을 강화시켜주기까지는 평온한 마음으로부터 오는 면역성 호르몬의 도움이 있었다. 면역력이란 결국 마음의 문제다. 면역항암치료제가 일시적으로 암을 없앨 수 있겠지만 마음을 바꾸지 않는 한 부작용 또한 만만치 않아서 암세포는 오히려 급속히 번져 죽게 된다. 그런 의미에서 면역력을 강화시켜 주는 약이란 있을 수 없다. 모든 약은 증세완화용일 뿐 부작용이 있게 마련이고 오히려 면역력을 떨어뜨린다.

각 유형의 가치와 시선에 따른 선악분별은 자신의 가치대로 살아남기 위한 무의식적 본능적 생존욕구로부터 온 기계적 자동반응이다. 그러나 선악분별의 결과는 반 생명에너지 – 희로애락과 부정적 감정, 질병과 죽음을 가져온다. 상처는 대상으로부터 받는 것이 아니라 대상을 통한 나의 그림자투사가 불러온 망령 탓으로 증폭된다. 그리고 그림자투사로부터 온 부정적 감정과 나를 동일시한 순간 나의 몸은 생명 에너지 층과의 연결이 끊어지면서 스트레스 호르몬의 생리작용에 따라 부패하게 된다.

3) 그림자투사에 따른 실재의 기만적 환영에 매달리는 인간의 우상숭배

한 뿌리 안에 함께 있는 우리는 자신의 그림자투사를 알아채지 못한 채, 자신 안에 깃들어 있는 신성의 빛도, 자신 안에 있는 죄의 성향도 모두 대상으로부터 비추어 내는 그림자투사로 이리저리 흔들린다. 인식의 감옥이 지배하는 일상의식 안에서 그림자투사에 따른 인식과 인식에 따른 부정적 정서로 질병과 죽음 앞에 놓이게 된 알몸은 자신이 이미 신성의 빛으로부터 온 신성의 불꽃으로서 사랑과 기쁨과 평화 자체임을 망각하고 있다. 그리고 대상으로부터 사랑과 기쁨과 평화를 경험하여 살아갈 힘과 생명력을 얻어 누리기 위하며 자신의 모든 감각을 동원하여 사랑과 기쁨과 평화를 찾아 헤맨다. 우리의 영혼은 물고기가 바다 안에서 바다를 찾아 헤매듯 자신의 본질인 신성을 찾아 헤맨다. "나는 네가 옆에 있어도 네가 그립다."라고 표현한 시인의 노래는 본질을 찾아 헤매는 우리의 갈증을 잘 표현하고 있다.

선악 분별을 위한 인식의 감옥 안에서 잠자는 의식으로 죽을 운명에 놓인 우리는 실재, 존재가 아닌 움직임 – 실재의 표상을 실재와 동일시하여 매달리게 된다. 프랑스의 정신 병리학자 쟈크 라캉은 실재 – 존재적 생명을 찾아 헤매는 인간들이 존재, 실재와 동일화하여 만들어 내는 우상숭배를 욕망이론으로 설명하고 있다. 라캉은 욕망의 단계를 상상계와 상징계, 실재계로 나눈다.

첫 번째 단계 상상계에서는 "거울단계' 로서 어린아이가 거울에 비친 자기 모습을 보고 그 거울 이미지를 따라 '상상적으로' 자아(自我)를 구성한다.

그러나 그렇게 구성된 자아는 진정한 본질이 아니며 어떤 대상을 놓고 자신이 원하는 자아, 실재라고 상상하면서 다가서는 단계로서 오히려 주체를 속이는 기만적 환영이라는 것이다. 두 번째 욕망의 단계 상징계에서는 실재라고 믿고 다가간 대상을 소유하는 단계이다. 그러므로 두 번째에서 소유한 대상은 실재의 자아를 상징하고 있다. 세 번째 욕망의 단계 실재계에서는 대상을 실재라고 믿었으나 상징일 뿐, 소유한 순간 실재의 기만적 환영이었음을 알게 되면서 또 다시 채워지지 않는 욕망의 대상을 찾아 나서는 단계이다. 실재와의 일치를 향한 갈증의 끝은 자타가 없어지는 환각으로, 때로 광기로 드러나기도 한다는 것인데 마약, 알코올 중독, 섹스 등이다.

인간은 일시적으로나마 마약, 알코올, 섹스 등으로 자신을 잊고 분리되기 전의 일치를 향해 하나가 되려고 하지만 그러한 광기는 인간이 만들어낸 실재의 기만적 환영으로서 공허 만을 안겨 줄 뿐이다. 연예인들이 상습적으로 마약에 빠져드는 이유 역시 마약으로 공연과 자신을 일치시킬 수 있는 자유로움 때문이다. 실재, 존재감, 생명, 살아있음을 느끼고 싶은 무의식적 본능적 욕구는 끊임없이 실재와 동일화한 영웅과 우상을 만들어 내고 우상 앞에서 하나가 되고자 한다. 청소년에게 유명 탤런트나 운동선수들은 그들을 하나로 묶어주는 우상이 된다. 우상을 향해 모여드는 청소년들의 모습은 존재감, 살아있음, 생명의 약동을 느끼고자 하는 무의식적 본능적 생존욕구에 따른 몸짓이다. 우상 앞에서 <자신을 잊고 하나의 주제로 함께 있다> 라는 정서는 그들을 하나로 묶어주는 일치의 정서로서 낙원으로의 회귀, 일치를 향한 그들의 무의식적 생존 욕구를 만족시켜 열광하게 만든다.

빛과 동일화한 우상들 – 지혜인줄 알고 찾아간 아인슈타인의 과학이 만들어낸 원폭, 정의인 줄 알고 찾아간 정의의 복수 – 이슬람 국가들의 잔인함, 아름다움과 사랑인 줄 알고 찾아간 멋진 예술품들이 즐비한 저택과 멋진 차, 아가페를 꿈꾸며 찾아간 애증이 교차하는 에로스적 사랑과 섹스, 사랑과 아름다움의 이미지만 판치는 곳에서 생명의 빛은 작동하지 않는다. 사랑 받고 살아남기 위하여 성공해야 했고, 많은 것들을 소유해야 했지만 사랑이라는 이름으로 서로를 괴롭히는 폭력만이 무성할 뿐 생명의 빛, 생명 에너지로서의 사랑은 멀찌감치 도망가 있다.

우리는 무인도에서 홀로 남은 인간이 동물들과의 의사소통으로 살아간다는 이야기를 듣는다. 관계 안에서 얻게 되는 정서적 지지 – 영적 기쁨 사랑 평화는 흙의 먼지로 빚어진 인간의 몸이 생명으로 살아가도록 해 주는 생명의 궁극적 원인이자 실재로서 생명의 본질이자 생명력이기 때문이다. 언젠가 일본의 어느 학자가 모든 걸 버리고 아프리카의 때 묻지 않는 자연 속에서 그곳 원주민 여성과 살고 있다는 이야기를 들은 적이 있다. 그러한 움직임 역시 실재를 찾아 일치 하고 싶은 무의식적 본능적 생존 욕구로부터 왔을 것이다. 그러나 문명의 때가 묻지 않은 아프리카라 할지라도 실재는 외부에 있지 않고 존재의 깊은 의식 안에서 빛나고 있는 존재적 영적 생명인 영적 사랑이고 기쁨이고 평화다.

원효는 그의 대승 철학에서 이렇게 말했다. "무욕은 소유론적 욕망을 존재론적 욕망으로 전환시키라는 것이지 아예 없애 버리라는 것이 아닙니다. 인간이 욕계에서 살고 있는 이상 그런 일은 불가능한 요구입니다. 무욕은 소유론적 무의식적 욕망을 존재론적 무의식적 욕망으로 방향을 달리 하는 것입니다."

3. 빛의 선물을 찾아 고요해 지기
– 회복과 치유를 위한 존재방식

구르지예프는 "거짓된 생각을 어떻게 제거할 수 있습니까?" 라는 제자 우주벤스키의 질문에 이렇게 납한다. "우리의 인식은 기억의 형태에 의존하고 있습니다. 거짓된 생각은 이러한 인식의 형태로 만들어지는 것입니다." – 중략 – "당신은 인식에서 일어나는 잘못에 대해서 이야기하고 있지만 내가 이야기하는 것은 그것이 아닙니다. 주어진 여러 인식 틀 안에서 인간은 많든 적든 실수를 할 수 있습니다. 그러나 인간이 가지고 있는 중요한 착각은 자신이 할 수 있다는 신념을 가지고 있다는 점입니다. 그러나 실제로 아무것도 하지 않으며 할 수도 없습니다. 첫 번째로 이해하지 않으면 안 되는 것이 바로 이점입니다. 모든 것은 일어납니다. 높은 하늘의 대기나 주위의 있는 구름의 온도변화로 비가 내리듯이, 태양이 비춤으로써 눈이 녹듯이 바람이 불어와 먼지가 날리듯이 모든 것이 이와 같이 일어납니다. 인간은 기계입니다. 그러나 마음으로 이해하는 것과 자기의 전 존재로 느끼는 것은 완전히 별개의 문제입니다. 행동하기 위해서는 존재하는 것이 필요합니다. 무엇보다 존재한다는 것이 무엇을 의미하는지 이해하는 것이 필요합니다."

"인간이 가지고 있는 중요한 착각은 자신이 할 수 있다는 신념을 가지고 있다는 점입니다. 그러나 실제로는 아무것도 하지 않으며 할 수도 없습니다." 라는 구르지예프의 설명은 "나는 아무것도 스스로 할 수 없다. 나는 듣는 대로 심판할 따름이다. 그래서 내 심판은 올바르다". (요한 5,30)라는 성서 말씀을 상기시킨다. '인간에게 자유의지란 없다.'라는 결정론에 힘을 실어준 뇌 연구가들의 설명처럼 성서는 예수 그리스도조차 자신의 인성(육체적 심리적 생명의 조건)으로는 아무것도 스스로 할 수 없다고 설명하고 있다.

"인간이 가지고 있는 중요한 착각은 자신이 할 수 있다는 신념을 가지고 있다는 점입니다." 라는 구르지예프의 충언대로 인간의 몸은 주어진 영적 정신적 신체적 조건 안에서 오직 자신의 영적수준에 준하는 그림자투사로 생겨나는 부정적 정서와 함께 부패의 수순을 밟는 것 이외에 아무것도 스스로 할 수 없는 조건 지어진 몸이다.

선악과를 먹고 낙원으로부터 추방된 인간의 영혼은 자신의 힘으로 선악을 분별하고 반응하려는 자아중심적 이기적인 시선 안에 갇혀 있어서 자신은 항상 옳으므로 자신이 가지고 있는 죄의 성향을 상대방을 통해 비추어 내는 그림자투사에 따라 자신이 이름 지어 부르는 괴물을 경험할 수 있을 뿐이다. 그리고 그 괴물이 만들어낸 반 생명 에너지 - 두려움, 수치심, 화에 의해 생노병사의 과정을 겪으며 죽어간다. 우리는 그렇게 자신들의 그림자투사로 서로를 왜곡시키고 부정함으로써 분리되기 전 낙원을 향한 꿈을 스스로 짓밟아 다 함께 생로병사의 길을 걷는다.

에니어그램의 스승 구르지예프는 부정적 감정과 함께 생로병사의 과정을 걷게 만드는 그림자투사를 인식의 감옥 안에서 잠자는 의식이라고 부른다. 구르지예프의 가르침 중 가장 중요한 것은 인간에게 일어나는 모든 불미스러운 일들은 인간의 의식이 인식의 감옥 안에서 잠들어 있기 때문이라는 것이다. 인간은 자신과 연결된 빛의 가치를 추구할 수 밖에 없도록 설계된 영적 정신적 신체적 조건을 가지고 태어나 각 조건에 따른 그림자투사로 세상을 인식하고 반응한다. 따라서 인간의 생각과 말과 행동은 자신의 그림자투사에 따른 인식과 경험으로부터 오는 고집스러운 기계적 자동반응이다. 그러나 각자는 자신의 또렷한 의식으로부터 왔다고 믿고 있다. 구르지예프는 자신의 생각과 말과 행동이 자신의 조건 안에서 일어나는 기계적 자동반응이라는 사실을 깨닫지 못하고 자신이 자유롭게 선택한다고 믿는 한 그에게 기회는 없으며, 어느 누구도 그의 뜻에 반하여 강제로 그를 돕거나 해방시킬 수 없다는 것이다. 구르지예프의 가르침은 "나는 감옥 안에서 살고 있다. 내가 바로 감옥이다."라는 사실을 깨닫지 못한다면 자유를 찾을 수 있는 희망은 없다."라는 것이다. 구르지예프는 그의 제자 우즈펜스키가 심리학에 대해서 물었을 때 이렇게 답했다.

"심리학에 대해 말하기 전에 우리는 그것을 누구에게 적용하고 누구에게 적용하지 않는지를 분명히 해야 합니다. 심리학은 사람들, 인간들에게 적용됩니다. 기계와 관련해서는 어떤 심리학(그는 이 말을 강조했다.)이 적용될 수 있습니까? 기계를 연구하기 위해서는 심리학이 아니라, 기계역학이 필요합니다. 이것이 우리가 기계역학에서 시작해야 하는 이유입니다. 심리학까지 가려면 아직 멀었습니다."

도덕성 발달 이론으로 알려진 미국의 심리학자 로렌스 콜버그(Lawrence

Kohlberg)는 심리학계의 거인이었지만 그의 높은 도덕적 이상과 현실의 괴리로 우울증을 앓다가 자살했다. 콜버그는 힘의 중심이 머리에 있는 머리중심 사람이다. 머리 중심 사람들의 의식에너지체계, 사고과정은 자신에게 주어진 가치 수행을 위한 집착에 갇힐 때 그림자투사에 따라 문제를 확대하고 결국에는 어두운 쪽으로 각본을 쓰게 되는 기계적 자동반응을 가지고 있다. 로렌스 콜 버그가 자신의 영적 정신적 신체적 조건과 조건에 따른 그림자투사, 인식의 감옥을 알아챘더라면 그는 자살하는 대신 자신의 감옥으로부터 탈출 할 수 있었을 것이다.

1) 그림자투사 알아차리기

인간의 몸은 세포로 구성되어 있고 세포는 한 순간도 그 자리에 있지 못하고 일초에 천만번의 세포교환이 일어나고 일분에 6억 세포가 죽고 살아나며 불과 몇 년 만에 완전히 다른 세포로 교환되는 변화를 거듭하면서 마지막 종착역인 흙의 먼지를 향해 질주하고 있는 고속 열차의 움직임과 비슷하다. 그런데 우리가 흙의 먼지로 돌아가는 과정에서 겪게 되는 질병의 양상은 다르다. 왜일까? 질병은 외부로부터 들어오는 유해한 환경으로부터 생겨날 수 있으나 만성질환의 대부분은 성격적인 이유로부터 오는 그림자투사와 부정적 정서로부터 온다. 그림자투사에 따른 지나친 슬픔은 폐를 망가뜨리고, 고요를 동반한 내적 기쁨이 아닌 헛웃음 혹은 질투 때문에 누구를 죽이고 내가 살아나는 거짓 기쁨이나 지나친 우울은 심장을 망가뜨리고, 지나친 생각이나 걱정은 위를 망가뜨리고 지나친 화는 간을 망가뜨린다. 인간의 생명은 생명의 본질인 하늘의 마음 – 고요 평화로부터 왔으나 결국 선악분별을 위한 자아중심적 이기적인 시선과 그림자투사에 따른 부정적 정서 안에서 부패를 지속하다가 흙의 먼지로 돌아가는 고속열차의 움직임 안에 있다. 그렇더라도 인간의 육체적 심리적 생명은 임마누엘 하느님의 시선, 빛의 시선과의 일치 안에서 주어진 가치를 본질적인 영적인 힘으로 추구할 수 있을 때 생명의 본질인 고요 평화 안에서 현존할 수 있는 빛의 생명이다. 구르지예프는 우리가 빛의 생명으로 생명의 본질 안에서 현존할 수 있는 길을 제시한다.

"그러나 마음으로 이해하는 것과 자기의 전 존재로 느끼는 것은 완전히 별개의 문제입니다. 행동하기 위해서는 존재하는 것이 필요합니다. 무엇보다 존재한다는 것이 무엇을 의미하는지 이해하는 것이 필요합니다."

행동하기 위해서 자신의 전 존재로 알아차리는 말은 임마누엘 하느님의 시선, 전체성을 가진 빛의 시선으로 분명하게 알아차리고 반응하라는 의미다. 그림자투사에 따른 부정적 정서 안에서 부리던 헛손질을 멈추고 고요해 지라는 것이다. 그림자투사의 알아차림에 필히 수반되는 것은 회개다. 회개의 희랍어 메타노이아(metanoia)의 의미는 meta: a position beyond something + noeo: to perceive, to think the result of observing이다. 관찰 결과로서의 생각 관점을 넘어서라는 의미다. 우리는 매 순간 회개를 통하여 그림자투사로부터 온 부정적 정서로부터 벗어나 생명의 본질인 고요 평화 안에서 빛의 얼굴과 빛의 시선을 가진 빛의 생명으로 현존할 수 있다. 고요 평화 안에서 현존할 수 있을 때 그림자투사로부터 오는 부정적 정서로 부패하지 않을 수 있으며 고요로부터 오는 평온한 숨과 함께 회복과 치유의 길을 걸을 수 있게 된다. 그리고 "나는 아무것도 스스로 할 수 없다. 나는 듣는 대로 심판할 따름이다. 그래서 내 심판은 올바르다. 나는 내 뜻이 아니라, 나를 보내신 분의 뜻을 추구하기 때문이다."라는 성서 말씀처럼 나는 전체성을 가진 빛의 시선으로 있는 그대로 인식하고 반응할 수 있다. 생명의 본질인 고요 평화 안에서 전체성을 가진 빛의 시선으로 현존할 있을 때 나를 아프게 한 상대방의 행동도 나의 행동도 주어진 조건에 따른 생명의 선물과 집착 사이의 영적 수준 안에서 행했던 최선의 선택이며 몸부림이었다는 걸 이해하게 되고 연민의 눈으로 수용할 수 있게된다.

우리는 하나의 근원으로부터 온 관계 안의 연결로서 인체의 오장 육부처럼 자신의 소명과 역할을 충실히 살아감으로써 다 함께 신의 온전한 얼굴을 그려가야 할 연결로서의 생명이다. 그러나 자신의 힘으로 선악을 분별해 보겠다고 태어난 바보 같은 알몸의 시선은 각 영적 정신적 신체적 조건으로부터 오는 인식의 감옥 안에서 자신은 항상 옳으므로 대상으로부터 자신의 죄를 보는 그림자투사로부터 해방되기도 어렵고, 투사에 따른 인식과 인식으로부터 오는 우울증 등 부정적 정서로부터 야기되는 질병으로부터 놓여나기도 힘들다. 우리는 갑작스러운 스트레스 상황에 놓일 때 스트레스 호르몬의 작용으로 암이 손 쓸 수 없을 만큼 급속히 번져서 생명이 위태로워 지는 경우를 종종 본다. 그러나 극심한 스트레스 상황에 빠져서 생명이 위태로워졌다고 하더라도 방법은 있다. 머리를 차갑게 식히고 감정의 동요 없이 고요한 마음으로 내게 스트레스를 주고 있는 상황이 어디서 오는 것인가를 빛의 시선으로 알아차리고 대처하는 것이다.

하버드의대의 심장전문의인 허버트 벤슨(Herbert Benson)의 이완반응(Blackout principle)에 의하면 사물의 분명한 "알아차림-자각"의 경지 안에서 마음은 별처럼 또렷하면서 몸은 고요한 "이완된 각성"이 일어나는데 그럴 때 뇌는 알파(α)파, 세타(θ)파와 동시에 각성을 유도하는 베타(β)파 방추 발사와 함께 면역성 호르몬을 분비시켜 면역력을 증진시킨다는 것이다. 알아차림 명상을 통한 정신신경면역학적 변화에 대한 연구들을 보면 자타의 경계가 없어지는 고요 안에서 이완된 각성이 일어나는데 그럴 때 멜라토닌, 세로토닌 등의 면역성 호르몬이 증가하고 코티솔, 노르에피네프린 같은 스트레스 호르몬의 분비는 차단된다고 한다. 사물의 분명한 알아차림이란 자신의 그림자투사에 따른 인식과 인식에 따른 희로애락, 부정적 정서와의 동일시에서 벗어나 전체성을 가지고 빛의 시선으로 나를 위험에 빠뜨린 그림자투사를 알아차리고 고요해 지는 것이다. 알아 차림으로부터 오는 고요와 함께 우리의 몸과 마음을 움직여가는 영적 가치, 영적 의식에너지는 우리들 생명의 혈을 움직여 가는 우주적 생기로서 생명의 선물이 된다.

그러나 알아차릴 수 있는 능력은 하루아침에 이루어지지 않는다. 뇌는 습관적으로 관찰 대상으로부터 오는 파동(wave)정보를 자신의 삶을 움직여가는 가치에 따른 경험과 기억이 저장된 세포 유전자의 기억 정보에 따른 연산작용(투사)으로 상을 만들어 망막에 비춰내고, 망막에 비춰진 상에 따라 신경전달물질과 신경회로가 형성되고 신경세포에 연결되어 생물학적 행위로 연결된다. 그리고 행위는 다시 신경세포와 신경회로를 거쳐 최종적으로 세포의 유전자에 도달하여 기억정보로 저장되고, 저장된 기억정보는 대상을 만날 때 대상으로부터 오는 파동(wave)정보를 다시 왜곡시키는 장치로 작용하게 된다. 뇌는 그렇게 대상으로부터 오는 파동(wave)정보를 기억정보에 따라 왜곡 시켜 망막에 비추어내고, 망막에 비춰진 상에 따라 신경전달물질과 신경회로가 형성되고 신경세포에 연결되는 생물학적 행위를 반복한다. 따라서 현실은 끊임없는 기억의 재생이며, 기억 정화로 뇌 신경회로가 변하지 않는 이상 상처는 무한 반복된다. 그런 이유에서 기억정화와 함께 뇌 신경회로가 변하기 까지 8주간의 "알아차림"이 수반되어야 한다는 뇌신경과학자들의 논문이 쏟아져 나오고 있다. 많은 심신치유기제들 스트레스 감소를 위한 마음 챙김 명상인 MBSR(Mindfulness-based stress reduction) 우울증을 위한 인지치료인 MBCT(Mindfulness-based cognitive therapy) 등이 8주간의 프로그램을 진행하고 있는 이유다.

그러나 8주간의 프로그램으로도 힘의 중심을 가진 알몸의 조건이 변하지 않는 한 어렵다. 우리들 세포유전자의 DNA는 태초의 창조질서로부터 시작한 진화와 성장의 기억 그리고 무수한 세대를 거쳐 이어온 문화와 습관, 가족력까지 그러한 전 과정의 경험 안에서 일어났던 상처를 모두 기억하고 있다. 그 모든 기억이 정화되려면 그 모든 상처가 발생되도록 허락했던 자기중심, 자기추구, 자기방어적인 알몸이 깨어나는 환골탈태의 변화 없이는 불가능하다. 따라서 "알아차림"의 과정은 그림자투사에 따른 부정적 정서로 부패할 수 밖에 없는 조건 지어진 집착의 몸을 가지고 살아가는 이상 평생을 지속해야 하는 작업이다. 우리는 매 순간 자신의 영적 정신적 신체적 조건에 대한 알아차림, 영적 각성과 함께 자신의 생각과 말과 행동이 빛의 시선으로부터 오는 것인지 그림자투사로부터 오는 것인지를 알아차려야 한다.

성서에서 예수는 환자를 보면서 "낫기를 원하느냐?" 고 묻는다. 그러나 인식의 감옥 안에서 잠들어 있는 우리의 의식은 낫기를 원하지 않고 있을지도 모른다. 각자의 그림자투사가 만들어낸 바보게임에서 골이 깊어진 우리는 끝까지 이겨야 하고 상대를 망가뜨려야 내가 살아남을 것이라고 착각한다. 영적 진보를 원하고 낫기를 원한다고 하지만, 실제로는 자신의 그림자투사로 부정적으로 반응한 나 자신도 타인도 용서하지 못하고 그 상황을 어떻게든 되돌려 보려는 어리석고 완고한 마음에 매여 있을 수 있다.

자신의 가치에 따른 힘의 중심을 가지고 살아가는 육체적 심리적 생명은 결국 죽어야 할 집착의 몸이며 참 빛의 생명인 영원한 생명의 표상(表象)이다. 죽어야 할 집착의 몸이 만들어내는 자아상(自我像) 역시 거짓 자아(自我)이며, 가면(假面)이다. 그러나 사실 우리는 우리의 가면을 잘 인식하지 못한다. 우리의 가면, 우리의 거짓 자아가 신성(神性)의 빛을 가리게 되므로 생명의 선물인 우리의 재능은 얼어붙게 되며 우리의 재능은 결점이 되고 우리의 장점은 단점이 되므로 이루어져야 될 일이 이루어지지 않는다. 그러나 우리는 우리의 가면을 이해하지 못하는 만큼 재능이 결점으로 쓰이는 것도 이해하지 못한다, 우리는 우리의 재능이 왜 얼어붙게 되었는지, 우리의 재능이 어떻게 결점으로 쓰이는 지 이해하지 못한 채, 고집스럽게 성격이라는 장치를 이용함으로써 얼어붙어 막힌 부분을 보강하려고 한다.

어떤 이는 공격함으로써 또 어떤 이는 의존함으로써 또 어떤 이는 움츠림으로써 막힌 부분을 보강하려 하거나, 혹은 그러한 성격 뒤로 자신의 거짓 자아를 숨긴다. 그러므로 우리의 성격은 당장은 불완전한 집착의 몸을 보호해 주는 깁스의 역할을 하겠지만, 그렇게 행동함으로써 보호 되고, 사랑 받을 수 있고 살아남을 수 있다고 잘못 판단한 어리석고 불완전한 거짓 자아가 고집스럽게 쓰고 있는 전략적인 방식이다. 불완전한 우리의 몸은 거짓 자아의 속삭임 – 그렇게 하지 않으면 사랑 받지 못하고 살아남지 못하리라고 속삭이는 소리를 듣고 있다. 거짓 자아의 속삭임을 믿는 잘못된 자기 사랑으로 우리는 서로를 구분 짓고 경계한다. 우리를 지지해 주고 있는 신성의 빛은 이러한 우리들의 거짓 자아, 비존재적 비실재적 자아에 의해 우리에게 도달 하지 못한다. 우리는 우리의 거짓 자아, 잘못된 자기사랑이 만들어낸 인식의 감옥 안에서 잠자는 의식으로부터 깨어나지 못하는 한 자신의 신념을 위해서, 사랑을 얻기 위한 고집을 위해서 죽음조차도 불사하며 바보게임을 지속한다. 그렇게 되면 우리는 끝없는 고통의 수레바퀴에서 벗어날 길이 없다. 개인과 인류의 역사는 자신과 육체적 심리적 생명과의 동일시로부터 온 잘못된 자기사랑으로부터 온 부딪힘과 부정적 감정을 나누고 위로 받기 위해서 잘못된 자기사랑의 더 큰 이름 – 집단이기주의가 만들어내는 패거리 문화, 끼리끼리 뭉치는 저급하고 연약한 사랑에 연루되어 왔다. 공동체의 분열과 다툼, 국가간의 전쟁과 공포, 기아 등 인류가 겪어온 수난과 고통에는 항상 집착과 충동으로부터 온 잘못된 자기사랑과 집단이기주의가 벌이는 바보게임이 함께 하고 있었다.

그러나 우리는 감각세계를 경험하고 있는 영적 존재로서 신성(神性)의

현형(現形)들이며 하늘나라를 그리워하며 탐색하고 있는 빛의 자녀들이다. 우리는 하늘나라에 대한 그리움을 통하여 우리의 뜻을 온전히 신(神)의 뜻에 연결시킬 수 있다. 그렇게 될 때 우리 안에서 빛을 가리고 있던 어둠이 걷히고 신성의 빛이 환희 빛날 수 있으며, 우리의 재능은 신성(神性)의 지원을 받아 빛을 발하게 된다. 우리는 언제라도, 어떤 상처에도 불구하고 새로이 신성(神性)의 빛 안에 놓일 수 있으며 새로이 시작할 수 있다.

"생겨난 모든 것이 그에게서 생명을 얻었으며 그 생명은 사람들의 빛이었다. 그 빛이 어둠 속에서 비치고 있다. 그러나 어둠이 빛을 이겨 본적이 없다."
요한 (1:3~6)

인간의 뇌는 컴퓨터와는 달리 쉬는 동안 디폴트 모드 회로(default mode network) 로 돌아간다고 한다. 디폴트 모드란 '기본으로 돌아간다'라는 의미이다. 뇌는 컴퓨터 와는 달리 쉬는 동안 디폴트 모드 회로 안에서 그 동안 실타래처럼 엉켜 있던 오래된 기억들을 활성화한 뒤에 과거, 현재, 미래를 오가면서 여러 종류의 생각을 다시 조합하여 정리하고 저장하느라고 더욱 활발하게 움직인다. 디폴트 모드 회로 안에서 우리의 뇌는 신성의 안내를 받아 더욱 현명해 지기 때문이다. 베타(β)파가 지배하는 일상 의식의 소란스러움 탓으로 엉켜 버린 일의 순서를 바로 잡기 위하여 뇌는 쉬는 동안 알파(α)파, 세타(θ)파 안에서 디폴트 모드회로로 돌아간다. 그리고 자신이 기본적으로 수행해야 할 과제를 위해 더욱 현명하게 움직인다. 선악분별에 따른 인식의 감옥 안에서 부정적 정서에 지배 받고 있는 지력이라 할지라도 뇌는 궁극적으로는 신성의 빛으로부터 분화된 영적 의식에너지와 연결되어 있다. 따라서 생명의 본질인 고요와 평화안에 머물 수 있을 때 뇌는 더욱 생기를 얻어 활발하게 움직인다.

그런 의미에서 진정한 의미의 기도란 자신의 내면 - 자신과 연결된 영적 의식에너지로부터 들려오는 생명의 소리를 듣는 것이다.

선악분별을 위한 영혼의 시선 - 그림자투사로부터 오는 고통의 수레바퀴로부터 벗어나 치유 받기 위해서는 전체성을 가진 빛의 시선을 청할 수 있는 의식전환이 필요하다. 그림자투사로부터 자유로울 수 있기를, 인식의 감옥으로부터 탈출할 수 있기를, 나의 불쌍한 영혼이 깨어나고 질병으로부터 치유되기를, 끊임없이 나의 해석을 뛰어넘으려는 의도와 원의(原意)를 가지고 기도하는 것이다. 그러면 먼저 내 세포가 반응한다. 악의를 없애달라고 기도하는 만큼 악의가 사라지면서 얼굴이 밝아진다. 끊임없이 악의가 사라지길 바라고 기도하는 그만큼 내 몸과 마음은 자유로워지면서 치유된다.

기도 안에서 얻게 되는 하느님 사랑의 체험은 우리가 다시는 상처받지 않도록 이끌어 준다. 임마누엘 하느님의시선으로부터 오는 사랑의 힘은 우리의 상처보다 더 커서 우리가 상처를 이겨 내도록 이끌어 준다. 우리에게 상처를 준 이들의 행위 역시 그들의 조건으로부터 온 상처의 표현임을 이해하고 수용할 수 있도록 우리를 이끌어 준다. 하느님의 사랑은 당신을 죽음으로 몰고 간 사람들의 상처까지 치유하는 힘이 있다. 사랑은 십자가의 역설을 이해하도록 우리를 이끈다.

집착으로부터 자유로운 영혼이더라도 존재의 깊은 의식 안에서 하나의 의식공동체로 얽혀 있는 우리에게는 그리스도나 모든 성인들이 그랬던 것처럼 공동체의 죄를 함께 나누어 지고가야 할 대속으로서의 십자가가 있다. 우리에게는 두 가지의 십자가가 있다. 하나는 공동체를 위한 대속의 십자가이고 하나는 선악 분별을 위한 자기중심, 자기추구, 자기방어적 요인으로 스스로 만들어낸 십자가이다. 자기중심적 요인으로 스스로 만들어낸 십자가는 결국 공동체를 통하여 치르게 될 대속의 십자가로 공동체에게 그리고 자신에게도 부메랑이 되어 돌아오기 마련이다. 대기업의 욕심에 부품처럼 쓰이다 공해와 스트레스로 죽어가는 가난한 이웃들, 자기 잘못 없이 소아암으로 일찍 세상을 떠나는 아이들, 조상의 질병을 물려받은 유전병을 앓은 이들, 지구촌 곳곳에서 난민으로 열악한 환경을 견뎌내며 근근이 살아가는 이들 모두 영문도 모른 채 공동체를 위하여 그리스도의 남은 십자가를 지고 가는 사람들이다. 공동체의 십자가를 몸소 끌어안고 소외된 이들을 위하여 물도 부족한 열악한 환경에서 산화한 고 이태석 신부님의 삶도 마찬가지이다. 우리는 영혼은 우리의 의식공동체 안에서 신성과 함께 창조를 이어가고 있는 주체이자 객체이다. SBS뉴미디어의 기사를 보자.

<미국 애리조나 피닉스에 거주하는 빌 홀(63) 씨는 심장을 이식 받은 후 삶이 극적으로 변했다. 철인 3종 경기를 비롯, 각종 스포츠 대회에 출진해서 수십 개의 메달을 딸 만큼 운동광으로 변모했고, 재즈가수 샤데이의 음악에 눈물을 흘리며 그의 음악에 광적으로 심취하기 시작했다. 하지만 심장병으로 인한 심장 이식 이전에는 이러한 삶은 생각조차 하지 못했다. 돈과 사업에만 관심이 있었을 뿐, 여가와 운동에는 신경조차 쓰지 않았다. 그는 "샤데이가 누구인지도 몰랐지만, 샤데이라는 가수의 노래가 흘러나오자 눈물

을 흘리기 시작했다"고 말했다. 자신이 이식한 심장의 주인을 찾아 나선 빌은, 놀랍게도 그에게 심장을 준 사람은 운동을 좋아하는 할리우드의 스턴트맨이었고 샤데이는 그 스턴트맨이 좋아하던 아티스트였다는 사실을 알게 됐다. 그의 친구 데이브는 "수술 전의 빌과 수술 후의 빌은 전혀 달랐다"며 " 마치 심장 주인의 성격을 가지고 있는 것 같다"고 말했다. (SBS 뉴미디어부) 2011-06-20 16:50) >

심장이식에 관한 다른 기사를 보자.

<"심장은 기억을 합니다." 미국 애리조나 주립대의 게리 슈왈츠 교수는 지난 20년간 장기이식을 받은 사람을 연구해왔다. 장기를 이식함으로써 기억이 이전된 사례는 게리 교수가 아는 것만 해도 70건이 넘는다고 한다. 대표적으로 심장 이식수술을 받은 7살짜리 소녀가 매일 밤 누군가에게 쫓기다 살해를 당하는 악몽을 꿨는데, 실제로 소녀가 이식 받은 심장은 살해를 당한 소년으로부터 기증을 받은 것이었다. 게다가 소녀가 꿈속에서 본 상황은 기증자의 살인사건과 신기할 정도로 일치했다. 소녀의 기억은 결국 범인을 검거하는 데 결정적인 역할을 했다. 미국 하트매스연구소의 롤린 맥크레이티 박사 역시 같은 주장을 내놨다. 그는 "심장에는 신경세포들로 이뤄진 작은 뇌가 있어, 두뇌의 명령과 통제 없이도 스스로 박동하며 기억과 감정까지 인지할 수 있다"고 주장했다 >

장기 이식을 시술했던 의사나 환자들의 증언을 들어보면 심장이식 수술을 받은 사람은 그 심장을 기증한 사람의 감정이나 기호와 성향 심지어 기억까지도 함께 이식 된다고 한다. 간도 마찬가지여서 간을 이식 받은 사람은 간 기증자의 식성에 따라 기호가 달라진다고 한다. 그러한 사실로 보아 긍정

적인 것이든 부정적인 것이든 우리의 감정과 기억들은 우리의 장기와 세포에 기억정보로 새겨지게 된다.

일과 사업에만 관심이 있던 빌의 자아는 어디로 가고 샤데이의 음악을 좋아하고 여가를 즐겼던 헐리우드 스터트 맨의 자아를 사는 건 무슨 이유일까? 매일 밤 누군가에게 쫓기다가 살해 당하는 악몽을 꾸는 소녀의 꿈은 심장 주인의 심장에 있는 뇌가 꾸는 것일까? 소녀의 뇌가 꾸는 것일까? 누군가에게 살해 당한 소년이라는 객체와 살해당한 소년의 심장을 이식한 소녀라는 객체의 정체성은 어디로 사라진 것일까? 일과 사업에만 관심이 있던 빌과 샤데이의 음악을 좋아하고 여가를 즐겼던 헐리우드 스터트 맨, 누군가에게 살해 당한 소년과 소년의 심장을 이식한 소녀의 의식은 집단 무의식의 원형인 신성의 빛 안에서 신성과 함께 창조를 이어가고 있는 주체이자 객체이다. 따라서 집단무의식의 원형인 신성의 빛 안에서 살해당한 소년의 한은 살아남은 소녀에 의해 풀어낸다.

신성의 빛 안에서 객체이자 주체로 함께 있는 우리들 각 객체를 이어주는 것은 우리들 신체의 세포를 구성하는 아원자의 일에 관여하는 마음이라는 파동이다. 신체의 가장 근원적인 곳에서 세포를 만들어내고 생화학적 변화를 일으키며 조절하고 있는 아원자의 세계에서는 선사기ㅛ의 파동, 의식에너지의 교환이 있을 뿐 너와 나의 구별이 없는 무경계이다. 살해당한 소년의 심장 세포는 살해 당하던 때의 기억과 경험을 알고 있고 그 기억과 경험은 심장을 이식 받은 소녀의 뇌로 연결되어 소녀는 살해당한 소년의 기억과 경험과 공포를 공유하게 된다. 그리고 살해 당한 공포를 해결해 달라는 소년의 한을 담은 꿈을 꾼다.

영원한 생명과 사랑, 진리와 선함과 아름다움 자체이신 신성 안에서 주체이자 객체인 우리의 세포는 선악분별을 위한 기질을 가진 몸으로 분리되어 있지만 분리되기 전 낙원의 기억, 융이 선험이라고 부르는 낙원의 기억을 공유하고 있다. 태초부터 창조의 기억과 우주의 역사를 기억하고 있는 우리의 세포는 신성의 몸 안에서 객체이자 주체이므로 객체로서 경험하지 못했던 가족, 혹은 집단의 기억과 경험을 무의식 안에서 함께 가지고 있다.

독일 국민의 반 이상이 경험했다는 '가족 세우기'에서 버터 헬링거 박사는 상담을 청한 사람들을 무대에 불러 세우고 한 사람씩 내담자로 불러서 이렇게 묻는다. "사건에 대한 설명은 하지 말고 일어난 사건만 간단하게 말하세요." 내담자는 사건에 대한 설명 없이 "아버지가 정신분열증을 앓고 있습니다." 라고 말한다. 헬링거 박사는 아무것도 묻지 않고 내담자에게 "가족을 세워 보세요."라고 주문한다. 내담자는 상담을 청하려 온 사람들 중에서 몇 사람을 불러 자신의 가족으로 세운다. 그리고 자신의 가족으로 불러 세운 한 사람 한 사람의 등 뒤로 가서 자신의 몸 세포가 알고 있는 가족의 정보를 전하는 의미에서 가족의 이름을 부르며 안는다. 내담자에 의하여 가족으로 세워진 대역들은 어떤 의도 없이 무심하고 자연스럽게 몸이 움직여지는 대로 행동한다. 헬링거 박사는 가족으로 세워진 대역들의 움직임을 보고 내담자에게 말한다. "살인이 있었네요." 헬링거 박사가 사건에 대한 설명은 하지 말고 사건만 이야기 하라는 의미는 설명이란 설명하는 사람의 그림자투사에 따라 왜곡시킨 허구이지 사실이 아니라는 의미다. 우리의 일상 의식 그림자투사에 따른 - 인식의 감옥 안에서 잠자는 의식은 허구를 말할지라도 우리의 세포는 무의식 안에서 일어난 일을 의식보다 정확하게 저장한다. 세포

유전자는 창조 때부터 우주의 역사를 정확하게 기억하고 있으며 우리의 잠자는 의식이 그 무모한 활동을 멈추기를 꿈으로, 영감으로 깨우쳐 주면서 길을 안내한다. 내담자가 가족 내에 살인이 있었음을 시인하자 헬링거 박사는 살인 당한 사람과 살인을 한 사람의 대역을 마주 보게 하고 화해 시킨다. 화해가 적절히 이루어질 때 내담자 아버지의 정신 분열증은 낫게 된다. 내담자 아버지의 정신 분열증은 가족 안에서 일어난 죄의 값을 풀어내려고 했던 것으로써 대속(代贖)의 의미였기 때문이다.

우리는 무속 신앙에서 무당들이 어떻게 사람의 질병을 치료하는지 본다. 무속 신앙 안에서 우리는 가족 중의 누군가의 죄를 또 다른 가족의 누군가가 질병으로 대속(代贖)하게 된다고 믿는다. 구성원 누군가의 죄는 다른 누군가의 고통과 희생이라는 대속으로 기워 갚아진다. 그 비슷한 예는 우리의 무속 신안에만 있는 것이 아니다. 세계 각지의 종교 예식에서도 볼 수 있고 기독교에서 말하는 속죄양이 의미하는 바도 그렇다. 성서에서 보면 아담의 죄는 하느님의 어린 양인 예수 그리스도의 대속으로 이어진다. 그리고 예수 그리스도의 대속과 희생은 곧 인류공동체의 구원과 축복으로 이어진다고 믿고 있다. 그러므로 내가 지은 생각과 말과 행위의 죄는 곧 바로 내 가족의 대속 혹은 인류 공동체의 대속으로 풀어 가게 되며, 내가 생각과 말과 행위로 행한 자선은 작게는 내 가족의 축복으로 크게는 인류공동체의 구원과 축복으로 연결되리라고 믿는다.

신성의 빛, 우리의 본질, 원형 안에서 주체이자 객체로 있는 우리는 이처럼 보이지 않는 의식에너지의 망으로 연결되고 얽혀 있으므로 공동체의 치유와 완성을 위해서 서로 영문도 모른 채, 대속하고 희생하면서 우리의 삶으로 풀어나가려 한다. 따라서 공동체를 연결하고 있는 각 개인의 의식이 깨어나지 않는 한 주체인 공동체를 통한 대속과 희생의 역사는 계속될 것이다. 우리의 집착으로 인해 주어진 가혹한 현실에 부정적으로 반응함으로써 또 다른 죄의 씨앗을 낳고 그 죄는 또 다른 세대의 대속과 희생으로 풀어지므로 인류 공동체의 치유와 완성을 위해 대속과 희생의 순환은 계속 될 수밖에 없는 것 같다. 본질과 집착 사이에서 우리가 취하는 선택은 작게는 내 다음 세대의 축복과 구원에 기여를 하거나, 혹은 대속과 희생의 여지를 남기게 되며, 크게는 인류 공동체의 축복과 구원 혹은 대속과 희생의 여지를 남기게 된다. 빛의 시선을 가진 빛의 생명으로 현존할 수 있을 때 우리는 너와 내가 각각이 아니고 하나의 몸임을 깨닫는다. 그리고 다른 이에게 해함을 주는 것은 바로 나에게 해함을 입히는 것이며 다른 이에게 행한 자선도 곧 나에게 하는 자선이라는 것을 깨닫는다. 존재의 본질에 닿을 때 우리는 온전히 사랑 안에서 공명하게 되므로 나를 내어 주는 그 만큼 온전히 되돌려 받게 된다.

샤데이의 음악을 좋아하던 죽은 헐리우드 스터드 맨의 십자가는 빌이 대신 지고 가고, 살해당한 전 심장 주인이 져야 할 십자가는 심장을 이식 받은 소녀가 이어서 지고 간다. 신성의 빛이라는 커다란 몸 안에서 객체이자 주체인 빌의 몸도, 소녀의 몸도, 나의 몸도 한 순간도 그 자리에 있을 수 없이 관계 안에서 흔들리면서 실체가 없는 강물이 되어 흐른다. 스터트 맨의 기억과 경험을 담고 있던 심장은 빌에게 옮겨지면서 빌의 기억과 경험의 정보를 합쳐서 흐를 것이다. 빌의 기억과 경험의 정보를 담은 몸이 죽어서 무덤에 묻히면 빌이 누운 묘지의 흙에게 빌의 기억과 경험의 정보가 전해질 것이고 빌의 기억과 경험을 공유하고 있는 묘지의 흙은 묘지 위로 자라나는 잡풀들을 키울 것이다.

우리는 죽방 멸치가 좋다는 이야기를 한다. 죽방 멸치가 좋은 건 대나무 그물로 잡아서 멸치가 스트레스를 덜 받았기 때문이다. 우리는 스트레스를 덜 받은 멸치의 기억과 경험의 정보를 먹고 덜 해로운 기억과 경험을 몸에 쌓는다. 빌이 좋은 기억과 경험을 쌓았다면 빌이 누운 땅에서 자란 식물은 빌의 평화로운 기억과 경험을 공유하고 있을 것이다. 그러나 나쁜 기억과 경험을 가지고 죽었다면 빌의 나쁜 기억과 경험의 정보를 공유하고 있는 흙은 어쩌면 경험의 질에 따라 풀 한 포기 키워내지 못할지도 모른다. 필자가 아는 어떤 이의 무덤은 소위 명당 자리라고 불리는 곳이 아니고 찬 바람이 이는 으스스한 곳이었다. 그 자리에 묻힐 이의 성품이 인자하고 성인 같은 면모를 가지고 있었기에 필자는 마음이 많이 아팠다. 그런데 몇 년이 지나 필자가 그 묘지를 찾았을 때 그 무덤은 더 이상 으스스한 곳이 아니었다. 햇볕은 따스했고 이름 모를 풀들이 하늘거리고 있는 평화로운 곳으로 변해 있었다. 우주적 의식 안에서 객체이자 주체인 우리의 몸은 우주적 의식과 하나로 연결된 의식 에너지와 정보의 통로로서 서로 영향을 주고 받으며 하나의 커다란 생명체로서 순환한다.

'사지 없는 것에서 한계 없는 데까지 (From No limbs, To No Limits)' 란 제목의 책을 발간한 성자(聖者) 닉 부이치치(Nick Vujicic)는 작은 닭 뼈 만한 발 하나가 몸통에 붙어 있을 뿐 팔 다리 없이 몸통만 가지고 태어난 장애인이면서도 기쁨 가득한 얼굴로 세계 곳곳을 누비며 희망을 전파하고 있다. 기쁨의 영성으로부터 숨 쉴 수 있는 힘과 생명력을 얻는 닉 부이치치는 다른

이들에게도 삶의 기쁨과 희망을 전하고자 이렇게 강연을 시작한다. “내 이름은 닉 부이치치입니다. 나는 여행을 좋아하고 스포츠를 즐깁니다. 나는 나의 삶을 즐기고 있습니다. 나는 행복합니다.“ 그가 그처럼 자신감을 가지고 희망의 메시지를 전할 수 있는 힘과 재능은 어디서부터 온 것일까? 사지 없는 몸으로 태어난 닉 부이치치는 학교 갈 나이가 되어 세상에 던져지면서 자살을 결심했다고 한다. “나를 이렇게 태어나게 한 신이 미웠고 사람들이 원망스러웠어요. 그들이 날 이해해 주지 않았기 때문이에요. 나는 두려웠고 나약해졌고 절망에 빠졌죠.” 닉 부이치치는 8살의 어린 나이에 자살을 생각했다고 한다. 그에게 신체적 장애보다 더욱 힘든 것은 남들과 다르다는 이유에서 오는 소통 부재로부터 온 두려움이었다. 우리는 장애인이 아니더라도 이해하고 이해 받을 수 없다는 소통부재와 소외로부터 오는 절망과 두려움을 경험한다. 홀로 존재할 수 없는 관계 안의 생명인 우리에게 소통이란 숨 쉬는 것만큼이나 생존을 위한 것이다. 그런 이유에서 신체적 장애보다 소통부재에서 오는 두려움이 더 크며 소외는 생존을 위협한다. 많은 아이들이 소통부재와 소외로부터 재능이 얼어붙게 되고 삶의 의미도 잃게 되어 생을 마감하려는 유혹을 받는다. 닉은 주위의 부정적인 시선과 소외로부터 자유로울 수 있는 자긍심과 용기가 필요했다.

“자신감을 키우는 것은 긴 여정이었다. 나는 나의 성격을 만들어갔다. 부모님과 함께 하루에 조금씩 예수님께 다가갔다. 그러면서 인생을 바꿔나갔다. 인생의 전환점이 된 것은 기독교 성경 요한복음 9장과 어머니가 보여준

한 신문기사를 읽고 나서였다. 요한복음 9장은 맹인으로 태어난 남자에 관한 이야기다. '이 사람은 왜 장님으로 태어났죠?' 라는 질문에 예수는 '하나님의 뜻이 그를 통해 이루어지기 위해서'라고 답한다. 그때 나는 나의 목적을 깨달았다. 신은 이제까지 한 번도 사용하지 않은 방법으로 나를 사용하고 있다. 신은 다른 사람이 자신의 잠재력을 발휘하며 살아가도록 격려하고 고무하기 위해서, 그들의 희망과 꿈을 이루도록 하려는 데 나를 사용하려 한다는 것을 알았다. 나는 내 다리, 내가 '작은 닭 뼈(my little chicken bone)'라고 이름 지은 내 다리를 당연한 것으로 받아들였다."

신이 다른 사람들의 잠재력 발휘를 위해서 자신을 사용하려 한다는 것을 깨닫고 자신의 처지를 기꺼이 받아들일 수 있는 마음은 모든 이의 행복을 바라는 공동체를 위한 마음이 아니고서는 가질 수 없는 마음이다. 바로 영성의 회복이다. 영성을 회복하고 난 뒤 닉은 임마누엘 하느님의 시선에 따른 긍정의 시선 안에서 자신에게 주어진 영적 가치 - 소명과 역할을 이해했으며 세상의 부정적인 시선으로부터도 자유로워질 수 있었고 소외로부터 온 두려움도 극복할 수 있었다. 영적 가치를 수행하기 위한 그의 재능은 임마누엘 하느님의 시선 안에서 자긍심을 찾아 꽃 피우기 시작했다.

"나는 더 이상 나를 불쌍하게 여기지 않게 되었다. 나는 나의 소명을 이해했으며 나 스스로를 존중하게 되었을 때 사람들 역시 나를 존중해 주게 되었다. 나는 어느 순간 언변에 재능이 있다는 걸 깨달았다. 초등학교 때 회장에 당선되었고, 고등학교 때는 부회장을 했다." 우리를 절망으로 몰고 가는 두려움, 수치심, 우울, 슬픔, 화라는 부정적인 감정은 나약하고 이기적인 자아에서 자라나지만, 모든 이를 위한 사랑의 힘, 영성은 삶을 위협하는 몰이해, 무시, 부당함 앞에서도 자신을 잃지 않고 재능이 드러나도록 격려해 주며 역경을 헤쳐 나갈 수 있도록 해 준다. 바로 영성의 회복이 인생의 역경을 풀어가는 열쇠였다. 그는 육체적 정신적 장애를 극복하고 난 뒤 이렇게 고백한다.

"팔다리가 없는 나를 본 사람들은 신의 은혜를 받으면 어떤 환경이나 어려움도 다 극복할 수 있음을 알게 된다. 인생의 역경이 아무리 크더라도 주님은 더 크신 존재이며 가장 어려운 때라도 그만한 목적이 있고 모든 일이 좋은 쪽으로 해결된다는 것도 알게 된다." 닉부이치치는 아직도 팔다리를 주시라고 기도 하느냐고 묻는 청중들의 질문에 이렇게 대답한다. "솔직히 그렇습니다. 그러나 그가 들으시건 않으시건 저는 아직도 기적을 믿고 있고 괜찮아요. 신의 영광과 사랑에 관한 저의 이야기를 듣고 변화되는 사람들을 보는 건 기적이예요. "

우리는 아무도 죄를 짓는다는 마음으로 죄를 짓지는 않는다. 나와 주위를 죄악으로 몰아가는 어둠, 두려움, 수치심, 화 등은 우리가 사랑, 기쁨, 평화, 지혜 등의 영성을 추구함에 있어서 자기중심, 자기추구, 자기방어적인 나약한 자기애로서 추구할 때 생겨난다. 인류의 안전을 위협하고 있는 원폭은 자기중심적 사고의 지혜가 불러온 두려움이라는 부정적 감정의 소산이며, 인류의 종말이라는 대 재앙을 가져다 줄 수 있다. 집단의 이익을 위해서 폭력을 행사하게 되는 정치논리, 세계화라는 명목 아래 죽어가고 있는 약소국의 참혹함 등 세상의 모든 집단의식이 불러오는 병폐 들은 모두 사랑이라는 영성을 자기중심, 자기추구, 자기방어적인 나약함으로써 추구할 때 생겨나는 두려움, 수치심, 화 등의 소산이다. 그처럼 나약한 조건으로 태어난 우리들에게 신성의 힘이 개입되지 않고는 서로 부딪히고 피 흘릴 수 밖에 없다는 것이다.

우리는 우리를 지켜 주리라고 믿었던 자기중심 자기추구 자기방어가 불러오는 두려움, 수치심, 우울, 슬픔, 화라는 어둠 속에 갇혀 빛을 찾아 기도하게 된다. 헤르만 헷세는 그의 성장 소설 데미안에서 이렇게 말한다. "태어나려는 자는 한 세계를 파괴해야만 한다. 알은 세계다. 새는 알을 깨고 신에게로 날아간다. 그 신의 이름은 아프락사스이다." 아프락사스의 의미는 선과 악, 신과 악마 등 양극성을 하나로 포괄하는 상징적 의미의 신성이다. 신성은 우리에게 생명의 선물이고 재능이지만 자기중심적인 나약함으로써 추구할 때 결점과 집착이 되고 만다. 빛이 있으므로 어둠이 드러나듯 신의 선물과 집착, 신적인 것과 악마적인 것은 동일 연장선상에서의 다른 면이다. 자기중심적일 수 밖에 없는 나약한 몸, 그렇게 조건 지어진 장애를 가지고 태어난 우리들에게 어쩔 수 없이 생겨나는 두려움, 수치심, 화는 어떻게 다스려 주어야 하는 걸까?

마을에 늑대가 내려와 가축들과 심지어 아이들까지 잡아가곤 했다. 마을 사람들은 어떻게 하면 늑대를 말릴 수 있을까 의논을 하기 시작했다. 어떤 사람들은 늑대를 모조리 잡아 죽이자고 했고, 어떤 사람들은 마을 울타리를 튼튼하게 만들어 늑대가 넘어오는 것을 막자고 했다. 그러나 다른 마을에 있던 늑대가 나타날 수도 있고 울타리를 튼튼하게 만들어 놓아도 늑대가 어떤 술수를 써서 넘어 올 지 모른다는 결론에 도달한 마을 사람들은 늑대에게 따로 먹을 것을 상만해 주기로 했다. 배고픈 늑대를 말릴 수 있는 것은 배를 채워줄 먹이밖에 없었던 것이다. 우리들의 두려움, 수치심, 우울, 슬픔, 화 등은 우리 안에 있는 배고픈 늑대의 포효일 수 있다. 배고픈 늑대를 말릴 수 있는 방법이 늑대를 모두 잡아죽이거나, 울타리를 높게 치는 것이 아니듯, 두려움, 수치심, 화라는 부정적인 감정을 말릴 수 있는 건 또 다른 두려움, 수치심, 화를 불러올 수 있는 부정적인 힘이 아니다. 빛이 오고서야 어둠이 사라지듯 두려움, 수치심, 화라는 부정적인 감정은 영성의 힘, 사랑이 주는 긍정적인 힘 안에서만 사라질 수 있다.

우리는 서로에게서 생명의 빛을 주고 받는다. 신성의 한 조각 얼굴, 결핍된 생명으로 태어난 우리의 육체적 심리적 생명은 서로 손잡고 서로에게 생명의 빛이 되어줌으로써 온전한 생명력을 갖게 된다. 관계 안의 생명인 우리는 정서적 지지를 바탕으로 서로에게서 생명력을 주고 받는다. 아이들에게 충분한 음식과 환경이 주어졌는데도 불구하고 돌보는 사람들이 턱없이 부족한 까닭에 정서적 지지를 받지 못한 아이들은 불구로 자라나거나 죽거나 정상적으로 크지 못했다고 하는 루마니아의 한 고아원에서 있었던 예는 사람들의 생명현상유지에 가장 필요한 것이 관계 안에서 오는 정서적 지지라는 것을 증거하고 있다.

우리가 서로에게서 정서적 지지를 주고 받을 수 있으려면 우리의 의식이 자기중심, 자기추구, 자기방어적 잘못된 자기 사랑이 만들어낸 인식의 감옥 안에서 잠자는 의식의 지배를 받고 있을 때는 불가능하다. 우리들 각 개체가 자신에게 주어진 생명의 선물로 주어진 영성을 영적 가치로 추구할 수 있을 때 내가 가지고 있는 기쁨의 기운은 마주하고 있는 상대방 안에 있는 기쁨의 기운을 끌어내고 내가 가진 사랑과 평화의 기운은 상대방 안에 있는 사랑과 평화의 기운을 끌어낸다. 그러나 우리들 각 개체가 자신에게 주어진 생명의 선물을 자기중심, 자기추구, 자기방어적 잘못된 자기 사랑으로 추구할 때 인식의 감옥이 만들어낸 두려움, 화의 기운은 마주하고 있는 상대방 안에 있는 두려움과 화의 기운을 끌어낸다. 내가 메시지를 보내고 메시지에 따른 반응을 만나게 되므로 상처는 내 책임일 수 있다.

우리가 자기중심, 자기방어, 자기추구적 관점에서 벗어나 영적 가치 안에서 온전한 의미의 전체성을 가진 자기(Self)로서 살아갈 수 있을 때 우리는 임마누엘 하느님의 시선, 빛의 시선에 의해 지지되며 마주하고 있는 상대방으로부터 어떤 부정적인 기운이 오더라도 임마누엘 하느님의 시선 안에서 연민의 눈으로 바라볼 수 있으며 긍정적으로 되돌려 줄 수 있을 것이다. 우리는 죄의 그림자가 없는 어린 아기의 얼굴 앞에서 혹은 때 묻지 않은 자연 안에서 부정적인 감정이 정화된다는 것을 안다. 그리고 어떤 유능한 언변에 설득되기 보다 아무 말을 주고 받지 않더라도 성인의 눈빛 앞에서 치유의 눈물이 흐를 수 있다는 것을 안다. 유능한 언변보다 더 큰 힘을 가지고 상대를 변화시켜 줄 수 있는 건 한 사람의 존재 자체가 지니고 있는 생명의 빛, 영성의 힘이 가지고 있는 긍정의 힘이다.

마음 챙김 명상과 자기치유를 쓴 존 카바친 박사는 이렇게 말한다. "나는 명상수련은 명상수련 그 자체 만으로도 강력하고 치유력이 있어서 변화가 일어난다고 자각하고 있었다. 그러나 시간에 지남에 따라 자기 스스로에 대한 개인적인 비젼 같은 것도 필요하다는 사실을 알게 되었다. 그 비젼은 자신과 평화를 이루는 최선의 자기(Self), 온전한 자기(Self)가 되는데 필요한 것이어야 한다. 온전한 자기(Self)라는 전체성은 전체로서 존재하기에 총체적 참여 하는 것, 어떤 순간에도 전체성을 구현해 내는 자신의 능력에 대해 흔들리지 않는 신념을 가질 때 그 대가로서 얻어진다."

융 역시 "전체성을 얻기 위해서는 자기의 모든 존재를 걸지 않으면 안 된다. 보다 쉽게 얻을 수 있는 조건도 없고 다른 대안도 없고 타협도 없다."라고 말했다. 융이 전체성을 얻기 위하여 자신의 전 존재를 걸지 않으면 안 된다는 의미는, 자신의 정체성을 잃지 않으면서도 모든 이의 본질에 닿을 수 있는 신성과의 연결 안에서 이루어지는 온전한 자기(Self) - 빛의 시선으로 살아가기 위해서는 자신의 전 존재를 걸지 않으면 안 된다는 의미이다. 구르지예프는 역시 무의식 가장 깊은 곳으로부터 우리의 몸과 마음을 움직이고 있는 빛의 시선에 대해서 이렇게 설명했다. "우리에게는 여러 개의 마음이 있다. 진리를 염원하는 마음. 그 진리를 탐구하는 마음. 덫처럼 깔려있는 삶의 문제들을 해결하고자 안간힘 쓰는 마음. 사물과 현상의 본질을 관통해 보고자 노력하는 마음, 그리고 그 여러 개의 마음을 뚫고 들어가려는 마음까지. 우리가 진정으로 숙고한다면 이 모든 문제들을 해결하기 위해 어떤 길로 들어서든 결국 우리 자신에게로 돌아오게 될 것이다. 거기서부터 우리는 "나는 누구인가" "나는 왜 여기에 있는가?" "삶의 목적은 무엇인가?" 와 같은 본질적인 문제들의 해답에 접근하게 된다."

'온전한 자기(Self)로서의 전체성을 얻어 임마누엘 하느님의 시선, 빛의 시선을 회복하게 될 때 나는 나의 성격보다 더 큰 존재라는 것을 알게 된다. 그리고 나의 성격에 따라 경험하게 되는 두려움, 수치심, 화, 슬픔 등은 나의 영적 정신적 신체적 조건 안에 갇힌 빛의 선물로부터 온 그림자투사에 의한 자연스러운 반응이란 걸 알게 되어 이해와 연민의 눈으로 수용해 주고 충분히 공감해 주어 흘려 보낼 수 있고 회복과 치유의 길을 걷게 된다.

신성과 함께 창조를 이어가고 있는 온전한 자기(Self)로서 전체성을 가진 빛의 시선을 되찾기 위하여 마차와 마부, 마부가 이끄는 세 마리 말에 비유하여 풀어보자.

세 마리 말	=	나의 생각, 느낌, 판단 - 심리적 생명(psyche)
마차	=	나의 생각과 느낌과 판단에 따라 끌려 다니는 나의 몸 - 육체적 생명(bios)
마부	=	나의 몸을 목적지 - 존재적 영적 생명으로 이끌어 가야 할 나의 영혼
마차의 주인	=	나의 몸에 생명력을 주는 나의 영성 - 생명의 빛, 숨, 생기 - 존재적 영적 생명(Zoe)

세 마리 말 - 육체적 심리적 생명과의 동일시에 따른 그림자투사가 만들어낸 나의 생각과 느낌과 판단이다. 마차는 세 마리 말(생각, 느낌, 판단)에 의해 끌려가는 나의 몸 - 육체적 생명(bios)이고, 마부는 세 마리 말(생각, 느낌, 판단)을 잘 조정하여 나의 몸인 마차를 목적지까지 잘 이끌어 가야 할 나의 영혼이다. 마차의 주인은 로고스와 연결된 나의 영성 - 나의 몸에 생명력을 주는 생명의 빛, 생명의 숨, 생기로서 존재적 영적 생명(Zoe) 이다.

마부인 나의 영혼은 마차의 주인인 영성의 소리에 귀 기울이며 마차를 목적지까지 안전하게 데려가야 한다. 마부인 나의 영혼이 주인인 영성의 소리에 귀 기울이지 않고 세 마리 말 - 육체적 심리적 생명과의 동일시에 따른 그림자투사가 만들어낸 생각, 느낌, 판단이 날뛰는 대로 끌려간다면 어떻게 될까? 마부인 나는 길을 잃게 되고 마차인 내 몸은 끊임없는 고통의 수레바

쿼 속으로 내 던져질 것이다. 그러나 마부가 주인인 영성의 음성에 귀 기울이며 세 마리 말(생각, 느낌, 판단)을 잘 부린다면 마차인 우리의 몸은 생명의 본질인 사랑과 평화와 기쁨의 길을 걸을 것이다.

마부가 세 마리 말을 잘 관리 하려면 어떻게 해야 할까? 가장 중요한 것은 세 마리 말(생각, 느낌, 판단)을 마부인 자신과 동일시하지 않는 것이다. 마부가 세 마리 말과 자신을 동일시한 순간부터 세 마리 말이 만들어낸 잘못된 생각, 느낌, 판단의 노예가 되어 끌려 다니게 된다. 그렇게 될 때 마부와 마차는 세 마리 말이 만들어 낸 망령 – 두려움, 수치심, 우울, 슬픔, 화가 날뛰는 대로 끌려 다니면서 망가지게 된다. 그러나 마부인 나의 영혼이 임마누엘 하느님의 시선으로 전체성을 갖게 될 때 세 마리 말이 만들어낸 두려움, 슬픔, 우울, 분노에 빠져 고통 속에 있는 나의 몸을 알아차릴 수 있게 된다. 그리고 전체성을 가진 빛의 시선으로 세 마리 말 – 나의 생각, 느낌, 판단을 잘 다스리게 된다. 에니어그램이 가지고 있는 가장 큰 메시지는 전체성을 가진 임마누엘 하느님의 시선으로 나의 몸이 두려움, 슬픔, 우울, 분노에 빠져 있다는 것을 알아 차릴 수 있는 나의 영혼은 나의 성격보다 더 큰 존재라는 것이다. 나의 영혼 – 나 마부는 영적 사랑, 기쁨, 평화와 연결되어 있는 존재적 영적 생명으로서 영적 가지로부터 생명수를 끌어올려 생존할 수 있는 빛의 생명이라는 것이다.

힘의 중심을 가진 조건 지어진 몸으로 태어난 우리의 육체적 심리적 생명은 힘의 중심으로부터 오는 기계적 자동반응을 벗어날 길은 없다. 또한 고요한 가운데 의식적으로 노력하지 않는 한 매 순간 잘못된 자기사랑으로부터 오는 부딪힘과 부정적 감정을 경험할 수 밖에 없다. 그렇더라도 깨어난 의식은 매 순간 부딪히는 부정적인 감정과 나를 동일시하지 않고 전체성을 가진 빛의 시선으로 알아차린다. 나는 나의 육체적 심리적 생명, 비실재적 자아가 경험할 수 있는 부정적 감정 - 두려움, 수치심, 화가 아니다! 나는 나의 힘의 중심으로부터 온 두려움, 수치심, 화라는 경험이 만들어낸 결과물로서의 망가진 마차, 병든 육체적 심리적 생명도 아니다!

빛의 시선을 찾아 온전한 자기(Self)로서 전체성을 갖는다는 의미는 내가 나의 육체적 심리적 생명의 주인으로서 나에게 주어진 신성의 빛 안에서 빛의 생명으로서 충만하고 자유로운 지금 여기를 산다는 것을 의미한다. 지금 여기에서 '빛의 생명으로 살아가기 위해서 육체적 심리적 생명과 자신과의 동일시로부터 온 잘못된 자기사랑이 만들어낸 그림자투사에 따른 기계적 자동반응을 전체성을 가진 빛의 시선으로 의식하라.' 라는 것이다. 또한 기계적 자동 반응으로 생겨난 망령들 - 두려움, 수치심, 화에 함몰되지 않고 빛의 시선으로 깨어 고요한 마음으로 바라보라는 것이다. 힘의 중심을 가지고 힘의 중심에 따른 인식의 감옥 안에서 잠자고 있는 의식, 잘못된 자기사랑이 낳은 두려움, 수치심, 화를 나와 동일시하여 끌어안은 순간부터 나의 몸과 마음은 무너지기 시작하기 때문이다.

대상이 아니라, 대상을 통한 나의 해석이 불러온 두려움, 수치심, 화라는 부정적인 감정과 고집, 상처를 나와 동일시 하여 끌어안게 되는 순간 우리는 부정적인 감정, 상처라는 반 생명에너지에 물을 주워 키우고 있는 격이다. 두려움, 수치심, 화를 나와 동일시하여 끌어 안고 있으면 있을수록 두려움,

수치심, 화로부터 온 상처는 더욱 증폭되고 부정적인 상처의 투사로 나의 인식 틀은 더욱 완고하고 더욱 부정적이 된다. 완고해 지고 부정적이 된 나의 인식 틀에 따라 해석은 더욱 부정적으로 부풀려지고 더욱 심한 반 생명에너지, 부정적인 감정을 불러온다. 그러한 악순환은 나를 가두어 꼼짝 달싹하지 못하게 만드는 감옥의 족쇄인 셈이다. 나의 몸은 그러한 악순환 속에서 편집증, 불면증, 고혈압, 당뇨 등 질병을 앓게 된다. 우리는 그렇게 잘못된 자기 사랑이 불러온 망령들 - 내가 지어낸 생각, 느낌, 판단이 불러온 부정적인 감정으로 망가진다

몇 년 전 필자의 진행으로 제주도 가정법률 상담소에서 가정 폭력행위자 워크숍이 있었다. 가정폭력 행위자 들이지만, 그들의 폭력에는 그들과 창조주만이 아는 이유가 있다. 지혜유형 남편과 성취유형 부인의 예를 들어보자. 지혜유형 남편은 자신의 의식과 생명을 움직여가는 가치이므로 지혜이므로 실수라든가, 어리석어 지는 것을 극도로 피한다. 어리석음은 지혜유형의 가치로 볼 때 있을 수 없는 일이므로 실수 하지 않기 위하여 사람들과의 관계에서도 거리 두기를 하며 사랑의 표현에도 재화를 쓰는데도 인색하다는 말을 듣는다.

성취유형 부인은 성취를 위해서 사람들과의 교류를 원하며 재화를 쓸 수 있는데, 지혜유형 남편의 눈에는 쓸데없는 일에 재화를 낭비하는 것처럼 보인다. 지혜유형 남편의 자아중심적 이기적인 시선에는 성취유형부인이 사람들과의 관계 안에서 허우적대며 마구 재화를 낭비하는 것으로 비춰진다. 지혜유형 남편은 사랑하는 배우자의 낭비벽을 고쳐주기 위하여 애쓰게 된

다. 그러나 성취유형 부인의 소비는 자신의 가치를 살아가기 위한 취소한의 소비였고, 지혜유형 남편으로부터 받지 못하는 사랑을 다른 이와의 관계 안에서 찾아 숨쉬고 살아가고 싶은 생존욕구로부터 오기 때문에 좀처럼 고쳐지지 않는다. 성취유형부인의 가치를 이해하지 못하는 지혜유형 남편은 기어이 폭력을 쓰게 된다. 가정폭력은 그렇게 시작된다.

필자가 그들 부부로부터 배우자에 대한 어떤 정보도 듣지 않은 채, 지혜유형 남편에게는 "당신은 배우자가 낭비벽이 심하다고 생각했고 그 낭비벽을 고쳐주기 위하여 폭력을 쓰셨군요." 라고 말해 주었고, 성취유형 배우자에게는 "당신은 남편이 사랑한다는 말도 해주지 않으면서 금전문제까지 인색하게 굴었으니 남편이 자신을 사랑하지 않는다고 믿고 홀대했군요." 라고 말해 주었을때, 그들은 어떻게 자신들의 속마음을 그토록 세밀하게 알 수 있었느냐고 물었다.

지혜유형의 폭력은 유형의 특성상 심사숙고의 결과일 것이다. 그러나 자신의 가치를 영적 가치로 추구했다면 폭력까지 쓰지는 않았을 것이다. 자신에게 주어진 가치를 수행하는데 있어서 집착과 충동 안에서 수행할 때 폭력을 쓰게 된다. 존재적 영적 생명이 아닌, 육체적 심리적 생명과의 동일시에서 오는 집착과 충동의 노예로서 자신의 가치를 수행할 때 자아중심적 이기적인 시선 안에 갇혀 부인의 생각과 말과 행동을 자신의 가치일 지혜에 따른 죄의 모습, 그림자를 투사하여 보고 듣기 때문이다.

성취유형의 부인 역시 마찬가지다. 자신의 가치를 수행하는데 있어서 영적 성취가 아니라. 육체적 심리적 생명과 동일시한 집착과 충동의 노예로서 수행 할 때 지혜유형 남편의 행동은 자신을 기어이 실패로 끌고 갈 것이라는 그림자투사와 함께 자신을 무시하는 것으로 비추어지기 때문이다. 성취유형 부인은 남편으로부터 받을 수 없었던 성취에 대한 지지와 사랑과 따스함을 외부로부터 채우기 위하여 관계가 필요했던 것이다. 워크숍을 마치면서 이들은 서로의 생각과 말과 행동이 자신의 가치를 수행하면서 숨 쉴 힘을 얻고자 했던 무의식적 본능적 생존 욕구로부터 온 집착과 충동의 창 그림자투사에 따른 기계적 자동반응임을 이해했다. 그리고 체크리스트나 유형 설명의 도움 없이 자기 명료화 과정을 통하여 스스로 찾아낸 자신들의 성격 유형에 부합하는 유형 설명과 극복방안을 읽으면서 부드러워지기 시작했다. 분위기가 좋아지자 당시 제주도 가정 법률 상담소 소장이었던 염순정 소장이 노사연의 "만남"을 부르면서 워크숍을 마치도록 유도했는데 놀랍게도 가정폭력 행위자 전원이 자신을 고발한 아내를 끌어안는 것이었다. 필자가 가장 보람을 느꼈던 워크숍이었다.

힘을 가진 한 집안의 가장이 자신의 가치를 집착과 충동 안에서 실행할 때 배우자나 자녀들의 가치로부터 오는 욕구를 지나치게 억압하거나 간섭하게 되며 폭력을 행사하기도 한다. 그러나 그러한 폭력은 자녀들 혹은 배우자의 숨통을 끊는 일이다. 몇 해전에 어느 초등학교 아이가 "엄마 이제 됐어?" 라는 짧은 유서를 써 놓고 옥상에서 뛰어내려 목숨을 끊은 일이 있었다. 자신의 가치를 살아간다는 것은 가치를 수행함으로써 숨 쉴 힘을 얻기 위한 무의식적 본능적 생존욕구로부터 오는 것이어서 부모의 가치를 따라 살아갈 수 밖에 없을 때 아이는 숨쉬기 힘들어지며 삶의 의미를 잃게 된다. 집을 나가서 자립할 수 있는 아이들은 건강한 아이들이다. 그러나 대부분의 아이들은 부모의 울타리를 넘어 자립할 수 없음을 알고 있기 때문에 죽음으로 내어 몰리는 것이다. 청소년의 사망원인 1위가 자살이라고 한다. 청소년의 자살뿐만이 아니라 많은 황혼이혼의 이유이기도 하다."

가람 신경정신과 의원장 김경식박사의 파동의학에 의하면 경험의 주체는 영혼이며 경험의 과정은 영혼과 연결된 에너지 통로인 마음이며 경험의 산물은 신체이기 때문에 내 신체의 특이성은 경험과 기억의 차이로부터 생겨난다는 것이다. 그리고 경험과 기억의 산물인 신체는 실체가 없는 활성정보로서 에너지의 통로이며, 신성과의 연결성 그리고 다른 몸과의 연결성 안에서 경험과 기억을 담아 영향을 주고 받으며 함께 흐르는 의식 에너지의 장물로서 주고 받는 파동의 영향으로 일년에 98%가 새롭게 변한다는 것이다. 그런 이유에서 예로부터 환자의 병이 낫지 않으면 환경을 바꾸어 주려고 피접을 보낸다.

좀 더 자세히 설명해 보면 영혼은 한 사람의 시선이 어디 있었는가에 따른 경험과 기억에 따른 투사로 당면한 현실을 다르게 해석하고 다르게 경험하며 다른 세상을 살아가게 되는 한 사람의 영적 수준, 의식에너지를 말한다. 따라서 영혼은 자신의 영적 수준, 의식에너지 따라 세상을 경험하고 기억하는 경험과 기억의 주체이다. 마음은 영혼이 어디에 있는가에 따른 영적 수준이 만들어내는 그림자투사로 세상을 경험하고 기억하는 경험과 기억의 과정이다. 그리고 그림자투사로부터 오는 희로애락과 부정적 정서에 따른 경험은 몸 세포 분자의 기억정보로 새겨져 혈의 흐름을 막아 부패하도록 만들었기 때문에 몸은 경험과 기억의 산물이다. 따라서 신체의 특이성은 차별화된 경험과 기억의 산물이다. 그렇기 때문에 우리는 경험과 기억의 질을 높임으로써 신체의 질, 건강을 회복할 수 있다. 경험과 기억의 질을 높여 건강을 회복하려면 어떻게 해야 하는가?

신체의 특이성은 결국 우리들 각자의 그림자투사로부터 온 부정적 정서에 따라 다르다. 그림자투사로부터 오는 지나친 슬픔은 폐를 다치게 하고 지나친 생각이나 걱정은 위를 다치게 하고 지나친 우울은 심장을 다치게 하고 화는 간을 다치게 한다. 그러니까 경험과 기억의 질을 높이려면 회개를 통하여 그림자투사를 투명하게 바라보고 내려 놓을 수 있는 빛의 시선으로 나아감으로써 가능하다. 신체는 신체세포를 병들게 만들었던 그림자 투사에서 빛의 시선으로 나아감으로써 경험과 기억을 재해석 할 수 있고 기억정화가 가능해 진다. 그림자투사에 따른 경험과 기억으로 부패된 신체세포는 빛의 시선에 따른 이해와 수용 안에서 기억정화와 함께 깨끗해진다.

우리는 매 순간 임마누엘 하느님의 시선, 고요하고 평온한 빛의 시선으로 나에게 해함을 입힌 배우자나 이웃이라 할지라도 그럴 수 밖에 없었던 조건의 이해와 수용 안에서 기억정화를 이루어낼 수 있다. 기억 정화로 깨끗해진 신체는 다시 정화된 기억을 담아 관계 안으로 흐르는 의식에너지의 강물로서 공동체의 경험과 기억을 바꾸어 줄 수 있고 공동체를 건강하게 변화시킬 수 있다. 파동의학의 관점에서 보면 우리의 몸은 '스스로 힘을 가지고 흐르는 입자의 파동'으로서 활성정보이기 때문이다. 우리의 기억정보는 공동체만을 변화시키는 것이 아니다. 우리의 기억정보는 유전자에 기억되고 후손의 삶으로 연결된다.

≪ 영혼의 깨어남 → 스트레스 통합 치유를 존재방식≫

개체는 연결 : 로고스, 존재의 시선과 함께 있는 숨, 생기 안에서 새롭게 실행하는 뇌 : 매 순간 사슬의 자각과 회개
자각을 통한 의식의 현존(빛의 존재 : 지금,여기) : 고요, 존재 안에서 의식하고 숨쉬기

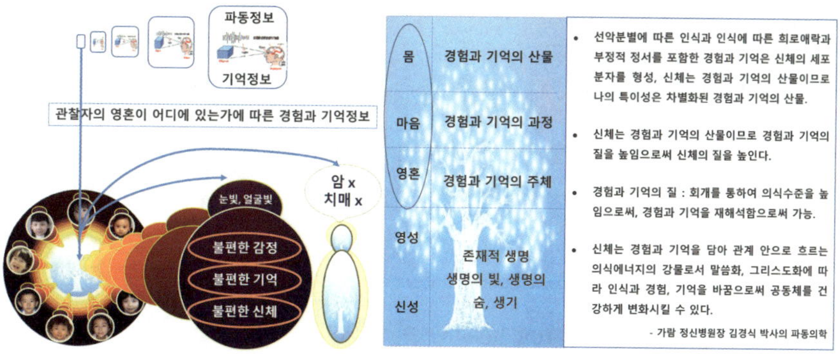

한 사람의 시선에 담긴 의식에너지, 한 사람이 가지고 있는 주관과 믿음은 '스스로 힘을 가지고 흐르는 입자의 파동'으로서 공동체에 영향을 미치며 가족력과 공동체의 의식수준을 만들어간다. 우리는 단체 안에서 어떤 이의 등장으로 단체의 기운이 바뀌는 것을 경험한다. <마더 데레사 효과>라는 말의 의미는 마더 데레사 수녀를 떠 올릴 때 우리의 몸에서 치유를 돕는 생화학적 반응이 일어나 몸과 마음이 치유되는 효과를 말한다. 마더 데레사의 삶에서 오는 사랑의 기운이 우리들 신체의 가장 근원적인 곳 세포분자를 이루는 파동과 하나로 연결되어 공명하게 되고 그 공명에 의해 치유를 돕는 생화학적 반응이 일어난다는 것이다.

영적 의식에너지 치유에 관한 글렌라인(Glen Rein)의 양자 생물학(QUANTUM BIOLOGY by DR. GLEN REIN) 실험 노트를 옮겨보자.

▶ 의식에너지치유사(Spiritual Healer) Leonard Laskow을 통한 실험

Leonard Laskow의 손바닥 위에 배양중인 종양세포를 올려놓은 상태에서 실험했다.

Leonard Laskow는 시종일관 애정을 품은 마음상태를 유지했는데, 애정이 깃든 마음상태는 에너지 응집을 가능하게 하는 명상법이며, 종양세포와 공명을 일으킨다.

▶ 영적 치유에너지((spiritual healing)의 치유과정

⇒ 치유자의 마음이 치유자의 의식홀로그램에 변조

⇒ 변조된 홀로그램(초양자에너지)은 활성정보로서 환자에게 전달

⇒ 활성정보로서 공명에 의해 환자에게 수신된 치유의식에너지는 환자의 의식홀로그램을 활성화시켜 주는 생체에너지, 생기(生氣)로서 환자의 내재적 치유기전을 촉발한다.

▶ 사람, 환자를 대상으로 한 실험

⇒ 위약효과,

⇒ 치유자와 환자의 감정상태, 주위환경에 따른 미세에너지에 따른 변수

▶ 사람이 아닌 대상으로 한 실험

⇒ 치유자의 의식에너지가 충전된 물은 변화를 일으킨다.

▶ **생각, 심상, 의도에 관한 실험**

⇒ 심상을 바꿈에 따라 종양세포의 역전이 일어난다.

1. 집중되지 않는 생각은 종양세포 증식에 영향을 주지 않았다.
2. 집중된 생각이나 심상은 종양세포의 증식, 감소에 영향을 준다.
3. 소우주의 질서를 회복시킨다는 의식과 종양세포가 3개만 남아있는 심상을 유지 했을 때 종양세포 18% 억제
4. 소우주의 질서를 회복시킨다는 의식과 종양세포가 더 많이 남아 있는 심상을 유지 했을 때 종양세포가 오히려 15% 증식했다. 이는 심상을 바꿈에 따라 종양세포의 역전이 일어난다는 사실을 입증한다.
5. "소우주의 질서를 회복시킨다." 라는 심상: 종양세포 20% 감소

   "배양접시에 종양세포가 감소한다." 라는 심상: 종양세포 20% 감소

   "소우주의 질서를 회복시킨다."라는 심상과 "배양접시에 종양세포가 감소한다." 라는 심상 두 가지를 동시에 했을 때 – 종양세포 40% 억제 – 2배의 효과

▶ **의식에너지치유사(Spiritual Healer) Sweet의 실험**

⇒ 목적 없이 신의 의지에 귀속하는 의식이 목적지향적인 의식보다 좋다.

그렌라인의 실험 결과는 치유에 관한 목적을 가지고 시작하는 의식에너지 치유보다 신의 의도에 의탁하는 의식에너지 치유가 더 효과적이라는 결론이다. 신의 의도에 의탁하는 의식에너지 치유가 효과적이라는 실험결과는 인체가 우주에 형식과 의미, 질서를 부여하여 다스리는 초월의식, 로고스

로부터 왔다는 봄의 양자 이론과 도교의 양생사상인 무위자연사상을 일깨워 준다. 치유는 하늘의 마음으로부터 온다. 인위적으로 애 쓴다거나 인간의 판단으로 어찌 해보려는 마음 안에서 치유는 일어나지 않는다. 우리의 마음이 우리를 비추고 있는 빛의 시선, 임마누엘 하느님에 대한 확고한 믿음으로 고요해 질 수 있을 때 기혈이 열린다. 우리의 혈을 움직여 주는 생명의 기운은 나의 의지로 무언가를 해 내고서 얻어낸 결과물 – 어떤 원인이 있어서 생성되는 기쁨보다 영적 평화 같은 높은 차원의 고요, 침묵 같은 하늘의 마음으로부터 온다.

"봄은 겨울로부터 오는 것이 아니라 침묵으로부터 온다. 또한 그 침묵으로부터 겨울이 오고 여름과 가을이 온다." 영화 <위대한 침묵>의 원어는 <The gross still> 로서 <총체적 고요> 란 뜻으로 해석된다. 사계절의 변화를 비롯한 인간의 의식과 숨, 우주적 질서 안에서 이루어지는 모든 것들의 변화와 흐름은 언어 이전의 총체적 고요 속으로 흐르는 사랑과 생명의 질서 – 영성이 가지고 있는 본질적 파장으로부터 온다는 의미일 것이다. 우리들 생명의 원인이고 본질이며 생명력인 영성은 우리를 무한한 긍정의 힘으로 지지해 주고 있다.

"하느님을 거부 하려면 온 몸을 다해 저항해야 하지만 하느님을 따르는 일은 그분을 향한 눈길 하나만으로 족하다." 라는 어느 영성가의 말은 우리의 마음이 단순히 생명의 본질인 영적 가치를 지향하고 있을 때 우리는 나와 함께 있는 임마누엘 하느님의 시선 – 영적 사랑과 기쁨, 평화에 의해 지지된다는 의미일 것이다. 그러나 자기중심, 자기추구, 자기방어라는 이기적인 자아의 감옥에 갇혀 그림자투사에 의해 잘못 보고 잘못 들은 탓에 생겨난 망령들 – 두려움, 수치심, 우울, 슬픔, 화의 감옥에서 이를 갈며 원수를 갚아야겠다고 하는 마음으로 있기 위해서는 영성가의 말대로 온몸을 다해 저항해야 한다. 영적 사랑, 기쁨, 평화의 현현들인 우리는 우리의 본질을 거슬러 가야 하는 만큼 아프고 힘들기 때문이다.

내 안의 나, 로고스 임마누엘 하느님의 시선은 어떤 상처나 아픔에도 훼손되지 않고 자신이 드러나기를 기다리고 있다. 빛이 오면 어둠은 물러간다. 나와 이웃의 어떤 불찰이든, 잘못이든, 깨끗이 용서하고 나아갈 수 있어야겠다. 왜냐하면 나를 아프게 했던 상대방도 나도 당시의 의식수준에 따른 그림자투사로 잘못 보고 잘못 들음으로써 헛손질 한 건 마찬가지이기 때문이다. 생명의식에너지 층 안에서 우리의 시선이 임마누엘 하느님의 시선과 일치될 때 나를 아프게 한 상대방의 행동도 나의 행동과 마찬가지로 생명의 선물과 집착 사이의 연속선상에서 영성과의 통합 정도에 따른 당시의 의식 수준에서 행했던 최선의 선택이며 몸부림이었다는 걸 이해하게 된다.

우리는 어떤 순간 그림자투사로부터 오는 소란스러움이 걷어지는 순간을 경험할 때가 있다. 가슴이 먹먹해 지는 절경 앞에서, 눈물이 흐르도록 아름다운 선행 앞에서, 영혼을 깨우는 진리 앞에서 시간이 정지된 듯한 영원과 순간이 겹치는 느낌을 받을 때가 있다. 치유는 빛의 시선으로 참으로 현존할 수 있는 이러한 순간에 일어난다. 엔돌핀 보다 4000배나 강력하다는 '다이놀핀' 이라는 신비의 면역호르몬은 영혼이 깨어나는 고요와 함께 방출된다. 우리는 모든 걸 내려 놓고 빈손이 되어 죽음 앞에 설 때가 온다. 그토록 안간힘을 쓰며 살아왔지만 그 모든 노력들이 수포로 돌아가 죽음 앞에 서게 될 때 나의 의지와 힘으로 해 낼 수 있으리라고 믿었던 만큼의 소란스러움 그 소요가 가라앉고 난 다음 찾아오는 고요 속에서 무기력한 얼굴로 스스로를 돌아보기 시작한다. 그리고 나라는 존재는 내가 힘겹게 펴 올린 힘에 의해서가 아니고 절대적인 어떤 힘에 의해 받쳐지고 있다는 것을 깨닫게 된다. 그럴 때 우리의 에고는 자기추구, 자기방어적 무모한 작용을 멈추게 되고 생명의식에너지 층과 연결되어 생명의 본질이 가장 바라는 기도, 모든 이의 구원을 위한 힘 있는 기도를 드릴 수 있다. 그리고 그 기도의 힘은 생명의 불을 다시 지펴 주어 생명으로 타오를 수 있도록 해 준다.

하나의 근원으로부터 온 의식공동체인 우리의 생명은 생명 의식에너지 층으로부터 오는 영적 고요 안에서 잘못된 자기사랑에 따른 그림자투사를 멈추고 빛의 시선으로 모든 이를 위하여 신성과 함께 기도할 수 있을 때 생명 의식에너지 층으로부터 오는 사랑과 생명의 힘은 막힌 수도꼭지를 틀었을 때 수돗물이 세차게 흘러내리는 것처럼 생명수가 되어 온 몸으로 흘러내린다. 그럴 때 우리의 몸은 상처 받은 기억으로부터 오는 부정적 정서와 아픔에도 불구하고 그 기억 조차 임마누엘 하느님의 시선 안에서 풀어내며 편안하고 고요한 숨과 함께 머무를 수 있다. 그리고 고요하고 편안한 숨길 따라 오는 생명의 기운이 상처받은 기억으로 뭉쳐진 몸의 막힌 혈을 뚫어 생명의 혈이 흐르도록 해 준다.

2) 빛의 시선으로 의식하고 숨쉬기

◎ 존재자체로 빛의 생명

– 자신을 움직여가는 영적 사랑, 기쁨, 평화로 현존하기!

◎ 현존과 함께 고요 안에서 빛의 얼굴, 빛의 시선, 빛의 생명으로 의식하고 숨쉬기

○ 매 순간 영적 정신적 신체적 조건으로부터 오는 그림자투사 알아차림과 회개 → 일어나는 대로 흔들리다가 흙의 먼지로 돌아갈 움직임, 육체적 심리적 생명과의 탈 동일시, 탈 자동화!

○ 로고스 임마누엘 하느님의 시선, 빛의 시선을 가진 빛의 생명으로 나와 이웃의 불편한 감정, 불편한 기억, 아픈 신체부위를 의식하고 알아차리면서 고요하고 평온한 숨과 함께 머물기!

○ 고요하고 평온한 숨 안에서 나의 몸은 사랑과 생명의 빛, 우주적 생기와 연결되어 원활한 혈의 흐름, 면역성 호르몬과 함께 세포 유전자를 깨워 뇌는 새롭게 실행되며 회복과 치유의 길을 걷게 된다!

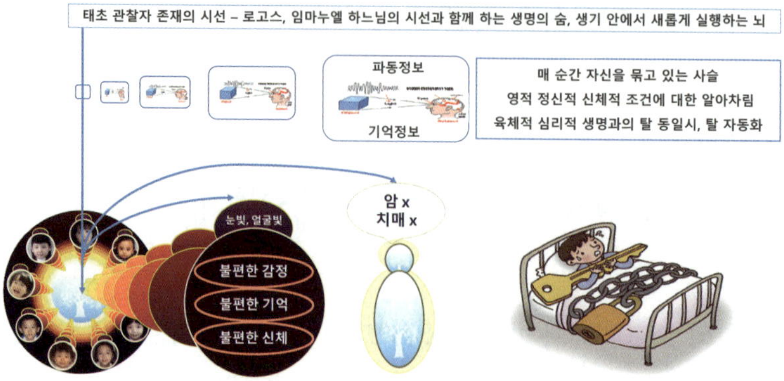

엘코논 골드버그[a] (Elkhonon Goldberg)의 저서 《새롭게 실행하는 뇌(The Executive Brain)》의 내용을 보자.

- 노트르담 수녀회의 메리 수녀는 사후 뇌 부검에서 다수의 뇌 섬유가 엉켜 있고 서로 달라붙어 있는 알츠하이머병의 특성이 뚜렷하게 나타났으나 101세로 사망하기 이전까지 인지 테스트를 훌륭하게 수행했다. 그녀는 알츠하이머병에 걸린 뇌 안에 전혀 그 질병에 손상되지 않은 온전한 '마음'을 지니고 있었다. 노트르담 수녀회는 높은 수준의 교육을 받은 수녀들이 많은 곳이다. 이 수녀회의 수녀들은 장수하는 것으로 유명하며, 노년기 치매 발생률이 낮은 것으로도 세간의 주목을 받고 있다. 이러한 현상은 전적으로 평생 동안 지속된 인지적 활동 습관에 의한 결과다. -

메리 수녀는 평생에 걸쳐 신앙수필을 써 왔다고 한다. 메리 수녀는 신앙수필을 쓰면서 전체성을 가진 임마누엘 하느님의 시선으로 나와 이웃의 불

a) 엘코논 골드버(Elkhonon Goldberg) – 인지신경 과학자이자 임상 뇌심리학자

편한 마음을 객관적으로 바라볼 수 있었고, 부정적 정서로부터도 안전할 수 있었고, 스트레스 호르몬에 따른 생리작용으로 몸이 망가지는 것도 막을 수 있었다. 내 안에서 나와 함께 하고 있는 하느님 사랑의 시선 안에서 자신과 이웃 형제들의 아픔을 비추어 볼 수 있을 때 마음은 별처럼 또렷한 이완반응과 함께 면역성 호르몬이 방출되고 뇌 세포는 건강하게 살아나 다시 자신의 역할을 새롭게 실행한다.

메리 수녀의 뇌는 또렷한 알츠하이머 소견을 보였지만 신앙수필을 쓰는 동안 임마누엘 하느님의 시선과 만남으로써 하느님으로부터 오는 편안한 숨을 쉴 수 있었다. 그리고 편안한 숨과 함께 오는 생기가 막힌 혈을 뚫어 망가진 뇌세포를 보완하는 새로운 시냅스를 만들어내었기 때문에 아무 문제없이 일생을 또렷한 정신으로 살아갈 수 있었던 것이다. 메리 수녀의 뇌는 신앙수필을 쓰는 동안 임마누엘 하느님으로부터 오는 편안한 숨과 함께 생명의식에너지 층의 영적 의식에너지, 사랑과 생명의 힘, 우주적 생기와 연결될 수 있었다. 그리고 생명의 궁극적 원인이자 실재이며 생명력인 임마누엘 하느님의 마음과 같은 주파수의 진동으로 공명할 수 있었으므로 세포 유전자를 깨울 수 있었고 뇌는 새롭게 실행될 수 있었다. 병에 대한 근본적인 치유는 이렇게 진행된다. 치매는 이렇게 정복할 수 있고 암 또한 마찬가지이다.

미국의 대표적인 암 전문병원MD앤더슨 암센타의 종신교수인 김의신박사는 "암 환자에게 기적적 치유도 있는가?" 라는 중앙일보 박종근기자와의 질문에 이렇게 답했다. "지금껏 나는 기적적인 환자를 최소한 20명 정도 봤다. 우리 병원에서도 모두 포기하고 임종을 위해 호스피스 병동으로 간 환자가 있었다. 호스피스 병동에서 죽음을 기다리는데 한 달, 두 달, 석 달이 지나도 안 죽더라. 검사를 해보니 암이 없어진 건 아니더라. 다만 암이 활동을 멈추고 있더라. 그건 과학적으로 도저히 설명이 안 되는 거다. 또 난소암 4기인 한국인 여성도 있었다. 정상인은 암 수치가 40~60 정도다. 당시 그 여성은 암 수치가 800이었다. 그런데 시간이 지날수록 수치가 점점 떨어졌다. 그러더니 정상치가 됐다. 검사를 해보면 암 덩어리는 그대로였다. 어떤 덩어리는 더 커진 것도 있었다. 그런데 지금껏 18년째 잘 살고 있다."

그는 기적적인 치유를 한 환자들의 공통점이 있느냐는 질문에 이렇게 답했다. "있다. 겸손이다. 모든 종교에서 말하는 공통분모이기도 하다. 자신을 완전히 포기하고, 내려놓는 것이다. 어떤 사람은 신에게 모든 걸 맡기기도 했다. 그럴 때 뭔가 치유의 에너지가 작동했다." 중앙일보 | 2012.06.23 00:56

암을 비롯한 모든 병에는 여러 환경적인 요인이 작용하겠지만 자기중심적 이기적인 시선에 따른 그림자투사가 만들어낸 뇌의 생존전략 – 투쟁할 것인가 도피할 것인가에 따른 스트레스 호르몬에 의해서 자라난다. 모든 질병 특히 암을 극복할 수 있는 마음은 모든 이를 위하여 모든 걸 수용하면서 감싸 안는 겸손일 것이다.

정상세포는 로고스로부터 오는 숨, 생기로부터 오는 조화와 균형 안에서 서로 다른 세포들을 도우면서 공존한다. 그러나 암세포는 그림자투사에 의한 부정적 정서 안에서 방출되는 스트레스 호르몬의 생리작용으로 자신만의 생존을 위하여 다른 세포의 영양까지 빼으면서 무한 증식한다. 그러나 우리의 마음이 모든 걸 내려놓고 오로지 영적 가치를 위하여 살아가고자 할 때 영적 가치를 살아감으로써 쉴 수 있는 깊고 편안한 숨은 몸의 환경을 변하게 만든다. 영적 가치로부터 오는 깊고 편안한 숨길 따라 흐르는 혈의 흐름과 함께 면역성 호르몬의 생리작용으로 암세포에 충분한 산소와 영양이 공급되면서 암세포는 그 역할을 포기 하게 되고 몸은 싱싱하게 살아난다.

나이가 일흔 정도 된 할머니가 자궁암 말기라는 진단을 받게 되었다. 나이도 많은 터에 말기여서 수술을 해 보았자 고생만 하다가 가게 될 것이라는 결론에 도달한 할머니는 수술을 단념하고 여러 가지 사정상 미뤄둘 수밖에 없었던 봉사를 하다가 여생을 마치기로 결심했다. 사랑 유형으로 태어난 할머니는 평소에 하고 싶었던 장례 봉사인 염 봉사(시체를 닦아 깨끗이 하고 수의를 입히는 일)를 시작했다. 할머니는 봉사의 기쁨으로 하루하루를 보내면서 자신이 시한부 인생을 살아가야 할 몸이라는 사실을 잊어버렸다. 심기혈정에 의하면 사랑의 시선을 가진 할머니의 몸과 마음은 다른 이들에게 사심 없이 진정한 도움을 줄 수 있을 때 편안한 숨을 쉴 수 있으며 편안한 숨과 함께 기혈도 열려 혈의 흐름도 좋아지면서 편안한 가운데 방출되는 면역성 호르몬과 함께 생명력을 되찾게 된다. 할머니의 얼굴빛은 점점 밝아지고 몇 개월 살지 못한다는 몸은 생기를 되 찾아 회복되어 갔다.

"의인은 야자나무처럼 돋아나고 레바논의 향백나무처럼 자라리라. 주님의 집에 심겨 우리 하느님의 앞뜰에서 돋아나리라. 늙어서도 열매 맺으며 수액이 많고 싱싱하리니 주님께서 올곧으심을 알리기 위함이라.." 시편 92,13-16

할머니는 그렇게 건강을 회복하시고 난 뒤 자신의 영적 가치를 사시면서 천수를 누리시다가 아침미사를 마치고 난 뒤 목욕 하고 누우셔서 주무시듯 운명하셨다. 이 이야기는 고 김수환 추기경의 친 누님 되시는 분의 이야기이다.

우리는 임마누엘 하느님의 시선으로부터 온 생명의 선물 - 자신의 영적 가치를 충실히 살아갈 수 있을 때 가장 편안한 숨을 쉴 수 있으며 편안하게 잠들 수 있으며 편안한 잠과 함께 면역성호르몬의 생리작용으로 싱싱하게 살아난다. 그리고 주어진 생명의 선물을 살다가 주어진 소명과 역할이 끝났을 때 편안하게 죽을 수 있을 것이다. 그럴 수 있을 때 우리의 영혼은 애벌레가 고치를 벗고 아름다운 나비가 되어 밝고 환한 세상을 날아가듯 하늘나라를 향해 힘차게 날아 오를 수 있지 않을까?

"이 모든 일을 두고 너를 만드신 분께 찬미를 드려라. 그분께서는 당신의 선물로 너를 흡족하게 해 주신다."집회서(32,13)

3) 힘의 중심 알아차리기

진리이고 선함이고 아름다움 자체인 신성(神性)의 발현인 우리의 몸은 진리와 선함과 아름다움을 추구함에 있어서 현실을 알아채고 대처하는 방식과 힘을 얻는 고유의 신체기관을 가지고 있다. 머리, 심장, 장이다. 우리는 진리를 추구할 수 있도록 힘의 중심이 머리에 있는 머리 중심 사람, 사랑과 아름다움을 추구할 수 있도록 힘의 중심이 심장에 있는 심장 중심 사람, 선함을 추구할 수 있도록 힘의 중심이 장에 있는 장 중심 사람으로 태어난다. 강화된 머리, 심장, 장의 힘이 영적 가치에 따른 본질로, 소명과 역할로 쓰일 때 우리에게 생명의 선물인 재능이 되지만 선악분별을 위한 집착과 충동 안에서 쓰일 때 그림자투사로부터 오는 부정적 정서와 함께 우리를 질병과 죽음으로 이끄는 장애가 된다.

선악 분별을 내 알몸의 힘으로! 힘의 중심을 가진 알몸

소명과 역할로 쓰일 때 – 생명의 선물, 재능, 장점

선악분별로 쓰일 때 – 집착과 장애(인식의 감옥에 따른 희로애락과 질병), 단점

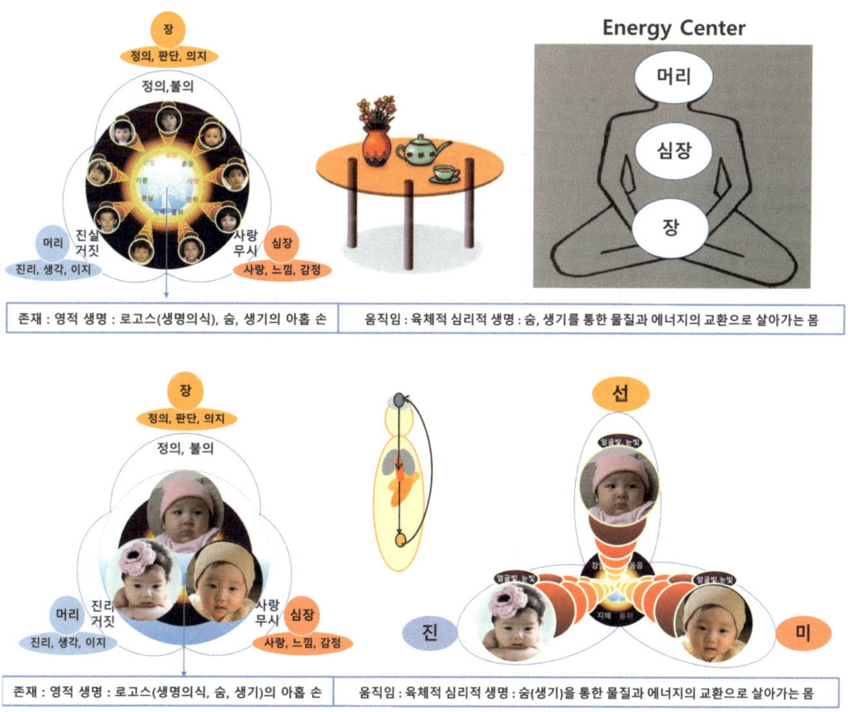

진리의 빛 - 기쁨, 충실, 지혜의 빛으로부터 발현된 얼굴은 지혜를 추구할 수 있도록 머리가 강화된 이지적인 얼굴로 태어나며 알아야 한다는 본능을 가지고 있다. 이들은 존재에 대한 숙고를 거듭한 끝에 <나는 생각한다 고로 존재한다>라는 결론에 도달한 데카르트처럼 사려 깊고 온화한 얼굴과 건조하고 이성적인 눈빛으로 태어난다.

선함의 빛 - 옳음, 강함, 평화의 빛으로부터 발현된 얼굴은 선, 악을 빠르게 분별하고 판단하여 질서를 바로 잡을 수 있도록 장이 강화된 의지적인 얼굴로 태어나며 정의롭고 공평한 사회적 변화를 위하여 일하고자 하는 본능을 가지고 있다. 이들은 <나는 판단한다. 고로 존재한다>라고 말할 수 있는 사람들이며 공평하고 정의로운 가치를 찾아 움직임 마틴 루터 킹 목사처럼 심각하고 진지한 얼굴과 심지 있고 단호한 눈빛으로 태어난다.

아름다움과 사랑의 빛 - 사랑, 성취, 품위의 빛으로부터 발현된 얼굴은 사랑을 느낄 수 있도록 심장이 강화된 감정적인 얼굴로 태어나며 사랑 받고 인정받아야 한다는 본능을 가지고 있다. 이들은 <나는 느낀다. 고로 존재한다>라고 말할 수 있는 사람들이며 관계 안에서 사랑을 찾아 움직인 마더데레사 수녀처럼 관계 안에서 기쁨을 발견하려는 듯 감정적이고 촉촉한 얼굴과 따스하고 사랑스러운 눈빛으로 태어난다.

● 힘의 중심에 따른 하위본능

각 힘과 생명력의 중심은 자신의 가치를 살아가기 위한 하위 본능을 가지고 있다. 사회적 본능, 개인적 본능, 자기보존적 본능이다. 사회적 본능을 쓰게 될 때 사회적 관계 안에 더 비중을 두고 사회적인 매너를 발달시킨다. 개인적 본능을 쓰게 될 때 개인과 개인과의 관계에 비중을 두게 되어 일대 일 관계를 잘 가져갈 수 있는 매너를 발달시킨다. 자기보존적 본능을 쓰게 될 때 자신의 가치를 지켜 생존하려는데 비중을 두고 힘과 체력을 보강하는 쪽으로 움직인다.

우리는 머리, 심장, 장을 모두 쓰고 있지만 강화되어 태어나서 우세하게 쓰고 힘의 중심이 있듯이, 힘의 중심 별 하위본능 역시 모두 쓰고 있으나 힘의 중심에 따라 우세하게 쓰고 있는 본능이 있다. 힘의 중심에 따른 하위본능 역시 길러지는 것이 아니라 타고나는 것이다. 머리중심 사람들은 모두 사회적 본능을 타고난 이성적인 사람들이다. 머리 중심 사람들이 어린아이일 때라도 그렇다. 그런 이유에서 머리 중심 어린 아이일지라도 심장 중심의 어른들보다 훨씬 감정조절이 잘 된다. 심장 중심사람들은 관계 안에서 사랑을 주고 받는 일이 관심사인 만큼 관계가 깨어질 때 이들의 감정은 힘들어진다. 그렇더라도 이들의 가치가 사람들과의 관계에 있는 만큼 관계 맺는 것이 쉬운 개인적 본능을 타고 난다. 장 중심 사람들은 자신의 힘으로 공평하고 정의로운 사회적 변화를 일으키고 싶은 만큼 힘과 정의에 관심을 가지고 있으므로 사회를 변화시킬 수 있는 힘을 축적하기 위한 자기 보존적 본능을 타고 난다. 이들의 에너지 센터는 중심 머리중심으로 그리고 심장중심으로 이동하므로 심장중심이 가장 먼 만큼 감정 안에서 흔들리지 않을 수 있다. 그런 이유에서 세 힘의 중심 중 가장 차분하고 안정되어 있다. 이들은 특별한 사연이 없는 한 어디서든 잘 먹고 잘 자는 사람들이다. 장 중심 사람들 중에 가장 머리를 많이 쓰는 옳음 유형은 간혹 위장병을 앓을 수 있지만, 대부분의 장 중심 사람들은 죽을병이 걸리더라도 좀 체로 입맛이 떨어지지 않는 사람들이다.

가) 사회적 본능 - 머리중심 사람들

명예욕, 애욕, 지배욕 중에 명예욕을 좀 더 많이 가지고 자신과 단체의 안전을 염려하는 머리중심 사람들은 사회적 본능을 타고 난다. 명예욕이 많은 이들은 사랑을 위해서 왕관을 버릴 수 없는 사람들이다. 이들이 두 번째로 쓰는 본능은 개인적 본능이고, 세 번째로 쓰고 있는 본능이 자기보존적 본능이다. 이들은 본능적 생존 욕구인 자기 보존적 본능이 약하므로 안전이 위협되는 상황에서 쉽게 상처 받고 다치게 된다. 또한 불면증 등에 노출 될 수 있고, 생각이 많은 탓에 위병을 앓을 수 있으며 건강이 약할 수 있다. 명예가 중요한 이들은 명예가 실추되는 극한 상황에서 자신을 지키기 위한 사회적 본능의 한 방법으로 자살이라는 극단적인 선택을 할 수 있는 사람들이다. 이들은 세 중심 중 가장 상처에 여리고 다치기 쉬운 사람들이다.

나) 개인적 본능 - 심장중심 사람들

명예욕, 애욕, 지배욕 중에서 애욕을 좀 더 많이 가지고 있고 사랑 받고 인정받아야 생명력이 살아나는 심장중심 사람들은 관계를 중시하는 개인적 본능을 타고난다. 이들이 두 번째 쓰는 본능은 자기 보존적 본능이고 세 번째 쓰는 본능이 사회적 본능이다. 때로 심장 중심 사람들 중 성취유형은 사회적 본능을 좀더 많이 쓰는 것처럼 보일 수 있다. 그러나 성취유형 역시 내면의 동기는 성취함으로써 사랑 받고 인정받으려는 것이므로 겉으로 드러나 보이는 모습과는 달리 내면에서는 개인적 본능이 우세하게 작용한다. 이들은 개인적 본능이 발달했으므로 관계의 마술사들이다. 이들은 어떻게 사람들에게 다가가 마음을 얻게 되는지를 본능적으로 알고 있다. 이들은 구성원들과 많은 일대 일 관계를 유지함으로써 사회적 관계를 좋게 가져가게 된다. 이들이 두 번째로 쓰는 본능인 자기 보존적 본능은 이들을 강하게 만들어주어 극한 상황에서 사회적 본능을 가진 머리중심 사람들 보다 좀 더 강하게 대처할 수 있도록 해 준다.

다) 자기 보존적 본능 – 장 중심 사람들

명예욕, 애욕, 지배욕 중에서 지배욕이 강한 장 중심 사람들이 자기 보존적 본능을 타고 났다. 이들이 두 번째 쓰는 본능이 사회적 본능이고 세 번째 쓰는 본능이 개인적 본능이다. 장 중심 사람들은 잘못된 것을 바로잡아 자신의 힘으로 통제하고 싶은 지배욕 때문에 무의식적으로 힘과 정의에 관심을 가지고 있다. 이들은 대체로 건강하게 태어난다. 단순하고 솔직하며 자신도 다른 사람에게도 언행일치를 요구하는 이들은 어디서든 잘 자고 잘 먹는 사람이다. 이들은 진실과 사실에서 권위를 찾으려 하므로 애써 자신을 부풀리거나, 이미지로써 자신을 드러내지 않는다. 특히 장 중심 여자인 경우 다른 사람에게 잘 보이기 위해서 화장을 한다는 일 자체가 자존심 상하는 일이라고 여길 만큼 자신을 포장할 의사가 없는데 그만큼 관계 안에 가치가 없다는 의미이다. 이들은 관계 안에 가치도 없고 개인적 본능을 잘 쓸 수 없으므로 관계 맺기가 서툴다. 이들은 자신이 원하는 사회적 변화를 위해서 두 번째로 사회적 본능을 쓰고 있기 때문에 머리 중심 보다 오히려 안정되어 있고 차분하고 이성적으로 보일 수 있다. 자기 보존적 본능으로 단련된 이들은 강한 사람들이며 주위의 나쁜 평판에 의연할 수 있다. 언행일치를 추구하는 이들은 자신은 결백하다고 믿고 있으며, 언행이 일치되지 않은 사람들은 악하기 때문에 관계를 청산하거나 척결되어야 한다고 믿는다. 관계 안에 가치가 없는 이들은 개인적 본능이 가장 약한 이들이지만 자기 보존적 본능이 강한 탓에 위기상황에서 좀처럼 흔들리지 않는다. 이들은 감정의 요동 없이 자신의 길을 가는 사람이다.

사회적 본능을 쓰는 머리 중심 남자와 개인적 본능을 쓰는 심장 중심 여자

한 여름 날 연인 사이인 개인적 본능을 쓰는 심장 중심 여자 친구와 사회적 본능을 쓰는 머리 중심 남자 친구가 공원으로 산책을 나갔다. 공원을 산책하다가 강아지를 데리고 나온 어느 젊은 여인과 심장 중심의 여자 친구 사이에 시비가 붙었다. 여인이 데리고 나온 강아지가 개인적 본능을 쓰고 있는 심장 중심 여자 친구에게 달려들었기 때문이었다. 여자 친구는 놀라 나머지 강아지의 목줄을 달지 않고 나온 여인에게 심하게 항의했다. 여인은 처음에는 사과했으나 정도가 심한 항의가 불쾌했으므로 결국 둘은 다툼으로 번졌다.

사회적 본능을 쓰고 있는 남자는 심정적으로는 여자 친구의 편이겠지만 선뜻 그러한 내색을 드러내 보이지 않으며, 여자 친구가 보기에 소심할 정도로 조심스럽게 일을 풀어나가려 한다. 강아지를 데리고 나온 젊은 여인의 심정도 살 필 줄 아는 사회적 본능의 남자 친구는 자신이 보기에도 정도가 심했던 여자 친구를 나무라면서 중재를 시도하려 한다. 그러나 개인적 본능의 여자 친구는 어떻게 자기편이 되어 주지 않고 처음 본 여인의 편이 되어 자기를 비난할 수 있느냐고 화를 낸다.

데이트를 마치고 집에 돌아오면서 개인적 본능의 여자 친구는 사회적 본능의 남자친구가 자신을 사랑하지 않는다고 판단하게 된다. 입장을 바꾸어 놓고 생각해 보면 자신은 남자 친구의 편이 되어 줄 것이 분명했기 때문이다. 여자 친구는 일대 일 관계를 중시하는 개인적 본능을 쓰고 있기 때문에 안전을 위해서 사회적 본능을 쓰고 있는 남자 친구의 행동방식을 이해할 수 없다. 자신을 사랑한다면 절대로 그럴 수 없다고 판단한 여자 친구는 기어이 헤어지리라고 마음먹는다. 사회적 본능의 남자 친구가 개인적 본능의 여자 친구를 대하는 마음은 그대로였지만 개인적 본능을 쓰는 여자 친구의 해석이 불러온 수치심, 우울, 슬픔, 화 등으로 둘 사이는 금이 가고 만다.

이러한 갈등은 개인적 본능을 쓰는 심장 중심 사람과 자기 보존적 본능을 쓰는 장 중심 사람들 사이에도 똑 같이 일어나는 현상이다. 자기 보존적 본능을 쓰는 장 중심 사람들은 두 번째로 사회적 본능을, 세 번째로 개인적 본능을 쓰고 있기 때문에 머리중심 사람들 보다 더욱 객관적이고 원칙적으로 일을 처리하고 행동하기 때문이다.

자기 보존적 본능을 쓰고 있는 장 중심 부인이 남편의 장례를 치르고 있는 모습

자기 보존적 본능을 쓰고 있는 장 중심 부인은 새벽에 평생 동거 동락했던 남편을 잃었다. 신심 깊은 남편이 새벽기도를 갔다 오면서 횡단보도를 건너다가 신호등을 무시하고 달려오던 차에 치이고 말았던 것이다. 갑작스런 비보에 친지 가족들이 모여들었다. 그러나 부인은 담담하게 남편의 장례절차를 치르고 있었다. 위기상황에서 담대해지는 장 중심 사람들의 특징대로 부인은 감정의 요동 없이 몸에 배인 자기 보존적 본능과 두 번째로 쓰게 되는 사회적 본능으로 장례절차를 차분하게 치르게 된다. 건강한 장 중심 부인의 모습이다. 그러나 개인적 본능을 쓰고 있는 심장 중심 사람들이나, 사회적 본능을 쓰고 있는 머리중심 사람들에게는 이해되지 않는 모습이다. 밥을 먹어야 기운을 차리고 일을 할 수 있다는 친지들의 권유가 아니더라도 끼니조차 거르지 않고 잘 먹고 있는 부인을 보고 사람들이 기어이 쑥덕거리기 시작한다. 어떻게 저렇게 담담할 수 있지?

사회적 본능을 쓰고 있는 머리중심 부인이라면 어떨까? 아마도 배우자를 잃었다는 것 때문에 자신과 가족의 안전이 위협 받을 것 같은 두려움에 음식이 입에 넘어가지 않을 것이다. 그리고 두 번째로 쓰는 개인적 본능으로 가끔 울먹일 수도 있다. 그러나 대부분 일의 과정을 사회적 본능을 써서 절차에 따라 이성적으로 차분하게 처리할 것이다.

개인적 본능을 쓰고 있는 심장 중심 부인이라면 어떨까? 감정적인 부인은 남편을 잃었다는 설움에 자주 울먹일 것이다. 그러나 두 번째로 쓰는 자기 보존적 본능으로 밥은 먹으면서 일을 처리해 나갈 것이다. 그리고 주위의 친지 가족의 위로 속에서 통곡할 수 있으며 감정적으로 일을 처리할 수 있다.

● 힘의 중심에 따른 사고방식

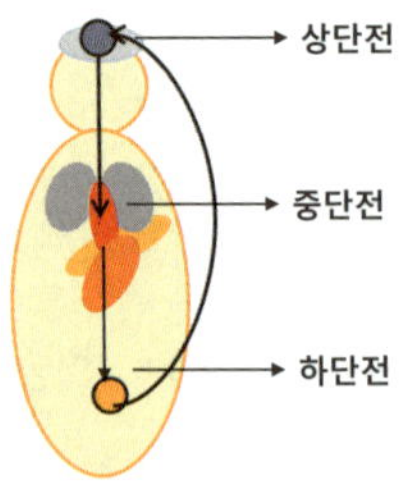

의식이 가는 곳에 기(氣), 생명력이 간다.

힘의 중심으로부터 온 사고방식을 읽기 전에 숙지할 사항은 우리는 머리, 심장, 장을 모두 가지고 있고 머리, 심장, 장의 특징 모두를 쓸 수 있다는 것이다. 그러나 다른 신체기관보다 먼저 가동되는 신체기관이 자신에게 우세하게 작용하는 힘의 중심이다. 신체를 흐르는 기(氣) 의 흐름은 상단전, 중단전, 하단전으로 흐르며 하단전에서 다시 상단전으로 흐르는 순환법칙을 가지고 있다. 따라서 머리 중심 사람들은 먼저 머리를 가동시키고 두 번째로 심장을, 세 번째로 장을 가동시킨다. 심장 중심 사람들은 먼저 심장을 가동시키고, 두 번째로 장을, 세 번째로 머리를 가동시킨다. 장 중심 사람들은 먼저 장을 가동시키고, 두 번째로 머리를, 세 번째로 심장을 가동시킨다.

힘의 중심을 찾으려 할 때 숙지할 사항은 머리중심의 머리 쓰기. 심장중심의 심장 쓰기, 장중심의 장 쓰기는 타고난 힘의 중심으로부터 오는 무의식적 자동반응이므로 스스로 잘 인식 되지 않는다는 것이다. 두 번째로 쓰는 중심은 의식적으로 쓰는 중심이므로 의식 안에서 인식되기 때문에 두 번째 쓰고 있는 중심을 자신의 중심으로 잘못 찾을 수 있다는 것이다. 그러나 숙지할 사항은 각 힘의 중심으로부터 오는 성향에 따라 머리, 심장, 장을 쓰는 데 있어서도 다른 방식으로 쓴다는 것이다. 각 중심의 사고방식과 그에 따른 부정적 감정을 살펴보자.

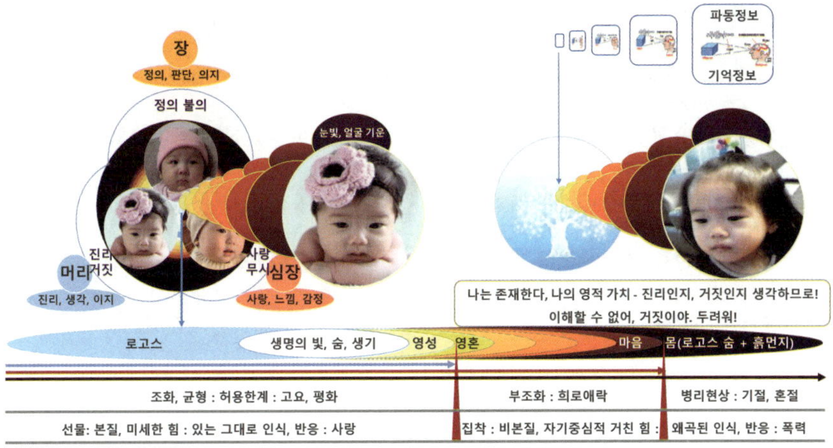

머리 중심 사람들의 사고방식은 내가 모든 상황을 이해하고 있는가? 나는 모든 사람들로부터 이해 받고 있는가 하는 생각으로부터 시작된다. 머리 중심 사람들의 사고방식은 다른 가치로부터 오는 생각과 말과 행동을 이해할 수 없을 때 집착과 충동에 갇혀 분석하면 분석할수록 자신의 가치에 따른 죄의 모습 - 거짓으로 인식하고 경험하고 반응함으로써 조화롭지 못한 관계에 빠지게 되며 두려움에 갇히게 된다.

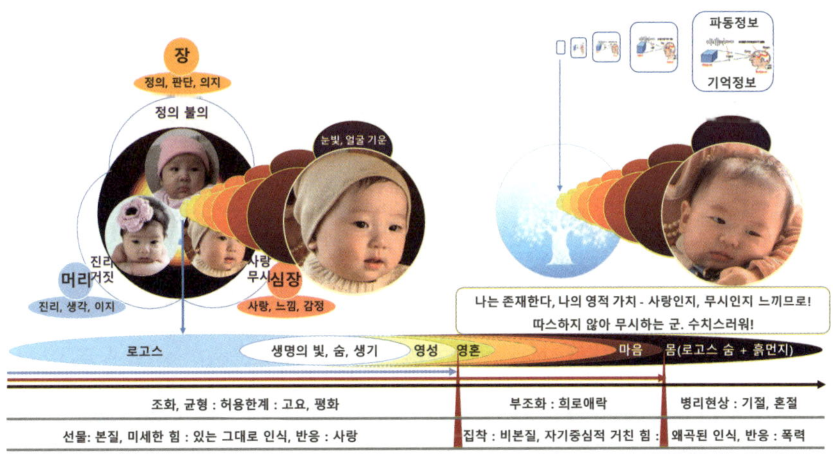

심장 중심 사람들의 사고방식은 내가 상대로부터 인정받고 사랑 받고 있는가, 혹은 무시당하고 있는가, 어떻게 하면 세상의 모든 이로부터 사랑 받고 인정받을 수 있는가 하는 생각으로부터 시작된다. 심장 중심 사람들의 사고방식은 다른 가치로부터 오는 생각과 말과 행동을 이해할 수 없을 때 집착과 충동에 갇혀 분석하면 분석할수록 자신의 가치에 따른 죄의 모습 - 무시당한다고 인식하고 경험하고 반응함으로써 조화롭지 못한 관계에 빠지게 되며 수치심과 함께 우울증을 앓게 된다.

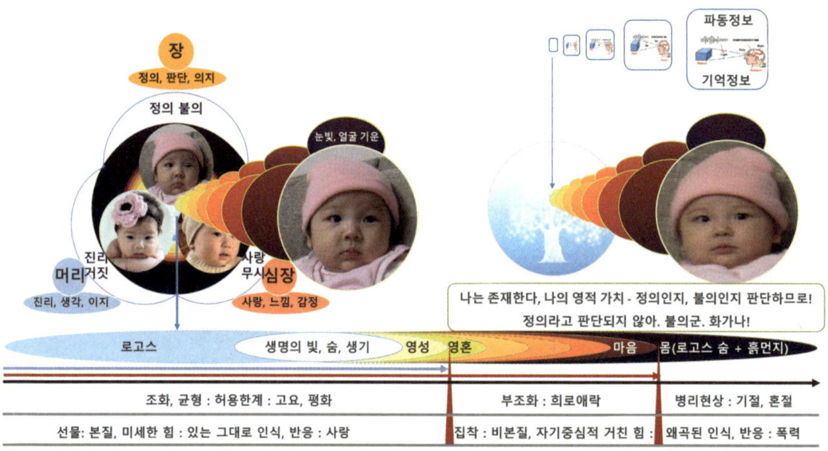

장 중심의 사람들의 사고방식은 세상이 올바르고 공평하고 정의롭게 돌아가고 있는가, 상대는 책임과 의무를 다하고 있는가? 상대는 선한가? 악한가? 하고 판단해 보는 일로부터 시작된다. 장 중심 사람들의 사고방식은 다른 가치로부터 오는 생각과 말과 행동을 이해할 수 없을 때 집착과 충동에 갇혀 분석하면 분석할수록 자신의 가치에 따른 죄의 모습 - 악하다는 쪽으로 인식하고 경험하고 반응함으로써 조화롭지 못한 관계에 빠지게 되며 화에 갇히게

된다.

Energy Center

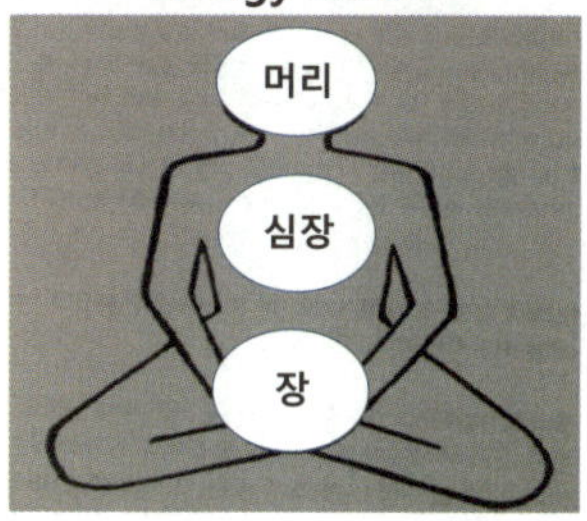

삶이라는 식탁에서 인생이라는 선물을 넘어뜨려 망가지게 하지 않고 잘 가져가려는 사람은 균형 있는 힘의 중심을 가지고 살아가야 한다. 힘의 중심은 우리들 삶이라는 식탁을 지탱하게 해주는 다리다. 머리 중심은 머리를 지나치게 씀으로써 어두운 각본을 만들어내고 어두운 각본으로 생겨난 두려움의 눈으로 세상을 인식하고 반응함으로써, 심장 중심 사람들은 심장을 지나치게 씀으로써 수치심의 눈으로 세상을 인식하고 반응함으로써, 장 중심 사람들은 장을 지나치게 씀으로써 화의 눈으로 세상을 인식하고 반응함으로써 삶이라는 식탁을 무너뜨린다. 우리에게 주어진 과제는 약한 중심을 통합하여 조화와 균형 안에 있음으로써 나의 가치로 상대방을 왜곡시키지 않고 있는 그대로 인식하고 있는 그대로 반응하는 것이다. 머리 중심 사람들은 약한 중심인 장 중심을 통합하여 지나친 생각에서 벗어나 용기를 가지고 비겁한 전략 대신 소신껏 행동해야 하며, 심장 중심 사람들은 약한 중심인 머리 중심을 통합하여 지혜가 없는 무분별한 애착과 사랑이라는 이름의 무자비한 폭력을 버리고 진정한 사랑을 선택해야 하며, 장형 사람들은 약한 중심인 심장 중심을 통합하여 사랑 없는 정의를 버려야 한다. 그러나 약한 중심을 통합 하는 문제는 우리들 지력의 한계 안에서 부리는 인위적인 전략이나 노력으로는 불가능하다. 의식에너지, 의식수준은 나의 영혼이 얼마만큼 영성에 다가갔는가 하는 영혼의 문제다.

가) 머리 중심

진리의 영 : 나는 존재한다. 진리를 위하여 일하므로!

- 뇌와 중추 신경계로 사고 과정을 통하여 현실을 파악한다.
- 지침이 필요하며, 정보를 많이 습득하고자 한다.
- 돌아가는 상황을 이해해야 하고 자신도 이해 받아야 한다.
- 설득력 있고 현명해 보인다.
- 공동체 중심 : 자신과 단체의 안전을 염려.
- 욕구 : 명예욕 → 애욕 → 지배욕
- 사회적 본능 : 비전의 리더 : 아이디어가 많다.
- 단체, 권위자의 의견을 중시한다. 지침과 일관성이 필요.
- 단체에서 실수하기를 두려워하며 수줍고 소심하고 예민해진다.
- 머리쓰기에 의한 어두운 각본(안전함)으로 두려움이 많다.
- 부정적 감정 : 두려움 – 수치심 – 화

머리 중심 : 진리 - 생각한다 : 이지적인 사람 : 건조하고 이성적인 눈빛, 사려 깊고 온화한 얼굴

▣ 진리를 추구하는 이들의 자기중심적 이기적인 자아는 머리에서 작동하므로 이해하고 이해 받아야 안전하다고 생각하며 <모든 걸 알고 이해해야 한다> 라는 본능적 욕구와 충동, 태도, 어휘, 사고방식 등을 가지고 있다. 이들은 사회적 상황에 던져질 때 나는 모든 상황을 이해하고 있는가? 나는 다른 사람들로부터 이해 받고 있는가? 하고 확인하는 과정을 통해서 현실을 파악한다.

▣ 이들은 이해하고 이해 받을 수 있을 때 생명력을 얻게 된다. 그런 이유에서 이들은 어린 아이일 때 왜? 라는 단어부터 배운 아이들이었으며, 실수를 두려워

하며, 수줍고 낯을 가리는 소심한 아이들이었다. 이들은 이성적이고 현명한 사람들이다. 이들은 대체로 마른 체격과 편편한 가슴을 가지고 있고, 생각하는 이성적인 눈빛과 건조해 보이는 피부조직, 사려 깊고 온화한 얼굴을 가지고 있다.

▣ 이들은 공동체 중심 사람들로서 자신과 공동체의 안전을 염려하며 자신의 의견이 부모, 단체나 권위자에게 받아들여질 수 있는지에 마음을 쓴다. 이들은 모든 것을 이해하고 점검하고 난 뒤, 권위자의 지침과 자신의 책임을 충분히 생각한 후 안전하다고 여길 때에야 행동한다. 이들은 본질과의 연결이 막혀 있을 때 내면의 안내가 부족하므로 정보를 모으고 지식을 축적한다. 이들은 자신의 이해범위 안에서 움직이며 많은 아이디어를 가지고 있는 비전의 리더들이다. 이들은 명예욕, 애욕, 지배욕 중 명예욕이 강하다.

▣ 이들의 강박은 모든 상황을 이해해야 한다는 곳에 집중되어 있으므로 이해받지 못한다고 생각될 때 힘들어진다. 이들은 자신의 이기적인 자아가 쓴 어두운 각본으로 말미암아 반복되는 사고기능에 갇혀 어두운 각본을 끊임없이 쓸 수 있으며, 소심해 지고, 편집증, 신경증, 불면증 등에 시달려 타인을 직시하는 것을 피할 수도 있다. 이들은 자신의 안전을 지켜 줄 권위자의 지침이 필요하다. 이들은 확신이 있을 때 조화롭고 현명해 보이나, 이해할 수 없고 이해받을 수 없을 때 고립되고 혼돈스러울 수 있으며 두려움에 갇히게 된다. 이들의 생각과 말과 행동을 지배하는 것은 이해하고 이해 받아야 한다는 강박과 충동, 그리고 이해하고 이해 받지 못한다는 이유에서 오는 두려움이다.

▣ 이들이 두 번째로 쓰는 힘의 중심은 심장 중심이다. 이들은 자신이 쓴 어두운 각본에 속아 심장이 두근거릴 수 있으며 행동이 마비될 수 있다. 이들은 자신이 쓴 어두운 각본으로부터 온 두려움에 갇혀 행동할 수 없을 때 자신이 자기중심적 이기적 자아인 집착에 갇혀 있음을 알아차려야 한다.

▣ 이들에게 주는 과제는 기도 안에서 장 중심을 통합함으로써 강해지라는 것이다. 장을 통합한다는 의미는 기도 안에서 얼마만큼 영성을 회복했는가에 따른 통합이다. 인위적으로 장을 쓸 때 이들의 머리에서는 여전히 어두운 각본으로 생겨난 두려움 때문에 소신껏 행동할 수 없을 뿐만 아니라, 잘못된 판단으로 자신도 공동체도 망가뜨리게 된다. 이들이 장을 통합하여 강해질 때는 더 이상 머리로 어두운 각본을 쓰지 않고 자신의 소신과 세상에 대한 믿음을 가질 때이다.

▣ 이들이 영성을 회복함으로써 진실로 장을 통합하게 될 때 이들은 자신의 이기적인 자아로 말미암은 과도한 사고기능이 만들어 낸 허구, 어두운 각본으로부터 자유로워지며 지혜를 통찰하게 된다. 또한 긍정과 희망만이 존재의 것임을 자각하고 자신이 처해진 상황에 용기를 가지고 자연스럽게 임할 수 있다. 이들이 장을 통합하여 용기를 가질 때 두려움에 갇혀 비겁해지거나 소심해 지지 않고 올바른 선택으로 소신껏 행동하게 된다.

나) 심장 중심

사랑의 영 : 나는 존재한다. 사랑을 위하여 일하므로!

- 심장과 순환기계통으로 직관적으로 사람과의 관계를 파악한다.
- 지침보다, 자신의 감정에 충실하다.
- 인정과 사랑을 주고 받아야 한다.
- 쾌활하고 조화롭게 보인다.
- 관계중심 : 버팀목이 되어 줄 관계를 중시.
- 욕구 : 애욕 → 지배욕 → 명예욕
- 개인적 본능 : 관계의 리더 : 관계 대왕
- 권위자의 의견, 자신의 이미지에 관심. 배려와 관심이 필요.
- 관계에 집중되어 있어서 자주 우울하고 슬퍼진다.
- 심장쓰기에 의한 어두운 각본(무시)으로 수치스럽고 우울하다.
- 부정적 감정 : 수치심 → 화 → 두려움

심장 중심 : 사랑 - 느낀다 : 감정적인 사람 : 촉촉하고 정감 있는 눈빛, 따스하고 사랑스러운 얼굴

▣ 아름다움과 사랑을 추구하는 이들은 자기중심적 이기적인 자아가 가장 많이 작동하는 곳이 심장이기 때문에 아름다움과 사랑을 느껴보려 하며 <사랑 받고 인정받아야 한다>라는 본능적인 욕구와 충동, 태도, 어휘, 사고방식 등을 가지고 있다. 이들은 사회적 상황에 던져질 때 나는 상대로부터 사랑 받고 인정받고 있는가? 아닌가? 하고 하고 묻는다. 이들은 자신이 사랑 받고 인정받고 있는가를 확인하는 과정을 통하여 현실을 파악한다. 이들은 사랑하고 사랑 받아야 안전하다고 느끼며, 사랑하고 사랑 받을 수 있을 때 생명력을 얻게 된다. 그런 이유에서 이들은 어린아이였을 때 반짝이는 눈과 아름다운 미소로 주위 사람들에게 다가갈 줄 아는 사랑스런 아이들 이였다. 이들은 감정적일 수 있으나 따스한 사람들이다. 이들은 관계 안에서 기쁨을 발견하려는 듯 기대로 반짝이는 사랑스러운 눈빛과 피부를 가졌으며, 부드러운 외모에 친근감을 나타내려는 표정과 다정함을 지니고 있다.

▣ 이들은 관계 중심 사람들로써 결정과정에서 인간을 매우 존중하며 사람 위주로 일을 처리를 한다. 이들의 사랑하는 사람의 잘못을 눈감아 줄 수 있다. 이들은 본질과의 연결이 막혀 있을 때 사랑이 부족하다고 느끼며 사람과의 관계 안에서 보상받고 사람과의 관계를 통해 일을 도모하려는 경향이 있다. 이들은 감정의 흐름에 따라 움직이며 관계 안에서 서로 버팀목이 되어주는 관계의 리더들이다. 이들은 명예욕, 애욕, 지배욕 중 애욕이 강하다.

▣ 이들의 강박은 사람들과의 관계에 집중되어 있으므로 사랑 받고 인정받지 못하고 무시당했다고 느끼게 될 때 힘들어진다. 이들은 자신의 이기적인 자아가 쓴 어두운 각본으로 말미암아 우울증, 심장병 등을 앓게 된다. 이들은 자신의 안전을 지켜줄 권위에 다가가는 경향이 있으며 자신의 진정한 가치를 모르는 채, 과장된 자아 이미지를 만들어내고 스스로를 그 이미지와 동일시하려고 한다. 이들은 확신이 있을 때 조화롭고 쾌활해 보이나 사랑 받고 인정받을 수 없을 때 수치심을 느끼며 우울해진다. 이들의 생각과 말과 행동을 움직여 가는 것은 사랑 받고 인정받아야 한다는 강박과 충동, 그리고 사랑 받고 인정받지 못한다는 이유에서 오는 우울, 슬픔, 수치심이다.

▣ 이들이 두 번째로 쓰게 되는 중심은 장 중심이다. 이들은 자신이 쓴 어두운 각본에 속아 자신이 무시당한다고 느낄 때 두 번째로 끌어다 쓰는 장 중심의 행동하는 힘으로 자칫 위험한 전략을 꾸미게 되어 자신도 타인도 위험에 빠뜨리게 되거나, 폭력으로 치달을 수 있다. 이들은 자신이 쓴 어두운 각본으로부터 온 수치심, 우울 등에 갇혀 폭력적이 될 때 자신이 집착에 갇혀 있음을

알아차려야 한다.

▣ 이들에게 주는 과제는 기도 안에서 머리 중심을 통합함으로써 이성적으로 행동하라는 것이다. 머리 중심을 통합한다는 의미는 기도 안에서 얼마만큼 영성을 회복했는가에 따른 통합이다. 인위적으로 머리를 쓸 때 이들은 각광 받을 수 있는 성취를 위한 전략으로 머리를 쓰기 때문에 머리중심들이 흔히 앓게 되는 위장장애 등으로 괴로울 수 있다. 이들은 또한 수치심, 우울증 등으로 감정에 사로잡혀 자신도 공동체도 망가뜨리게 된다. 이들이 기도 안에서 영성을 회복하여 머리 중심을 통합할 수 있을 때 이들은 진실로 사랑 할 수 있으며, 더 이상 자신이 무시당한다고 해석하지도 않으며, 사랑 받기 위하여 자신이 만들어낸 과장된 이미지에 매달리지도 않고, 공동체와 자신이 다 함께 성장하는 방향으로 움직이게 된다.

다) 장 중심

정의의 영 : 나는 존재한다. 정의를 위하여 일하므로!

- 식도에서 항문, 위에 붙어있는 소화기관으로서 현실을 알아챈다.
- 지침보다. 본질을 파악하고자 물살을 거슬러 파헤친다.
- 어디서 불의가 작동하는지 본능적으로 파악, 바로잡고자 한다.
- 진지하고 심각해 보인다.
- 상황 중심 : 정의로운 사회적, 개인의 변화를 위해서 일한다.
- 욕구 : 지배욕 → 명예욕 → 애욕
- 자기보존적 본능 : 힘의 리더 : 힘과 정의에 관심이 많다.
- 진실과 사실에서 권위를 끌어냄, 불의를 파헤치며 질서가 필요.
- 불의에 민감하여 자주 심각하고 진지해진다.
- 장 쓰기에 의한 어두운 각본(질서, 책임, 의무) 화가 난다.
- 부정적 감정 : 화 → 두려움 → 수치심

장 중심 : 힘과 정의 - 판단한다 : 의지적인 사람 : 심지 있고 단호한 눈빛, 의지적이고 진지한 얼굴

▣ 선함을 추구하는 이들은 자기중심적 이기적인 자아가 가장 많이 작동하는 곳이 장이므로 배짱이 좋은 사람들이며 정의로운 사회적 변화에 대한 욕구와, 충동, 태도, 어휘, 사고방식 등을 가지고 있다. 이들은 사회적 상황에 던져질 때 마주하고 있는 상대나 상황이 정의로운가? 불의한가? 를 묻는다. 이들은 불의가 어디에서 작동하고 있는가를 확인하는 과정을 통해서 현실을 파악한다. 책임과 의무를 중시하는 이들은 자신의 힘으로 상황을 통제하여 질서를 잡을 수 있어야 안전하다고 판단하며 불의를 척결하여 질서를 회복할 수 있을 때 생명력을 얻게 된다. 그런 이유에서 이들은 어린아이였을 때 책임과 의무를 다하는 모범적인 아이였거나, 어른들조차 자신의 결정에 따르도록 요구하는 담대한 아이였거나, 평화를 위하여 아예 없는 듯이 있던 무던한 아이들이었다. 이들은 약한 자에 대한 동정심과 의협심 많다. 이들은 온몸으로 몰입하여 집중하므로 현실의 한 부분이 되어 불의를 신속하고 정확하게 파악할 줄 아는 육감이 발달한 사람들이며, 무게 중심이 하복부에 있어서 안정되고 차분하며 심지 있어 보이는 얼굴과 눈빛을 가지고 있다.

▣ 이들은 상황중심 사람들로서 정의를 위해서 상황의 요구에 따라 움직인다. 꾸며낸 이야기 혹은 이미지보다 사실과 진실에서 자신의 권위를 끌어내는 이들은 담력 있고 객관적이고 원칙적이며 적이든 동지든 구분 없이 사실과 진실이 중요하다. 이들은 본질과의 연결이 막혀 있을 때 거짓 권위, 정의롭지 못한 일, 불공평하고 부당한 일을 자신의 힘으로 평정하기 위하여 힘을 축적하려 한다. 이들은 어떤 환경에서든 잘 자고 잘 먹는 사람들이며 자신의 원칙 안에서 홀로 움직이는 힘의 리더들이다. 이들은 명예욕, 애욕, 지배욕 중

지배욕이 강하다.

▣ 이들의 이기적인 자아는 불의를 바로잡아 척결하는데 집중되어 있으므로 자신에게도 타인에게도 언행일치를 요구하며 기만 당할 때 힘들어진다. 이들은 잘못 되어 가는 일, 부정한 일 앞에서 화가 나며 잘못된 일 앞에서 화가 난다. 그럴 때 이들은 지나치게 자신을 책망하며 세상과 단절되려는 유혹을 받는다. 이들은 간을 다칠 수 있으며 자신에 대한 책망과 슬픔으로 폐를 다치기도 한다. 이들의 생각과 말과 행동을 움직여 가는 것은 불의를 척결하고 질서를 바로 잡아야 한다는 강박과 충동, 그리고 불의를 보고도 바로잡지 못한다는 데서 오는 책망과 슬픔, 화이다.

▣ 이들이 두 번째로 쓰고 있는 중심은 머리중심이다. 이들이 머리중심을 적절하게 쓸 때는 이들의 정확한 육감으로 본능적으로 파악한 현실에 적절하게 반응할 수 있도록 합리성을 부여하게 된다. 그러나 지나치게 쓸 때는 본능적으로 파악한 정확한 판단을 왜곡시킬 수 있다. 장형들은 두 번째 쓰는 머리중심으로 아주 치밀하고 합리적으로 <눈에는 눈, 이에는 이> 라는 방식으로 악이라고 판단되는 일에 가차 없고 무자비해 질 수 있다. 이들은 자신이 쓴 어두운 각본으로부터 온 화에 갇히게 될 때 자신이 집착에 갇혀 있음을 알아차려야 한다.

▣ 이들에게 주는 과제는 기도 안에서 심장 중심을 통합함으로써 연민을 가지고 자신도 타인도 이해하고 수용해야 한다는 것이다. 심장 중심을 통합한다

는 의미는 기도 안에서 얼마만큼 영성을 회복했는가에 따른 통합이다. 이들이 원하는 정의로운 사회적 변화를 위해서 진실로 일할 수 있을 때는 영성의 회복에 따라 타인도 자신도 존재 자체로 받아들일 수 있을 때이다. 그럴 수 있을 때 이들은 자신이 원하던 사회적 변화를 위해 그리고 자신과 공동체의 성장을 위해 누구보다 정의롭고 힘 있게 기여할 수 있는 투사가 될 수 있을 것이다.

4) 행동 방식 알아차리기

확산형

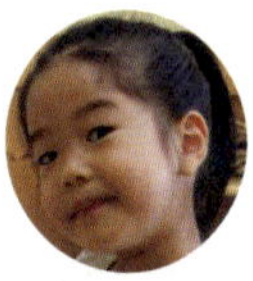

- 상황에 즉각적으로 반응한다.
- 주도적을 일하며, 목표를 정하고 수행한다.
- 자신의 의사대로 단체가 움직이도록 한다.
- 수완이 좋으며, 자신의 주장이 강하다

더불어형

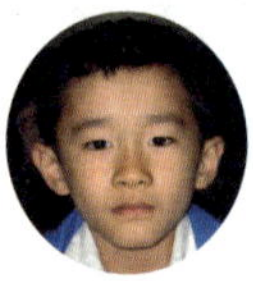

- 기대를 채워 주고 책임을 다한다.
- 자신의 의사를 주장 하는 것이 어렵다.
- 이웃과 조화로운 관계에 있기를 원한다.
- 규칙과 원칙, 지시에 충실하다.

응축형

- 가장 독립적이며, 자신만의 침묵 안에 있을 수 있다.
- 생각을 행동으로 옮기는 것이 어렵다.
- 일을 초연하게 이루어내는 경향이 있다.
- 혼자 쉴 수 있는 공간을 필요로 한다.

우리는 각 영성의 발현에 합당한 행동 방식을 가지고 태어난다. 확산 형, 더불어 형, 응축 형이다. 각 행동방식은 자신의 가치를 추구하기에 합당한 방식으로써 그 가치를 이루어 나가는 태도이다.

확산 형은 기쁨, 성취, 강함 유형이며 자신의 에너지를 펼쳐 확산함으로써 자신의 가치를 구현해 낸다. 더불어 형은 충실, 사랑, 옳음 유형이며 자신의 필요보다 상대방 혹은 자신이 속한 공동체와 더불어 가려는 의도에서 희생하고 도움으로써 자신의 가치를 구현해 낸다. 응축 형은 지혜, 품위, 평화 유형이며 가장 독립적으로 움직이고 자신만의 침묵 안에서 초연하게 일을 성사시킴으로써 자신의 가치를 구현해 낸다. 그러나 행동 방식 역시 조화와 균형 안에서 적절하게 써야 하는데 집착으로 과하게 씀으로써 일이 성사되지 못하도록 막는다.

가) 확산 형

기쁨, 강함, 성취 유형은 자신이 가지고 있는 에너지를 확산하는 쪽으로 움직인다. 이들은 자신을 주장하고 일을 주도하는 수완가들이며 자신의 힘으로 일을 성사시키는 에너지를 가지고 있다. 이들은 매사를 자신이 결정하고 세상을 움직여 나간다. 이들은 자신이 해야 할 일들을 알고 있으며 비전과 함께 수행할 능력과 힘을 가지고 있다. 이들은 필요하다면 친분, 권위 등을 이용하지만 자신이 추구하는 것들의 성과를 위해 그렇게 할 뿐, 친분관계나, 권위를 이용한다는 인식 없이 자연스럽게 행한다.

이들이 도움을 청할 때 이들은 거부할 수 없는 매력과 능력을 가지고 청한다. 이들은 자신의 일에 있어서 매우 경쟁적일 수 있으며 일 중심적이고 사람을 조직하고 목표를 향해 힘 있게 추진할 수 있다. 이들은 지도력이 있으며 다른 사람들에게 많은 영향력을 행사한다. 그러나 이들은 더불어 형이나, 응축 형들에게 부담이 될 때 이들은 성공하기 힘들다. 이들에게는 자기 중심적인 자아에서 벗어나 모두를 이해하고 포용하여 함께 하려는 노력이 필요하다.

나) 더불어 형

사랑, 충실, 옳음 유형은 더불어 형이다. 이들은 규칙, 지시를 지키며 책임감이 강하고 희생적이며, 사랑하는 사람, 혹은 단체가 잘 되어 나가는 것이 자신의 행복과 귀결되는 형이다. 이들은 자신의 힘을 확산하기도 하고 응축하기도 하면서 타자와 더불어 움직인다. 이들은 책임감이 강하고 희생적이다. 이들은 자신의 내면화된 규칙, 원칙, 지시에 충실 하려고 노력한다. 이들은 다른 사람의 기대를 채워주고 책임을 다하기를 원하며 사랑하는 사람들이나 공동체의 안전을 위해서 자신의 선택을 포기할 수 있다.

이들은 일이나 목표 중심이 아니며 평소에 그룹이나 공동체 혹은 사랑하는 사람들과 함께 할 수 있을 때 더욱 편안해 진다. 이들은 타인들과 잘 지내며 공동체에 문제가 없기를 바란다. 이들은 때로 공동체나 사랑하는 사람들의 요구가 확실하지 않을 때 자신감이 없어 보일 수 있다. 그러나 내면에서 공동체나 사랑하는 이들에게 어떠한 것이 적절한 것인지를 알기 위해 숙고하느라고, 혹은 정확하게 알게 되기까지 망설이기 때문에 그렇게 보일 수 있다. 이들이 신념을 가질 때는 망설임 없이 공동체나 사랑하는 이들을 위해 과감하게 행동할 수 있을 것이다. 그러나 지나치게 상대를 위하여 희생하는 경우 공동체나 자신에게 해가 된다. 학교 폭력상황에서 친구에게 폭력을 당하면서도 친구들이 중2병을 앓고 있어서 그런 것이라고 이해하면서 기다리면 좋아질 것이라고 판단하고 당하고만 있었던 피해자는 사랑 유형일 수 있다.

다) 응축 형

지혜, 평화, 품위 유형은 에너지를 안으로 응축시켜 모았다가 때가 되어 확산하는 형이다. 이들은 갈등상황이나, 복잡한 일이 휘말리지 않으려고 물러서는 형이나, 일을 초연하게 성사시키며 가장 독립적인 형이다. 이들에게는 세상에서 물러나 쉴 수 있는 내면의 장소가 필요하다. 이들은 상상력이 풍부하나, 자신의 상상 혹은 생각을 행동에 옮기기가 어렵다. 이들은 그룹 안에 있을 수 있으나 독립적이며 그들만의 침묵 안에 있을 수 있다.

이들은 자신의 의견을 분명히 밝히고 그룹에 영향력을 끼칠 수는 있으나 잘 나서지 않는다. 이들은 특별히 큰 욕구를 가지고 있지 않으나 이늘 만의 목표가 있을 수 있으며 자신만의 목표를 위해서 상당히 느리고 초연하게 꾸준히 추구하는 경향이 있다. 이들은 혼자만의 편안한 사생활을 즐길 수 있다. 이들은 세상의 일에 초연해 질 수 있으며, 세상을 방관자로써 바라본다. 확산이나 더불어 형에 비해 활동적이지 않으며 조용해 보인다.

의식공동체 안에서 하나인 우리는 행동방식 별로도 참 많이 닮았다. 확산 형 - 기쁨, 성취, 강함 유형은 자신의 뜻대로 단체가 움직이도록 영향력을 줄 만큼 에너지가 많다는 점에서 닮았다. 더불어 형 - 충실, 사랑, 옳음 유형은 자신의 필요보다 다른 사람, 혹은 속해 있는 단체의 필요에 더 마음을 쓰며 희생적이라는 점에서 닮았다. 응축 형 - 지혜, 품위, 평화 유형은 자기주장을 할 만큼 에너지가 있어 보이지는 않지만 가장 독립적이고 초연하게 움직이며 조용하고 차분하다는 점에서 닮았다.

행동방식은 한 사람이 가지고 태어나는 가치를 실현하기 위해 고착된 것들이나, 적절하게 쓰지 못하고 과하게 쓰게 될 때 오히려 부정적이 된다. 상황에 따라 자신의 타고난 성향을 초월하여 움직일 수 있을 때 비로소 세상과 자신을 위해 기여할 수 있다.

5) 회복과 치유로 가는 길
– 고요하고 평온한 빛의 시선으로 의식하고 숨쉬기

각 유형에 따른 빛의 얼굴과 빛의 시선들은 존재적 생명(Zoe), 로고스로부터 분화된 아홉 영적 의식에너지로부터 온 것이므로 영적 가치로 쓰일 때에야 비로소 생명의 선물이 되며 그럴 때 우리는 편안한 숨을 쉴 수 있고, 편안한 잠과 함께 세상으로 파견된 소명을 다할 수 있다. 공동체는 옳음 유형에게서 하늘나라의 법을 배우고, 사랑 유형에게서는 따스한 온기를 전해 받으며, 기쁨유형으로부터는 존재의 기쁨을, 평화유형으로부터는 편안함을, 강함 유형으로부터는 든든한 힘을 전해 받는다. 우리에게 주어진 영적 시선들은 존재적 영적 가치로 쓰일 수 있을 때 공동체를 위한 생명의 선물이 된다. 그러나 육체적 심리적 생명(bios, psyche)과의 동일시에 따른 자아중심적 이기적인 시선 안에서 속된 가치로 쓰일 때 자아중심적 시선이 만들어낸 인식의 감옥 안에서 서로 부정적 정서를 주고 받게 된다. 우리는 서로에게 가혹한 현실이 되며 숨쉬기 힘들어지고 서로를 질병으로 내몰게 된다. 질병으로부터 벗어나 회복과 치유로 가는 길을 걷기 위해서는 육체적 심리적 생명(bios, psyche)과의 동일시에 따른 인식의 감옥, 그림자투사를 알아 차리고 생명의 선물인 빛의 시선을 되찾아 자유로워지며 서로에게 생명의 빛이 되어주면서 서로 빛의 얼굴 본래 면목을 회복하도록 돕는 일이다.

① 옳음의 시선

그는 <나는 좋다. 왜냐하면 나는 정확하고 올바르므로> 라는 이상상을 가지고 있으며 신중하고 보수적이다. 그의 시선은 항상 잘못된 곳에 머무른다. 그는 잘못을 바로 잡기 위하여 잘못된 것을 바라본다. 타고난 교사인 그는 그 잘못을 고쳐 주기 위한 훈계하는 듯한 말투를 가지고 있다. 그의 그의 사랑 법은 잔소리 사랑이다. 모든 상황이 올곧고 반듯하게 돌아간다고 판단될 때 살아 있음과 생명의 기쁨과 평화를 느끼며 생기를 찾는 그는 항상 올바르고 정확해야 하므로 일에 있어서 철두철미하며 어릴 때부터 착실하고 반듯한 모범생이었다. 그는 보수적인 사람으로서 종종 바른 생활 교과서라는 말을 들었다. 그는 근면, 성실하며 열심히 노력하는 사람이고 자신의 틀 안에서 확고하게 서 있는 사람이다. 그는 사회의 규범, 법, 생활관습 등에 반하는 행동을 잘 하지 않는다. 그는 편애를 잘 감지하며 공평함과 정의로움에 대한 가치 때문에 사심으로 이익을 잘 챙기지 않는다.

그는 예의가 바르다. 그는 다른 사람들의 잘못을 지적할 때조차 신중하게 예의를 갖출 것이다. 그는 지나치게 신중하기 때문에 사람들은 그가 무엇을 생각하고 있는지 잘 모를 수 있다. 그는 겸손하고 조용하게 보일지라도 자신의 높은 도덕적 기준으로 다른 사람들의 행동이나 사고를 의심하며 폄하할 수 있다. 그는 그의 의견을 완고하게 지키고 있으므로 새로운 것의 습득이 어려운 보수주의자일 수 있다.

그는 특히 부모님의 기대를 충족시키기 위해 인내하며 착하고 모범적인 것들, 해야 할 일들을 해왔다. 그는 도덕적 우월감이 있을 수 있으며 자기억제가 가능한 완벽한 도덕주의자로서 선에 대해서도 보통 이상의 엄격한 기준을 가지고 있다. 그는 자신의 탁월한 업적과 성취에도 불구하고 매우 겸손해 보인다. 그는 간혹 열등의식을 갖고 있는 것처럼 보일 때도 있는데 그의 성취는 그가 설정해 놓은 기준에는 미치지 못한다고 생각하기 때문이다. 그는 다른 사람들이 기준에 턱없이 미치지 못하면서도 자신들의 평범한 성과를 그처럼 자랑스러워하는지 기이하게 여긴다.

그는 본능적으로 사람 관계 혹은 일의 본질을 알아챌 수 있고 항상 자신의 판단이 옳다고 여기지만 길게 설명하지는 않을 것이다. 그는 모든 일이 올바르게 진행 되지 않을 때 날카롭게 긴장되어 있다. 항상 잘못되어 있는 것만을 보게 되는 그는 당연히 이루어져야 이루어지지 할 일들이 되지 않고 있을 때 억제할 만큼 억제 하다가 한꺼번에 몰아서 엄청나게 화를 낼 수 있다. 그럴 때 사람들은 그가 그만큼 화를 내지 않아도 될 일에 심하게 화를 내고 있다고 느낀다. 그러나 그는 대체적으로 화를 억제할 것이다. 화를 냈을 때 그의 우울은 더욱 심해진다. 화를 참지 못하고 터뜨렸다는 것은 그의 이상인 완벽을 깨는 것이어서 그는 신중하지 못하고 완벽을 깬 자신에 대해서 다시 화가 나고 우울해 진다. 그런 이유로 그의 얼굴은 늘 화가 나 있는 것처럼 보인다. 그는 화 자체에 대해서 스트레스를 받는 것 같다.

그는 늘 마음 한가운데로부터 엄격한 검사의 목소리를 듣는다. 세상이 다 괜찮다고 하더라도 그는 스스로 만들어 낸 자신의 법 안에서 <그건 아니야> 라고 말한다. 그는 자신이 만들어 낸 내면의 법에 의해 행동하며 스스로를 평가한다. 그리고 사회적인 통념보다 더 엄격한 틀 안에서 법에 의해 제제 받거나 자신의 삶이 터치 당하는 일이 없도록 한다. 마음으로부터 자신을 변호하려는 의지가 없어 보이는 그는 노는 것조차 일처럼 하는 일중독자일 수 있다.

그를 지탱하고 있는 삶의 기준과 틀은 오랜 숙고를 통해 만들어진다. 그는 스스로 고찰하고 반성하며 그 틀을 완성시켜 나간다. 그러므로 그의 틀은 고무로 만들어진 유동적인 틀이 아닌 강철로 만들어진 것처럼 단단하다. 그는 자신의 기준이 만들어 낸 틀이 사회적으로 통용되는 법 보다 훨씬 더 깨끗하고 엄격한 틀이라고 자부한다. 그러면서도 그는 늘 반성하면서 자신의 틀을 다시 체크하고 바꿔야 할 부분들을 바꾸어 나간다. 그래서 그의 법은 바위에 새겨져 있는 것만큼 견고 한다. 그는 종종 자신 안에서 잘못을 지적하고 있는 내면의 소리를 듣는다. 그는 매우 반성적이며, 자신에세도 자신에게도 타인에게도 엄격하며 독선적일 수 있다. 그에게 완벽은 일상이므로 그는 스스로 완벽하다고 생각하지 않는다. 그러나 책임과 의무가 중요한 그는 사람들이 당연히 해야 할 것들을 하고 있고, 모든 것들이 당연히 있어야 할 자리에 질서정연하게 놓여 있을 때 행복해 지나 그렇지 못할 때 실망하고 좌절한다.

그는 그의 굳은 확신만큼이나 보수적이어서 틀을 벗어난 행동을 하는 사람들, 불완전하게 끝맺는 일 혹은 자신의 가치와는 다른 사상이나 행동들을 받아들이기 힘들어한다. 그에게는 다른 의견을 받아들이는 것이 자신의 틀을 수정하는 시간만큼이나 오래 걸린다. 책임과 의무가 주요 관심사인 그는 다른 사람들도 그렇게 하기를 원한다. 그는 가족과 공동체의 완벽한 보호자일 수 있으며, 집안에서 맏이가 아니더라도 맏이의 역할을 떠안는다. 그는 모든 일에 있어서 자신이 감당해야만 완벽하게 진행 되리라고 믿는다. 그는 마땅히 이루어져야 할 일들이 반듯하게 이루어지지 않는데 대한 공적인 화를 가지고 있는 개혁가이다. 그는 교육자이거나 법조인일 수 있으며, 혹은 자연의 법칙에 따라 정확하게 거두어들이는 농사꾼일 수 있다. 그는 자신이 스스로 규율을 지킴으로써 다른 사람을 교육시키고자 한다.

그는 일에 있어서도 공정하고 객관적으로 처리한다. 같은 조건을 가지고 있는 모든 이에게 같은 기회를 주며 판단에 있어서도 치우치지 않는다. 그는 개인적 친분으로 일이 처리 되어 단체에게 피해를 주는 결과를 가져오는 일은 결코 하지 않는다. 그런 이유로 그는 일 중심일 수 있으며 사람 관계에서 어려움을 겪을 수 있다. 그는 자신의 원칙을 다른 사람에게도 신중하게 요구하며, 아무도 잘못을 지적하지 못하는 어려운 상황에서도 조심스럽게 잘못된 것을 지적할 것이다. 그런 이유들로 사람들은 그와 가까이 있고 싶어 하지 않을 수 있으며 그가 보는 앞에서 자신이 올바르지 못하다는 느낌을 가지게 되고 부담스러워 진다. 그러나 그는 그가 관심을 가지고 있는 사람들에게 잘못을 지적해 주는 것으로써 자신의 애정을 표현한다. 그가 친숙한 사이라고 여길 때는 잘못 된 일 앞에서 심하게 짜증을 내는 잔소리꾼일 수 있다.

그는 가끔 너무나 세세한 것까지 파고들어 신중하게 처리하려는 경향 때문에 큰 틀을 보지 못하고 놓칠 수 있다.

그는 미리미리 준비하는 사람이며 모든 게 완벽하게 돌아가도록 특히 안전 재고에 유의한다. 그는 그때그때 있었던 일들을 메모 한다. 그의 서류철들은 거의 완벽하게 정리되어 있을 것이다. 그는 마치 사냥꾼이 목표물에 눈을 떼지 않고 쫓아가듯 본능적으로 그것이 무엇인지 곰곰이 생각한다. 그는 최악의 상황에서도 살아갈 방법과 자신의 새로운 틀을 만든다. 그는 성실하므로 종종 다른 사람들 보다 더 많은 일을 맡게 되는데, 다른 사람에게 도움을 청하지도 못한 채 혼자서 밤낮으로 일을 한다. 그 결과 심신이 지칠 수 있다. 그는 자신의 일을 후회하며 비판적이 되어 우울함에 빠져들 수 있다. 정직하고 단순하게 내부의 지침에 따라 완벽하게 의무와 책임을 다하고 있는 그는 자신을 제외한 다른 이들이 제멋대로 사는 것들을 보면 우울해지고 화가 난다.

그의 얼굴은 다른 이들의 제멋대로인 삶에 화가나 곧 뭔가 터질 것 같은 긴장감으로 팽배해 있지만, 자신은 화가 난 것을 강하게 억압하고 부정한다. 그의 문제는 지나치게 완벽을 추구한다는 것이고, 자신의 가치에 따라 세상을 변화 시키고자 하지만 자신만 일 벌레가 되어 모든 걸 감당하고 있다는 것을 경험하게 되는 것이다. 그는 자신 안에서 끓어오르는 화를 더 이상 억제하지 못하고 폭발시킬 수 있으며 극심한 우울함에 빠져 들게 되고 부작용을 경험 하게 된다. 그는 의기소침해질 수 있으며, 표현되지 못한 화와 좌절로 힘들어 질 수 있다. 그럴 때 그는 그토록 노력했던 자신에 대해 반성하며 의심하기 시작한다.

그는 아무도 자신만큼 완벽하게 시간을 지키고, 완벽하게 의무와 책임을 다하며, 아무도 자신만큼 절제할 수는 없다는 것을 모를 수 있다. 그의 말투는 간결하며 용건만 간단히 무뚝뚝하게 말한다. 그는 다른 이들도 자신들처럼 완벽하고 정직하고 도덕적이며 공정해야 한다고 믿음으로 간혹 훈계조로 이야기 할 수 있는데 그럴 때 그의 표현에 실린 부정적인 힘은 주위 사람들을 긴장시키고, 그로부터 멀어지게 할 수 있다. 그는 화를 참지만 그의 화는 우울과 슬픔이 되어 그의 폐를 다치게 할 수도 있다. 그는 세상이 완벽해야 한다고 믿고 세상을 그렇게 바꾸어 보려고 노력하지만 다른 이들이 그에게 느끼는 것은 터무니없이 진지하고, 완벽을 추구한다는 것이다. 그는 완벽에 도달하려는 노력을 통해 보상 받으려 하기 때문에 인생의 잡다한 일에 눈을 돌리거나 인생을 즐기기가 어렵다. 그는 색깔 없는 밋밋한 삶을 사는 것 같다. 그의 통합 방향은 그가 가진 견고한 틀로부터 온 우울함에서 벗어나 자유로워지며 자유로움 속에서 천상적인 기쁨을 노래할 수 있는 기쁨유형이다.

■ 극복 방안

그에게 주는 교훈은 도덕적인 완벽함이 아니라 자신과 모두의 잘못을 인정하고 언제라도 하느님께 다가서기를 바라는 사랑의 완성이며 사랑 안에서 누리게 되는 자유로움이다. 그는 나무를 보느라 숲을 놓칠 수가 있다. 그는 모든 장형이 그렇듯이 한 번 마음에서 지우면 그것으로 끝을 내는 습성이 있다. 그러나 신중하므로 겉으로 드러나지는 않을 것이다. 우리 모두는 불완전하기에 실수와 불완전함을 포용할 수 있어야 한다. 그는 다른 사람을 변화시키려고 요구하지 않는 조건 없는 사랑 안에서 사랑의 완전함이라는 의미를 배워야 한다.

하느님은 의무와 책임을 다하면서 과도한 일속에 파묻혀 화를 참으며 자신을 학대하고 있는 그에게도, 나무그늘에 앉아 삼라만상 안에 깃들인 하느님의 작품을 노래하는 베짱이에게도 똑같은 햇빛을 비추어 준다는 것을 그는 깨달아야 한다. 죄인들과 '타락한 사람들'을 비난하기보다 그들에게 조건 없는 사랑을 체험하게 함으로써 구원으로 이끌어 주는 것, 그리고 진리와 정의를 가르치되 용서와 인내심을 가지고 하느님의 사랑을 그대로 반사시킴으로써 자신을 포함한 모두가 자유롭게 완벽한 하느님의 사랑에 도달하도록 지켜 주는 것이 이들을 포함한 우리 모두의 과제일 것이다.

내면이 강한 그는 결국 세상을 변화시키려 했던 자신과 그렇게 되지 않는 세상을 용서하고 우울에서 빠져 나올 수 있을 것이다. 그의 과제는 자신이 만들어 놓은 틀을 점검하는 것이며 자신의 완벽과 신의 완벽은 다르다는 것을 경험하는 것이다. 그가 진정 완벽에서 놓여날 수 있을 때, 진정한 의미의 완벽을 살 수 있게 된다. 그가 자신이 만들어 낸 견고한 틀에서 벗어나 자유롭고 부드러워질 때, 그는 누구보다도 원칙적이고 객관적이며, 정직하고 인내심이 많고 공정하며 친절한 하느님의 완벽한 사랑으로 사는 사람이며 사회의 안녕과 복지를 위해 헌신하는 올곧은 지도자일 것이다.

■ 어울리는 일

일 벌레라고 불리는 그에게는 일을 완벽하고 꼼꼼하게 처리해야 할 회계사. 기계수리, 조직관리, 의사, 검사, 판사 등이 어울리며, 계몽가적 기질로 사회운동가, 정치가 혹은 교사로도 적합하다.

② 사랑의 시선

그는 <나는 좋다. 나는 줄 수 있고, 도울 수 있고, 지지할 수 있으므로> 라는 이상상을 가지고 있으며 동정심이 많다. 그의 시선은 항상 노약자나 어린아이, 특히 도움을 받아야 할 처지에 놓인 사람들에게 머무른다. 단체 안에 있게 되는 어떤 알력도 견디기 힘든 그는 소외 받고 있는 사람을 긍정적으로 지지해 주고 돌보아 주기 위하여 충고하는 따뜻한 말투를 가지고 있다. 그의 사랑은 따스하고 편안하다. 그는 자신이 누군가를 도와주면서 인정받고 사랑 받을 수 있을 때 살아있음과 사랑, 생명의 기쁨과 행복을 느끼며 생기를 찾는다. 그는 사랑하는 사람들과 더불어 자신의 가진 것을 나눌 수 있을 때 행복해 진다. 그는 자신의 재능을 타인을 위해 사용하며 특히 환자나 어린아이 노약자들을 돌볼 수 있는 동정심을 가지고 있다. 그는 누구보다도 다정하며 편안하고 따스해 보인다. 그는 언제나 다가갈 수 있는 편안하고 행복한 얼굴을 하고 있으며 자신이 가진 것을 나눌 수 있는 특별한 사람이며 자신의 마지막 남은 옷까지 사랑하는 사람을 위해서 줄 수 있는 사람인 것 같다. 그는 고통, 갈등을 견뎌야 하는 이웃들을 지지해주며 타인들에게 위안과 위로를 준다.

그는 특히 도움을 필요로 하는 사람들을 잘 알아보며 어떻게 도와야 하는가를 아는 재능이 있다. 그는 친절하고 사교적이고 아주 따뜻한 위안과 위로를 줄 수 있는 사람이다. 그는 많은 친구들을 가지고 있으며 다른 사람들의 요구에 응하며 친구들의 청을 거절하지 않는 사랑스런 사람이다. 그는 사랑이 많고 너그럽고 관대하며 용서하는 사람이고 조정하는 사람이다. 그는 타인을 이해하고, 충고하고, 위안을 주는 어떤 일을 포기하려 하지 않을 것이다. 사람들은 그의 따뜻함에 고무되고 그럴 때 그의 얼굴은 빛난다. 관계지향적인 그는 사랑하는 사람들에게 대단한 애착을 가지고 있으며 자신의 필요보다 사랑하는 사람들의 필요에 더 신경을 쓸 것이다. 사람들에 대한 배려가 깊은 그는 모든 사람들과 함께 다 잘 지내고 싶은 바램이 있기 때문에 단체 안에 있을 수 있는 알력이나 부조화를 견디기 힘들어한다. 그렇기 때문에 송사에 휘말려 누구의 편을 들어 주어야 할 때 그는 우유부단해 지며 그의 우유부단함과 정확하지 못한 처신은 어느 쪽에서도 그를 신뢰할 수 없도록 만든다.

사랑이 많은 그는 다른 사람 안에서 선하고 좋은 것을 보는 재능이 있으며 타인에게 용기를 주고 지지해 줄 수 있다. 단순하고 착한 그는 다른 사람이 말을 할 때 주의를 집중해 주며 타인에게 봉사할 준비가 되어 있다는 느낌을 준다. 무언가를 결정해야 할 때, 가령 친구와 혹은 가족과 외식을 할 때조차 그는 자신이 무얼 먹을까를 결정하기보다 친구가 혹은 가족의 요구와 결정에 따른다. 그는 도움이 필요한 이들을 쉽게 알아보며, 관계와 사랑에 관해 이야기한다. 그는 마음을 다하여 쓸모 있는 사람이 되고자 노력한다. 그에게는 특히 "나는 당신이 필요해"라는 말이 필요하다. 그는 아무 에너지가 남아 있지 않다 하더라도 누군가에게 자신이 필요하다고 느낄 때 의욕을 되찾으며 도와주겠다고 쉽게 약속한다. 그는 정답게 껴안고 애무하기를 좋아하며 타인을 지지해 주고, 확신을 줄 수 있다. 그는 온 마음으로 사랑할 수 있고 사랑하는 사람들을 위해 살 수 있기를 바란다.

사랑 유형인 규보님은 명상센터를 운영하고 있는 명상가이다. 명상을 지도할 때 그는 참가자들의 마음을 가라앉힌 후, 눈을 감고 자신이 무얼 원하고 있는가를 보라고 한다. 그리고 그 원의가 채워졌다고 가정하고 나면 또 다른 원의가 남아 있는가를 보라고 한다. 그리고 다시 그 원의가 채워졌다고 가정하고 난 뒤, 또 다른 원의가 떠오르는가 보고……. 이런 식으로 우리의 근원적인 원의가 무엇인가를 알아보게 한다. 명상에 빠져들고 있는 참가자들은 규보님으로부터 놀라운 마지막 말을 듣게 된다. 그는 이렇게 말한다. "보세요. 마지막 남은 원의, 우리의 근원적인 원의는 누군가를 도우면서 살아가고 싶다. 라는 것입니다." 사랑의 빛으로부터 온 영적 의식에너지와 연결되어 있는 그에게 있어서 <타인을 도와주고 싶다> 라는 원의는 너무나 숭고하고 아름다운 것이어서 누구에게나 가르쳐 주고 싶은 그의 뿌리 깊은 소망인 것이다. 그는 <타인을 도와 일으켜 세워줌>으로써 삶의 에너지와 기쁨을 얻게 된다. 그는 그의 소명을 깨달았기에! 자유로워졌으며 훌륭한 치유자가 되었고 명상 지도자가 되었다. 그에게는 사랑하는 사람들의 문제가 곧 자신의 문제이다.

그에게는 사랑하는 사람의 고통도 행복도 모두 자신의 고통이고 행복이 된다. 그는 쉽게 다른 사람의 요구를 알아차리며 사람들로 하여금 그들의 문제를 털어 놓도록 만든다. 그는 그들에게 충고하고 해결해 주길 원하며 그렇게 할 수 없을 때 자신을 부끄럽게 여긴다. 신앙심이 있는 그는 그다지 큰 욕망을 가지고 있지 않으며 다만 사랑하는 사람들과 함께 행복한 삶을 살아가는 것이다. 그는 물질적인 것에 그다지 마음을 쓰지 않으므로 항상 도와 줄 수가 있는 것이다.

J씨는 유복한 가정에서 태어나 음대를 졸업하고 바이올리니스트가 되었다. 그러나 그녀가 결혼하고 난 뒤에, 사업에서 실패한 그녀의 남편이 도박에 빠져들자 그녀는 집을 팔아 남편의 도박밑천을 대어 주었는가 하면, 마지막에는 그녀에게 하나 남은 고가의 바이올린을 팔아 남편의 도박 밑천을 대어주었다. 이유는 그렇게 하고 나면 도박을 끝내겠지 하는 기대였다고 한다. 그녀의 방법이 옳았다는 건 아니지만 결국 그녀의 남편은 부인의 바이올린까지 도박으로 날려 보낸 다음에야 도박을 끝냈다고 한다. 그녀는 매번 기만당하면서도 끊임없이 용서하고 기회를 줄 수 있었던 것이다.

그는 훌륭한 충고자 들이고, 후원자들이며 조력자이다. 이런 점들이 그의 가장 큰 재능이다. 타인들의 안녕을 위해서 자기를 희생하는 그와 같은 사람들이 없다면 우리 공동체는 아마 힘을 잃을 것이다. 그러나 그는 자신이나 가족이 건강할 때 자신의 필요나 가족의 필요에는 등한시 할 수 있다. 그는 자신의 필요를 다른 사람이 눈치 채고 도와주려 할 때 오히려 당황 한다. 그가 착한 사람이 되려고 했던 이유는 옳음 유형처럼 자신의 도덕적인 기준에서 도와주려는 것이 아니라, 착하고 친절하고 도움을 주는 사랑스런 사람이기 때문이다.

그는 자신이 선의를 베푼 사람들에게서 배신을 당했을 때 힘들어진다. 그렇더라도 그는 상대방에게 먼저 화해의 손짓을 할 수 있고 쉽게 용서 할 수 있다. 관계 안에 매이는 그의 주요 관심사는 좋은 사람들과 함께 하는 시간들이며 그렇기 때문에 지나치게 착하고 희생적일 수 있다. 그는 끊임없이 타인과의 융화를 갈망한다. 그는 누가 누구와 잘 어울리는 가를 생각하며 사람들을 짝 지워 주는 것에 대해서 생각한다. 무력하고 도움을 필요로 하는 어린애는 그가 지닌 욕구를 채워 줄 수 있기에 그는 얻을 수 없었던 완전한 사랑을 어린아이에게 쏟을 수 있다. 그는 때때로 약하고 의존적인 파트너를 원하기도 한다. 그가 사랑하는 대상은 노약자일 수 있고, 알코올 중독자일 수도 있고 장애자일 수도 있다. 그는 알코올 중독자를 도와주고 자신의 모든 것을 줄 수 있으며 끊임없이 용서하고 또 한 번의 기회를 준다. 그의 이타주의는 자신의 자아를 충족시키는 정당한 형태가 된다.

그러나 그의 이타적인 행동은 중독자의 행동을 계속 지속하도록 하기에 진정한 도움이 될 수 없다. 그의 이타적 행동은 중독자에게는 독이 될 수 있다. 그는 자신의 욕구를 억제하고 자신의 욕구를 타인에게 투사할 수 있다. 그는 사랑과 친밀감에 대한 욕구가 사라질 때까지 먹고 마실 수 있으며 초콜릿 중독자일 수도 있으며 비만을 걱정하기도 한다.

그는 그의 충고가 필요하지 않는 상황에서도 충고해주고 도움을 주려는 유혹을 받는다. 그럴 때 주위는 그의 성의를 부담스러워 하게 된다. 그리고 그에게서 구속당한다고 느끼고 그와 거리를 두려고 할 것이다. 그럴 때 그는 힘들어 지며 무시당했다고 느낀다. 그에게는 타인이 자신에게 어떻게 대하고 반응하는 가에 따라 그의 자긍심은 살아나거나 없어지며 행복과 반감이 교차된다. 그는 특히 주목 받지 못하거나 감사의 표시를 받지 못할 때 힘들어진다. 그는 사람들 안에서 관심을 주고 받고 인정받고 사랑을 주고 받기를 원한다.

■ 극복 방안

그에게 필요한 것은 다른 사람들로부터 오는 관심과 사랑 없이도 스스로 우뚝 설 수 있는 자긍심이다. 그에게는 필요한 믿음은 이웃으로부터 오는 지지와 사랑 때문에 자신이 지켜지는 것이 아니라, 위로부터 오는 창조주의 힘에 의해서 자신이 지켜 진다는 것이다. 그런 의미에서 그에게 필요한 것은 "나는 도움을 줄 수 있는 필요한 사람이다."라는 자아 충족이 아니라, 진정한 의미의 도움이 어떤 것인가를 숙고해 보고 분별해야 한다는 것이다. 왜냐하면 사람들은 대부분 자신만의 해결책과 방법을 가지고 있기 때문이다. 엄밀하게 말하면 각자의 방법은 각자의 가치와 시선으로부터 오는 것이기 때문이다.

거절이 힘든 그에게 거절이나 거부는 당연히 자신을 무시한다는 메시지로 다가오겠지만 타인의 거부나 거절은 타인의 생존을 위한 가치로부터 온다는 것을 염두에 두어야 한다. 그는 특히 머리중심 사람들의 이성적인 눈빛이나 거리 두기로부터 상처받는다. 각자에게서 표출되는 눈빛, 얼굴표정, 사소한 몸짓, 태도, 어휘, 문제 해결 방법 등은 타고난 가치와 시선에 따른 무의식적 본능적 생존욕구로부터 오는 것이므로 자신을 무시한다고 해석함으로써 상처받지 않도록 주의해야 한다.

그는 특히 사람들과의 관계 안에서 행복을 찾으려는 끊임없는 욕구로부터 자유로워져야 한다. 사랑 유형을 포함한 모든 유형에게 필요한 것은 자신이 이미 존재 자체로 사랑 받고 있다는 것을 인식하고 이웃에게로부터 오는 관심 없이도 자긍심을 가지는 것이며 하느님으로부터 받은 충분한 사랑을 타인에게 반사하는 것이다.

건강할 때 그는 사람과의 관계에 더 이상 매이지 않고 홀로 있으면서 되돌려지지 않는 사랑에도 불구하고 존재 자체로 신의 사랑과 아름다움을 드러내는 사람이 된다. 사랑 유형의 손은 약손이다. 그가 옆에 있으면 우리는 편안하고 따스함을 느낀다. 우리는 고통 받고 있는 병자를 낫게 하시는 예수의 모습을 성서의 여러 부분에서 만난다. 그 분은 "고통 받고 짐 진 자들아 다 내게로 오라 내가 너희를 쉬게 하리라" 라고 말씀하신 분이다. 그 분은 봉사와 희생의 교리를 몸소 실천하신 분이셨다. 그리스도는 봉사와 희생의 삶에도 불구하고 십자가에서 돌아가시면서 마지막 값을 치르셨다. 예수 그리스도가 돌아가시면서 하신 마지막 말씀은 인간들과 하느님과의 화해를 청하는 용서의 기도였다. "하느님 저들을 용서 하소서 저들은 자기가 하는 일을 모르고 있기 때문입니다."
공동체가 사랑스런 분위기 안에서 평안하길 원하는 그는 화해와 조정을 시도하지만 공정함과 원칙보다는 자신의 편에 서 있는 사람을 지나치게 보호하려고 함으로써 곤란을 당한다. 그에게 필요한 것은 원칙과 공정함이다. 감사라는 순수한 사랑의 감정은 우리들의 몸과 마음을 가장 아름답게 만들어 주며 우리를 구원으로 이끌어 주는 핵심정서이다. 그러나 우리 모두가 사랑 유형만큼 희생적일 수는 없다. 욕망을 떨쳐 내기가 어려운 대부분의 인간들은 그의 사랑에 기대고 이용하고 쉬고 싶을 뿐이다. 그는 그러한 사람들에게 이용당하지 않을 권리가 있으며, 자신이 도와 준 사람들이 어떻게 하든 그들을 자유롭게 놓아 줄 수 있어야 하며, 스스로도 도움을 청할 수 있는 자유를 가져야 한다.

■ 어울리는 일

착하고 희생적인 그는 조직 안에서 화해 조정의 역할을 한다. 그는 사람 관계 안에서 이루어지는 사회 복지 사, 사회사업, 기타 서비스업, 판매업 등이 좋다.

③ 성취의 시선

그는 <나는 좋다. 나는 성공 할 수 있고, 영향력이 있으므로> 라는 이상상을 가지고 있으며 타인에게 영향력을 주기 위하여 자신이 가지고 있는 것들을 포장한다. 성공을 위한 그의 시선은 자신에게 성공을 안겨줄 환경과 인물에게 머문다. 성공을 위한 그의 말투는 항상 긍정적이고 인상적이다. 그는 무언가를 성취하면서 인정받고 사랑 받을 수 있을 때 살아있음과 사랑, 생명의 기쁨과 행복을 느끼며 생기를 찾는다. 그는 다른 사람에게 믿음과 자신감, 확실성을 보여주는 특별한 재능이 있다. 확신으로 반짝이는 그의 눈과 생기발랄함은 공동체에 신선한 활력을 불어 넣어주며, 목표를 정하고 일을 효과적으로 할 수 있도록 동기를 부여해 준다. 그는 영감과 여러 가지 아이디어로 자신이 속한 조직에 기여하며 구성원들을 결속시켜 일을 추진해 나가는 탁월한 재능이 있다. 그는 구성원 한 사람 한 사람의 장기와 능력을 알고 있으며 어떻게 일을 끌고 가며, 어떻게 성공시킬 수 있는가를 본능적으로 안다. 그는 심장 중심 사람으로서 그가 속한 단체를 활력과 웃음과 따뜻한 분위기로 이끌어 갈 수 있는 매력적이고 사랑스런 사람이다. 그는 말솜씨가 좋으며 사람들과의 관계 맺기에 능숙하다. 그는 사교적이며 인기 있고 사랑스러우므로 많은 사람들로부터 호평 받고 존중 받는다. 그는 환하고 밝은 얼굴과 능숙한 접대 솜씨로 당신 자신을 잊어버리게 하는 능력이 있다. 그는 자신에게 쏠리는 이목을 즐긴다.

그는 심장 중심이지만, 자신의 감정을 살피는 것 보다 성공에 지향을 둔 일 중독자 일 수 있다. 그는 많은 능력을 타고 났기에 있는 그대로 모습보다 특별한 성취를 이룬 순간에 칭찬받고 사랑 받았다. 그는 어릴 때부터 자신의 성공에서 삶의 에너지를 찾아냈다. 그래서 그는 "넌 참 뛰어난 아이야, 넌 할 수 있어"라는 말을 듣고 자랐으며, 모든 면에서 성공하는 사람들이다. 그는 가정에서도 조직에서도 아주 매력적인 지도자 역할을 해 낼 수 있다. 그는 단체에는 없어서는 안 될 사람이며, 단체를 밝고 환하게 만들어주는 사랑 받는 지도자일 수 있다.

그에게 있어서 삶은 이기느냐 지느냐의 문제이며 성공적이어야 한다. 모든 심장중심들이 그렇듯이 그에게 있어서도 성공하려는 노력의 바탕에는 인정받고 사랑 받아야 한다는 강박이 깔려 있다. 사랑 유형들이 사랑 받고 인정받기 위해서 타인에게 꼭 필요한 사람이 되고 싶어 하듯이 성취 유형인 그는 칭찬받고 인정받고 사랑 받기 위해서 성공하고 싶다.

조직을 만들어 내는 탁월한 능력을 가지고 있는 이들은 수완이 좋고 매력적이고 역동적이며 이해타산에 밝으며 어떻게 권력의 사다리를 탈 수 있는지 알고 있다. 그는 어느 유형보다도 많은 재능을 물려받았으며 필요하다면 자기가 하고자 하는 역할을 훌륭히 연기해 낼 수 있다. 그는 자신이 속한 단체에서 어떻게 적응하고 어떻게 연출해야 하는가를 아는데 천부적 재능을 가지고 있다. 그는 사랑하는 사람 혹은 사랑 받는 사람의 역할을 해내며, 로

맨틱해 질 수 있고, 아주 예민하게 일을 처리할 수도 있다. 어떤 일에 끼어들 때 그는 그 집단의 모범이 되며, 그 집단의 필요와 가치를 구현해 내는 능력이 있다. 긍정적이고 낙관적인 그는 성공에 관해서 가공할만한 선택적 기억력을 가지고 있다. 그는 일의 실패에서도 부분적인 성공의 기억만을 취하며 항상 자신의 성공담에 대해서 이야기할 수 있다.

실패는 그가 가장 회피하는 것이다. 성공적이지 못한 그보다 더 비극적인 것은 없다. 왜냐하면 그에게 있어서 실패는 있을 수 없는 정신적 충격이기 때문이다. 그렇게 때문에 그는 때때로 자신의 패배를 잊고 부분적 승리자로 재해석한다. 확신과 자신감이 있고 너그러우며 관대한 그는 다른 사람들에게 매력적으로 비춰지며, 사랑 받고 존중 받으며 아래 사람들의 충성심도 끌어낸다.

그는 자신의 일이 아주 중요하고 의미 있는 일이라는 것을 고무 시켜 줌으로써 사람들의 주의를 끌며 협조를 구할 수 있다. 그는 자신의 일로 최상의 결과를 가져오는 방법을 알고 있으며 어떻게 사람들의 노동력을 끌어 올 수 있는지를 안다. 그가 추구하는 것은 효율성이다. 그는 다른 사람이 말할 때 포인트를 잡아채어 다음 할 말을 만들어 내어 마지막 결론은 자신이 내린다. 그는 듣기 보다는 말하는 쪽을 택한다. 다른 이의 의견이 좋을 때 그는 자신의 말을 급하게 수정하여 따라가는 유연성을 보인다. 그가 유연성을 가지고 따라간 의견이라 할지라도 좋은 의견은 항상 그의 것이 되어 그가 결론을 내리게 된다.

그는 자신의 목표가 섰을 때 완벽하게 일을 처리 할 수 있는 일중독자일 수 있다. 그는 자신이 최상이기를 원하며 자신을 폄하하거나 자신의 이미지를 손상시키는 이들을 아주 싫어한다. 그는 일이 실패 했을 때 팀이 협력하지 않았기 때문에 실패했다고 느끼고 실제로 그의 관점에서 보면 그럴 수 있다. 그러나 그는 자신의 실패일 수도 있다는 것을 염두에 두어야 한다. 그는 자신을 폄하한 사람들의 말을 강박적으로 싫어하겠지만 그를 부정하는 사람들의 말을 경청할 필요가 있다. 그가 많은 재능을 물려받은 만큼, 자신의 재능을 자아충족을 위해 쓸 때, 성공을 위해서 진실을 과장하거나 자신이 필요한 이미지들을 창출해 낼 수 있다. 그는 좋은 차를 타고 다니는 성공한 지도자이며, 자신의 이미지를 만들어내는 집안의 집기들도 호사스러워야 한다.

능률적이고 열심인 그는 자신이 고안해낸 기획에 모든 힘을 쏟아 부으며 헌신한다. 그는 더욱 훌륭하게 해낼 수 있는 좋은 제안들을 이용해 가면서 팀으로 일하기를 좋아한다. 조직을 만드는 탁월한 능력을 지닌, 타고난 지도자인 그는 역동적이고, 매력적이고, 수완이 좋고, 유쾌하다. 그는 어떤 것이 자신에게 이익이 되는지를 알고 있으며 재능 있는 이들을 재빨리 점 찍어 놓고 그들을 최대한 활용한다. 그는 자신이 최고라는 이미지를 지속시키고 싶어 하기 때문에 매우 경쟁적이다. 그는 자신이 선택했던 영역이 무엇이든 최고가 되려고 자신을 독려한다. 그는 성공에 관한 그의 탁월한 능력으로 그가 만들어낸 어떤 과장된 이미지라도 믿게 만드는 능력이 있는데, 그는 먼저 과장된 것들이 진실이라고 자신을 납득 시키는 것으로부터 시작하기 때문이다. 그렇기 때문에 그의 과장된 이미지는 스스로도 간파하기가 쉽지 않다. 무슨 일을 하든지 그것이 진실이며 그가 만들어 내는 이미지들이 현실 자체가 된다. 그는 자기 확신에 차 있어 보이며 신뢰 받는다. 그러므로 그는 자신의 잘못된 부분을 반성하기가 힘이 든다. 반성은 이들의 성공을 실패로 만들어버리기 때문이다. 이들에게 잘못을 지적하고자 할 때는 이들의 심한 대적과 저항을 각오해야 할 것이다. 이들은 자신의 이미지를 손상시키는 그 어떤 것이라도 용서하지 않을 것이다.

그는 성공에 필요한 힘 있는 연출을 동원할 수 있고 또한 방법도 알고 있기 때문에 조직의 훌륭한 자산이 된다. 인기도 있으며 강력한 이들은 원하는 것을 얻기 위해 방향을 잡을 것이다. 그가 허영심에 갇힐 때 그의 모든 지적, 감성적, 사회적, 영적 추구는 그의 허영심을 만족시키기 위한 것이고, 다른 이들 혹은 공동체와 만들어 가는 모든 것들도 이러한 효과를 얻기 위한 것이다. 허영심은 이들이 너무나 두텁게 쓰고 있는 가면이어서 보아야 할 자신의 실제 모습을 도저히 꿰뚫어 볼 수 없도록 만든다.

■ 극복 방안

그가 집착에 갇혀 있을 때 그는 심오함에 대한 갈망이 없어 보인다. 다른 이에게 보여 지는 자신을 사랑하는 그에게는 심오함보다는 자신의 이미지가 더욱 중요할 수 있다. 그가 자신이 만들어낸 이미지에 빠져 있을 때 극도로 유물론적이며, 자신보다 중요한 자신의 이미지를 위해서 허영에 빠져든다. 그의 영적 결과물조차 그의 허영을 만족시키기 위한 것일 수 있으며 그럴 때 그의 영적 결과물은 깊이가 없어 보인다. 그는 특히 모든 것들을 그의 손으로 스스로 해 내었다고 믿기 때문에 구원을 단순한 은총으로 받아들이기가 힘이 든다. 그러나 그에게 정작 필요한 것은 포장하지 않은 진정한 자신의 가치를 깨닫는 순간이다. 그는 그가 성공의 가도를 달리고 있지 않더라도 이미 창조주로부터 사랑 받고 있는 존재라는 것을 인식해야 한다. 그는 그가 지어진 자아이미지와 뒤에 참된 자아가 없을지도 모른다는 근거 없는 불안을 극복해야 한다. 그가 자아충족을 위한 자신의 허영을 명백하게 인식하고 신성의 빛과 연결 되어 있는 그대로의 자신을 사랑할 수 있을 때 그는 엄청난 일들을 해 낼 수 있으며 참으로 성취하는 사람이 될 수 있을 것이다.

그의 통합 방향은 그의 능력을 자신을 위해 쓰지 않고 공동체를 위해 쓸 수 있는 충실 유형이다. 그가 충실 유형을 통합 했을 때 자신이 만들어 낸 이미지로부터 자유로워지고, 그의 허영과 공허한 사랑을 직시하게 된다. 그렇게 될 때 그는 요구하지도 않고 이용하지도 않고 기만하지도 않으며 자신의 이미지에 매달리지도 않으며 말없이 기도하면서 공동체를 위해 헌신하는 사람이 된다. 그렇게 될 때 그는 참 사랑과 행복과 충만함이 어떻게 오는가를 알게 되며, 현재의 부와 영예와 지위에 매달리지 않고 자신의 진정한 소망을 깨달아 자유롭고 충만한 삶을 살 수 있을 것이며 누구보다도 인정받고 사랑 받는 지도자가 될 수 있다.

■ 어울리는 일

그는 다양한 분야에서 성공할 수 있다. 정치인, 군인, 교수, 이벤트회사, 예술가, 여러 서비스업, 행정직, 기능인

④ 품위의 시선

그는 <나는 좋다. 나는 특별하고 유일하고 기품이 있으므로> 라는 이상상을 가지고 있는 그의 시선은 세상의 어떤 그늘진 곳에서라도 아름다움을 발견하려는 듯 다른 사람들이 보지 못하는 아름다움에 머문다. 그는 아름다움과 품위에 대한 높은 이상으로 자신이 무언가 결핍되어 있다고 느끼며 자기 성찰과 반성으로 슬프다. 아름다움과 기품을 위한 가치를 수행하기 위한 그의 말투는 기품 있고 조심스러우며 자기 반성에 따르는 비탄하는 듯한 말투를 가지고 있다. 그는 자신과 주위가 고상하고 품위 있는 아름다움으로 채워질 때 살아있음과 사랑, 생명의 기쁨과 행복을 느끼며 생기를 찾는다. 그는 종종 우아하다는 이야기를 듣고 있으며 그의 걸음걸이는 왕족 같은 품위를 지니고 있다. 그는 매혹적이고 신비스런 매력을 발산하는 사람이다. 아무리 누추한 옷이나 장신구들이라도 그에게 걸쳐졌을 때 그가 지닌 우아한 기운에 의해 독특한 아름다움을 발산하게 된다. 그는 고도의 감각과 예리한 눈으로 어떤 그늘지고 구석진 곳에서조차 아름다움을 보는 심미안을 가지고 있으며 세상이 아름다움에 의해 구원 되라고 믿는다.

그는 침착하고 조용히며 관대할 수 있다. 그는 누구보다도 삶에서 일어나는 감정들을 깊게 느끼는 사람이며 특히 비극과 슬픔에 민감하다. 그는 아름다움과 사랑을 슬픔과 아픔 속에서 길어 올리기 때문에 아픔들을 끌어안는다. 그는 슬픔의 미학을 창조하는 사람이다. 그는 삶의 진부함과 비극적인 일에도 꿋꿋하게 견뎌내어 아름답고 고아하게 꽃피어내고 싶어 한다. 사려 깊고 부드러운 그는 자신에게 무례하게 구는 사람에게라도 친절하게 대해

주려고 한다. 친절은 그 사람조차 품위 있는 사람으로 변화시킬 수 있으리라고 믿기 때문이다. 그는 자신의 품위에 손상이 가는 즉각적인 행동을 싫어하며 자신이 그런 행동으로 몰리는 상황도 힘들어한다. 그는 무엇을 하건 다른 사람들과는 다르고 특별하게 행동한다. 그는 자신의 품위와 정신적인 가치를 위해 포기해야 했던 것들을 생각하며 슬픔에 젖는다. 그는 삶의 어려움과 시련, 슬픔 속에서도 품위를 잃지 않으며 버텨 올 수 있었던 자신의 강한 힘을 의식하면서 행복해 진다. 그는 자신의 가치를 지켜 내기 위해서 결정과정에서 비현실적이며 극적이 되기도 하고 다른 사람이 찾지 못하는 문을 찾아 열게 할 수도 있다.

그는 품위가 손상되는 어떤 일에도 연루되지 않기 위해서 평범한 것들, 통상적인 것들을 거부하며 거리 두기를 한다. 그는 평범하고 획일성을 주장하는 공동체에서 속되고 천박스러운 것들을 견디기보다는 혼자 있는 것을 택할 것이다. 우수 어린 내적 풍요로움은 그에게 일반적인 사람들이 생각하는 평범한 행복보다는 더 매력적인 것 같다. 그가 느끼는 우울은 보통 사람들이 체험하는 정상적인 우울과는 다르다.

그의 갈망은 잃어버린 사랑을 향해 있다. 이런 종류의 체험은 고통스런 상실의 체험과 결부되어 있다. 이러한 상실은 실제일 수도 있고 단지 감정적으로 느끼는 것일 수도 있다. 갈망이 소유보다 더 중요한 그는 대상을 소유하자마자 실망한다. 그런 까닭에 그는 무척 까다로운 사랑의 파트너일 수 있다. 그는 사랑을 갈망하다가도 눈앞에 다다라 소유 했을 때 감상적인 느낌이 사라진다. 그는 현재를 살기가 힘들다. 현재란 항상 진부한 것들로 가득 차 있기 때문이다.

그의 눈은 간혹 알 수 없는 슬픔을 담고 있으며 세련되고 아름다우며 귀족적인 품위와 아름다움을 지니고 있다. 그는 조개가 진흙을 진주로 변화시키는 것처럼 상실의 체험을 아주 아름답고 귀하게 승화시킬 수 있다. 그에게 있어서 사랑에 대한 갈망은 무엇으로도 바꿀 수 없는 아름다움과 정신적인 품격을 갖춘 영원한 성배 찾기이다. 그의 고백을 들어보자. <어린 시절 외할머니와 함께 지내다가 부모님이 있는 집에 가는 날엔 형제들과 곧 어울려 섞여 놀지를 못했어요. 시간이 지나 서서히 아주 조금씩 친해지다가 어느 순간 같이 놀게 되죠. 헤어질 땐 또 다시 그만큼 힘들었던 것 같아요. 누군가와 헤어질 때는 뒤를 돌아보지 못했어요. 한참을 지나온 후에야 아무도 없는 뒤를 돌아보았어요. 저는 이해 받고 사랑 받고 싶지만 아무도 저의 감정에 대해서 공감해 준다거나 이해하고 있다고 느껴지지 않아요. 그러한 느낌은 좀처럼 제게 주어지지 않았어요. 저는 깊은 감정을 주고 받았다고 느낄 때 더욱 공허해지고 슬퍼져요. 사랑에 대한 갈망은 결코 채울 수 없다고 생각해요. 그 빈자리 때문에 종교를 찾게 되는 것 같아요>

그는 자신이 지켜내야 할 정신적 가치를 위해서 성찰하며 매우 반성적이다. 자신이 처한 비극적인 상황에서도 우아함을 잃지 않고 평정을 유지할 수 있는 그의 모습은 사람들에게 매우 인상적으로 비춰진다. 현실을 견딜 수 없고 무의미한 것으로 생각하는 그는 외롭다고 느낄 때 저술, 그림, 예술 또는 일기를 쓰는 것으로 자신을 표현한다. 그는 혼자만의 공간에서 조용히 이러한 일들을 한다. 그는 자신이 지니고 있는 품위나 아름다움에도 불구하고 고립되어 있고 열등감에 시달리면서 자신의 정체성을 찾아 헤맨다. 그의 고백을 들어보자.

< 참으로 오랫동안 나는 자기 정체성을 확인하기 위해 배회했었던 것 같다. 이러한 내 모습에 대해 나 스스로는 아주 세속적이라는 반성을 하게 된다. 사실 나는 특별한 미모의 소유자도 아니고 옷도 수수하게 차려 입지만 사람들로부터 우아하다는 소리를 들을 때가 있다. 그러나 스스로는 '흠 없음' 이라는 환상에 사로잡혀 있는데 아마도 열등감과 결핍감 때문에 이상화시킨 내면의 '아름다움'이나 '우아함'을 지켜내야 한다는 무의식적인 충동 때문이었던 것 같다>

그에게 있어서는 죽음조차 아름답고 완벽해야만 한다. 그는 때로 꽃이 활짝 핀 벚나무 아래서 쓰러지고 벚꽃이 천천히 죽은 그의 몸 위로 떨어져 내리는 것을 꿈꾼다. 사랑, 아름다움, 죽음, 노을, 이런 것들이 그가 생각하는 주제들이다. 그의 우울은 다른 사람이 체험하는 정상적인 슬픔과는 다르다. 그는 자신이 다른 사람들과 다르다고 느낀다. 그는 종종 자신이 사람들과 섞이지 못하고 이방인 같다는 생각을 한다. 그는 단체 안에서 있을 수 있는 천박함 때문에 거리를 두는데 이러한 면들이 그를 특별하게 보이도록 만든다. 자신의 이미지에 대해서도 깊게 생각하는 그는 자신에 대해서 말하는 것들에 대해 지나치게 신경을 쓰며 어려운 일 앞에서 극적으로 견뎌내기도 하며 다른 사람과는 다른 결말을 유도하기도 한다.

그는 사람들에게 먼저 다가가지 않으며 자신이 호감을 갖는 사람이라면 상대가 먼저 주도권을 잡고 자신을 찾아 주기를 원한다. 그의 귀족적인 품위와 고상하고 침착한 처신 앞에서 사람들은 편안함을 느끼기도 하고 이질감을 느끼기도 한다. 그는 그의 아름다움 미모에 비해 턱없이 겸손하며 실제로 자신에 대한 열등감과 결핍을 느끼며 콤플렉스를 가지고 있다고 말한다. 아름다움과 사랑에 관한 완벽하고 높은 수준의 기대를 가지고 있기 때문인 것 같다. 다시 그의 고백을 들어보자.

<나는 꽤나 독립적인 반면 마음 한구석엔 누군가에게 기대어 따스하게 이해 받고 또 사랑 받고 싶은 욕구가 자리하고 있다. 그럼에도 불구하고 나는 사람들에게 쉽게 다가가지 못한다. 설령, 마음에 드는 사람이 있을 때조차도 내가 먼저 손을 내밀기란 정말로 쉽지 않다. 그 사람이 와서 먼저 내 손을 잡아주기를 간절히 바란다. 그런데 이러한 모습이 남들에게는 오히려 도도함으로 비쳐져 쉽게 다가가기 어려운 사람이라는 얘기를 종종 듣는다. 사실 나의 거리 두기의 이면에는 부끄러움도 많고 수줍어서 남들과 쉽게 친해지거나 잘 어울리지 못한다는 열등감 혹은 자신감 결여가 있음을 남들은 잘 눈치채지 못한다. 그러다 보니 아주 절친한 몇 사람을 제외하고는 사람들과 어느 정도의 선을 유지하면서 지내는 것이 나로서도 편한 것 같고 흔히들 표현하는 '허물없이 지낸다.'라는 말은 내게 먼 나라 얘기처럼 들린다. 이렇듯 보이지 않는 선 긋기는 어쩔 수 없는 운명처럼 나로 하여금 고독과의 인연을 만들어냈다. 몇 년 전 국제 학술대회 논문발표를 위해 캐나다에 갔던 적이 있었다. 이전에 전혀 안면이 없었던 다른 대학교수들 몇 명과 동행하게 되었는데 나는 밴쿠버에 도착할 때까지 비행기 옆 좌석에 앉았넌 교수와 인사말 한마디 나누지 않았다. 지금은 나와 친해진 그 교수는 내게서 너무 찬 바람이 불어서 자기 역시 말 붙일 엄두도 내기 어려웠다고 하였다. 아! 나는 자신감 없음과 수줍은 낯가림을 차가운 이성의 가면으로 곧잘 위장하곤 하였던 것이다. 나는 그룹 안에 있을 때 잘 섞이지 못하는 물에 뜬 기름 같다는 느낌을 받는다. 이러한 느낌은 지속적으로 나에게 뭔가가 늘 부족하고 결여

되어 있다는 생각을 끊임없이 하게한다. 나는 그 결핍 혹은 모자람을 메워 줄 실체도 없는 그 무엇인가를 끊임없이 기다려왔던 것 같다. 그러다 보니 현실에 발을 딛고 서서 살기 보다는 자기 스스로 이상화시킨 공상의 세계에 빠져들기 십상이었고, 늘 영원히 변치 않는 그 무언가를 찾아 헤매었던 것 같다>

그는 모든 아픔들을 깊이 있게 맛보았기 때문에 정신적 고통을 받는 사람들을 진정으로 위로해 줄 수 있다. 그는 인간의 감정을 누구보다도 잘 이해하고 공감해 주는 능력이 있다. 그는 상담에 능하다.

■ 극복 방안

그의 과제는 현재를 사는 것이다. 그는 현실보다도 잃어버린 사랑에 대한 갈망에 더욱 치중한다. 그는 실제 보다 자신의 기억들을 아름답게 채색한다. 그런 까닭에 그가 현실과 부딪히는 것은 필연적이다. 건강하지 못할 때 그는 자신의 감정을 대단히 진지하게 여기며 상처를 받을 때 마음 깊이 상처 받으며 단체나 공동체에서 이탈되려는 유혹을 받는다. 그는 주위의 평판에 대해서 지나치게 신경 쓰며 마음에 드는 상대에게 다가가지 못할 때 자신의 진정한 가치를 알아보고 자신감을 가질 필요가 있다. 그가 지나치게 움츠리며 홀로 있으려 할 때 그는 그 이유 때문에 사랑을 잃게 될 수 있으며 그럴 때 그는 의존적이 되어 자신의 품위를 망가뜨릴 수 있고 그 이유 때문에 그는 절망하게 된다.

그를 위한 구원의 초대는 하느님의 품격이며 아름다움이다. 그는 하느님과 일치되는 과정에서 자신의 아름다움과 자연스러움을 발견한다. 그는 하느님과의 일치와 믿음 안에서 자신의 품위가 손상되는 주위의 평판으로부터 자유스러워지며, 실질적인 삶에 감각적으로 대처할 수 있다. 그는 아름다움에 대한 갈망과 삶이 조화롭기를 바라는 갈망을 가지고 있으며 언젠가 진정한 사랑이 찾아 올 날을 기다리며 그 사랑이 자신을 구원해 주리라고 믿고 있다. 그러나 그가 바라는 진정한 사랑은 자신의 내부에 있음을 알게 될 때 그는 자기 내부에 있는 보물들을 남들과 나누어 가질 수 있을 것이다. 그가 더 이상 속된 것과 성스러운 것을 구분하지 않고 세상과 자연스럽게 어울릴 수 있으며, 소통 할 수 있을 때 그는 세상의 자연스러움 안에서 아름다움을 발견할 수 있을 것이다.

■ 어울리는 일

그는 다른 사람의 아픔을 깊이 공감할 수 있는 능력으로 상담 가가 될 수 있고, 화가. 작가, 예술인 등이 어울린다.

⑤ 지혜의 시선

그는 <나는 좋다. 나는 현명하고 통찰력이 있으므로> 라는 이상상을 가지고 있다. 그의 시선은 항상 자신의 가치인 지혜를 수행하기 위한 정보를 찾아 움직인다. 어릴 적부터 도서관의 책 냄새에서 편안함을 느끼는 그의 자아는 논리적인 분석과 자기 합리화에 고착되어 있으며, 그의 말투는 늘 정 반 합의 이론에 갇혀 있는 듯 이론적이고 논리적이다. 그는 지혜를 통달 했다고 생각될 때 살아있음과 기쁨과 평화를 느끼며 생기를 찾는다. 그는 말을 배우기 시작하면서 자주 어른들에게 왜? 라는 질문을 던지는 아이였다. 그는 행동하기 전에 먼저 생각해 보며 객관성을 찾는다. 그는 아이디어가 많은 연구가일 수 있으며 지적인 용모를 지니고 있고 부드럽고 온화하며 친절하고 예의 바르다. 그는 안경을 쓰는 사람일 수 있다. 왜냐하면 그의 에너지는 모든 것을 보고 눈에 넣는 일에 집중하기 때문이다. 그는 성직자, 수도자일 수 있고, 총명한 발명가들일 수 있고 과학자일 수 있다.

그의 유혹은 지식이다. 그에게 지식은 힘이다. 그는 모든 것을 알고 이해할 수 있으면 자기 삶이 보장되리라고 생각한다. 그는 어주 어릴 때부터 도서관에 파묻혀 지내기도 한다. 도서관의 책 냄새를 즐기는 그는 도서관의 서재들 틈에서 숨쉬며 편안함을 찾는다. 그는 대체로 온화하고 수용적이며 다른 이들의 생활에 깊이 관여하지 않을 것이다. 그는 세상의 가치 너머에 있는 것을 보는 사람이며 사색을 위해 자신의 세계로 빠져든다. 그는 밀폐되고 보호되는 사적인 공간을 필요로 하고 천성적으로 수도자, 은둔자들이며 내성적이고 퍽 까다로운 사람이다. 수도자로 살고 있는 어느 지혜유형 친구는 수도원에 들어오기 전까지 세상에서 찾고자 했던 것들이 실상은 수도원에서 찾아지는 것이었다고 회고한다.

그는 천성적으로 철학과 종교적 신비주의에 끌린다. 그가 다른 사람보다 더 쉽게 접근하는 것이 "비전" 혹은 "내면의 눈"이다. 그는 매우 금욕적일 수 있는 청교도적인 사람이다. 그의 내면에서는 깊고 내밀한 영적 사랑을 갈구한다. 그러나 사랑을 원하는 만큼이나 그는 감정과 사건의 소용돌이 속에 말려 들어가지 않으려고 애쓰며 자신의 감정을 드러내 보이는 것을 힘들어한다. 영성가인 그는 세상을 초연하게 바라보며 사색을 즐긴다.

부드럽고 겸손하고 온화하지만 독립적이고 자신의 생각만을 고집하는 그는 다른 사람의 이론이나 사고방식은 미심쩍게 바라보며 자신의 이론이나 사고방식이 침해 당하는 것을 싫어한다. 그는 보수적인 사람일 수 있으며, 지적 욕구가 많은 금욕적 지식인이다. 육체보다 정신의 필요에 더 신경을 쓰는 그는 때로 깨끗한 얼굴에 감정이 드러나지 않는 얼굴로 세속적인 것들을 혐오스럽게 바라보는 것 같다.

그는 개인적으로 그에게 도전하는 갑작스런 침입에 쉽게 위협을 느낄 수 있다. 그는 다른 사람들이 자신에게 감정적으로 기대하고 있다는 것을 느끼면 퍽 불쾌하게 느끼는 것 같다. 그는 자신의 자원도 아껴 쓰지만 다른 이들에게도 자신의 것들을 선뜻 내어주려 하지 않는다. 혹 당신이 그에게서 무언가를 받는 일이 일어난다면 그것은 당신이 기대하지도 요청하지도 않았을 때일 것이다. 그와의 우정은 주도권 잡기, 지속적인 육체적 접근, 완전한 복종을 바라지 않는다면 좋은 관계를 맺어갈 수 있다. 그가 사용하는 방어기제는 후퇴이다.

감정적 얽힘을 싫어하는 그는 거리 두기의 명수일 수 있다. 왜냐하면 그들이 자신의 삶에 깊이 간섭해 들어오도록 한다면 그들과 삼성적으로 얽히기 때문이다. 그는 종속 관계를 만드는 감정, 섹스, 친분관계 등을 피한다. 건강하지 못할 때 그는 구체적인 관계를 두려워하며 이론과 관념적 추상세계에 머물기를 좋아한다. 그는 까다롭고 맑은 정신적인 사랑을 추구할 것이다. 그러한 이유로 그는 삶을 살고 있다는 느낌을 주기보다 삶을 수용하고 관찰하고 있다는 느낌을 준다. 그는 머리속에 심장을 갖고 있는 것 같다. 그는 위급한 상황에서도 사건들을 객관적으로 바라보면서 이성적으로 조용히 정리한다. 그럴 때 그의 감정은 정리되고 줄을 서게 되는데 이것이 그가 감정과 만나게 되는 방법이다.

그는 깊이 영적인 사람으로서 종교적 이론에 대해서 엄청난 수준에서 이야기 할 수 있다. 그는 신에 대해서 고도의 수준에서 얘기 할 수 있지만, 스스로에 대한 신뢰 부족이나 다른 사람들에 대한 신뢰 부족 안에서 신에 대한 신뢰 부족 역시 명백하게 드러난다. 그에게 있어서 문제되는 것은 항상 그의 생각을 지배하는 회의적 의심이다. 그는 끊임없이 문제를 생각하다가 마침내 머리로 어두운 각본을 만듦으로써 문제를 확대한다. 그는 문제를 직시할 수도 해결을 할 수도 없을 것 같다. 사실 그는 문제의 해결 보다 항상 무언가 심사 숙고할 거리를 찾으려는 것 같다. 그의 머리는 해결되지 않는 갈등으로 쌓여있어서 많은 장애를 만들어 낼 수 있다. 그는 항상 짐을 진 사람처럼 보인다. 그는 모든 유형 중에 가장 우울해지기 쉬운 유형이다. 그는 극도로 우울해 질 때 의기소침해지며 골방으로 숨어들어 기도한다. 기도하는 그는 우울의 극점에서 하느님의 얼굴을 뵙는다. 이런 이유에서 그는 습관적으로 우울한 기분에 빠져든다.

그의 아이디어는 전통에 도전하는 이상적인 것일 수 있으나 자신들조차 실행에 옮기기 어려운 부적절한 것일 수 있다. 그렇더라도 그는 항상 자신의 생각과 말과 행동에 논리를 가지고 있기 때문에 자신이 잘못되어 있다는 생각은 잘 하지 않는다. 그런 까닭에 그는 어떤 사안을 두고 자신이 잘못되었다고 시인을 하거나 사과하는 일이 드물다. 자신의 이론으로는 항상 옳았기 때문이다. 그는 심하게 화를 내다가도 곧바로 온화한 자신의 모습으로 되돌아오곤 한다. 그는 가끔 아주 수준 높은 유머 감각으로 사람들을 웃게 만들기도 한다.

그는 자신이 가지고 있는 생각과 새로운 아이디어를 통합하는 데에 시간이 걸린다. 때때로 그는 자신의 생각을 새로운 아이디어에 통합시키기 위해 서두를 때에 한하여 질 높은 토론을 즐긴다. 그의 말투는 분석적이며 논리적이다. 지적으로 오만할 수 있는 그는 실수를 두려워하며 자신의 말이나 행동을 이성적이고 타당성 있는 것으로 만들기 위해 많은 시간을 쓴다. 그는 다른 사람들에게 결코 어리석게 보이려 하지 않는다.

그는 주목 받는 일을 꺼린다. 그는 자신을 방기하고 내면의 자아를 드러내 보이기를 원치 않으며, 어리석게 되는 일, 실수를 하게 되는 일 등을 피한다. 그는 혼자만의 공간을 찾아 여행하기를 좋아하며 여행 중에 자신의 감정을 정리 한다. 그는 뭔가를 생각하고 있지 않으면 불안해 진다. 그는 열심히 생각하고 관찰하며 관찰을 이론화 하는데 열중한다. 무엇을 할 것인가 혹은 무엇을 말할 것인가를 생각하는 그는 그의 입장이나 위치를 보호하려는 마음으로 많은 지식을 비축한다. 그는 자신은 고립되고 어떤 이와도 연결 되지 않는다고 느낀다.

그는 기본적으로 관계에 매이지 않기 때문에 우정을 유지하고 지속하기가 어렵다. 이러한 이유로 그는 공허감에 시달리고 신에게 다가감으로써 위안을 찾는다. 고독 안에서 그는 세상 너머에 있는 것을 본다. 신은 이들에게 어느 누구와도 연결되어 있지 않다는 느낌을 보상해 줌으로써 이들에게 위안과 위로가 된다. 그는 종교예식을 놓치기도 하는데 그럴 때 그는 죄의식에 시달린다. 반성적인 그에게 종교 예식은 간과할 수 없는 많은 의미를 부여하고 있는 것이기 때문이다.

■ 극복 방안

그는 명상을 즐기며 기도하는 사람이며 절제하며 필요한 만큼 조금만 가지려는 사람이며 검소하다. 그는 자신의 요구에도 다른 사람들 요구에도 인색한 금욕주의자이다. 그는 그러나 그의 배우자나 자녀들은 자신처럼 금욕적이지 않다는 것을 염두에 두어야 한다. 그럴 때 그는 우울함에 빠져 들거나 비관하기보다는 가족 이웃들의 가치와 관심사를 이해해 주어야 한다. 그가 가족과 이웃의 요구와 가치를 이해하지 못하고 자신만큼 금욕적이기를 원한다면 가족들은 아마도 숨 쉴 수가 없을 것이다. 그의 행동은 나무랄 데 없고 엄청나게 성실하며 올곧게 살아 왔으나, 그는 간혹 황혼 이혼을 당할 수 있다. 청교도적인 그의 생활은 나무랄 수 없으나, 배우자와 아이들은 그처럼 살지 못함으로 죄책감과 좌절로 힘들어 진다. 더구나 자신의 가치를 살아간다는 것은 무의식적 생존욕구로부터 오기 때문에 삶의 의미를 잃게 되고, 이혼을 불러 오게 된다.

그러므로 그는 모든 이들이 자신처럼 금욕적으로 살아갈 수 없음을 깨닫고 배우자와 가족들의 요구에도 귀를 기울여 줄 필요가 있다. 그는 자신의 가치를 살아가지 못하는 가족들 때문에 우울해 질 수 있으며 머리로 어두운 각본을 쓰기도 한다. 어쩔 수 없는 어두운 각본으로 극심한 우울함에 빠져들 때 그를 건져주는 것은 기도이다. 깊이 기도하는 그는 우울의 극점에서 기도를 통해서 하느님을 만나 지혜를 찾고 우울에서 빠져 나올 것이다.

그에게 필요한 것은 헌신과 행동이다. 그는 종종 격렬하게 사랑에 빠질 수도 있으나 사랑 앞에서 사고가 마비되고 어떻게 행동해야 할지를 모른다. 사랑하는 법을 배우는 것은 그에게 필요한 권유이다. 정열과 정열에 의해 자신이 어리석게 되는 것을 허용하지 않는 그는 대단히 불완전한 사람일 수 있다. 건강하지 않을 때 그는 자신에 대해 초연해야만 한다는 집착을 가지나, 건강할 때 그는 자연스럽게 초연해 질 수 있다. 그럴 때 그는 객관성을 가지게 된다. 초연함은 그가 받은 선물인 동시에 죄이다. 그는 초연이라는 똑같은 말로 제일 큰 강점과 약점을 설명할 수 있는 유일한 유형이다.

그는 그의 성격적 특징이 어떻게 축복과 죄를 동시에 가져올 수 있는지 알게 된다. 그가 객관성을 가지고 행동할 수 있을 때 그는 간디처럼 인류를 위해서 행동하는 지성이 될 수 있다. 사랑 유형들이 공생관계에서 벗어나 진실로 거리를 둘 수 있는 능력을 발전시켜야 하는 반면에 그는 머리에서 몸으로, 사고로부터 행동으로 가야만 한다. 지혜는 사유뿐 아니라 삶의 경험을 통해서 얻어지는 것이다. 지혜는 숙고된 경험일 수도 있다. 그는 행동하기 전에 먼저 생각한다. 그에게 필요한 것은 그의 분석으로 얻어낸 것보다 섭리가 먼저 있었다는 것, 그의 지식보다 앞선 하느님의 지혜를 찾는 일이다.

그에게 명상과 기도는 엄청난 힘의 원천이다. 그는 외부 세계에 헌신할 수 있는 용기를 발견하기 위해서 내면세계를 키워야 한다. 그는 사람이 되신 하느님, 인간이 되어 손을 더럽힐 준비가 되어 있는 하느님에 대해 명상해야 한다. 그가 더 이상 머리로 어두운 각본을 쓰지 않고 긍정적이고 밝고 객관적이 되어 행동하는 사람이 될 때 그는 누구보다도 사려 깊고 공정하고 지혜로운 지도자가 된다. 그의 깨끗하고 지적인 얼굴을 보면 지혜서의 말을 떠 올리게 된다.

<지혜는 비록 홀로 있지만, 모든 것을 할 수 있으며 스스로는 변하지 않으면서

만물을 새롭게 한다. 모든 세대들을 통하여 거룩한 사람들의 마음속에 들어가서 그들을 하느님의 벗이 되고 예언자가 되게 한다. 하느님께서는 지혜와 더불어 사는 사람만을 사랑하신다. 지혜는 태양보다 더 아름다우며 모든 별들을 무색하게 하며 햇빛보다도 월등하다. 햇빛은 밤이 되면 물러서야 하기 때문이다. 그러나 지혜를 이겨낼 수 있는 악이란 있을 수 없다. 지혜는 세상 끝에서 끝까지 힘차게 펼쳐지며 모든 것을 훌륭하게 다스린다. > 지혜서 (7:27~8:1)

■ 어울리는 일

그는 철학자, 성직자. 수도자, 사회운동가, 작가. 과학자, 법조인, 회계사 등이 어울린다.

⑥ 충실의 시선

그는 <나는 좋다. 나는 순종적이고, 충실하고 충성스러우므로> 라는 이상상을 가지고 있다. 그의 시선은 항상 자신이 속한 공동체의 안전과 행복을 저해할 수 있는 위험을 찾아내는데 고정되어 있다. 자신이 속한 공동체의 안전을 돌보는 데 충실한 그의 자아는 공동체의 안전을 위한 숙고에 매달리며 말투는 항상 조심스럽다. 그는 자신이 속해 있는 공동체를 충실하게 돌본다고 믿을 때 살아 있음과 생명의 기쁨과 평화를 느끼며 생기를 찾는다. 어릴 때부터 착하다는 이야기를 듣고 자란 그는 규칙을 준수하며 단순하고 사려 깊으며 충실한 사람이다. 그는 사랑하는 가족과 단체에 대해 책임을 다하고 친절하게 보살피는 사람이며 공동체를 위해서 희생하며 참을성이 많다. 그는 세상의 소금 같은 역할을 함으로써 모든 것들을 연결시킨다. 디모테오 2서(4,7) “ 나는 훌륭히 싸웠고 달릴 길을 달렸으며 믿음을 지켰습니다.” 라는 구절은 그들의 삶을 단적으로 표현해 주는 성서구절로서 그들에게 위안을 준다.

그는 보살피고 있는 단체나 가족들이 행복해 질 때 쾌활하고 행복해 진다. 그는 단체나 자기가 속한 그룹에서 봉사하는 사람이며 진실에 대한 확신을 가졌을 때는 그 진실에 따라 끝까지 충실하게 나아가는 사람이다. 그러나 사랑 유형처럼 긍정적이고 낙천적이지 못하고 자신과 타인의 안전에 대해서 늘 염려한다. 안전에 대한 그의 염려는 뿌리깊은 것이어서 확신을 가지기 까지는 많은 시간이 걸린다. 확신을 위하여 숙고 해야 할 것이 많은 그는 아기 때부터 새로운 사람이나 새로운 환경에 적응하는데 많은 어려움을 겪었다. 그는 종종 불필요한 의심, 모호함, 두려움 등으로 괴롭다. 그는 자주 자신의 생각이 옳은지 아닌지에 대해 의심한다. 그는 책임을 떠맡기를 원하지만, 책임을 다할 수 없을 것 같은 두려움 때문에 책임으로부터 벗어나기를 원할 수도 있다. 그러나 그의 충실함에는 다른 유형이 가지지 못하는 겸손함이 있다. 그는 앞에 나서기보다 자신이 옳다고 믿는 일을 시시하기 위해서 무엇을 해야 할까를 생각하는 사람이다. 그가 확신을 가지고 헌신할 때는 놀라운 재능으로 단체나 사랑하는 사람들을 지지하며 함께 할 수 있는 사람이다. 함께 일하는 팀에 지성적인 그가 있다면 그 단체에는 더 이상 행운이 없을 것이다.

그는 공동체를 위해 무엇을 해야 할지, 어떻게 도우며 어떻게 해야 할지를 아는 사람이다. 그는 공동체를 보호하고 공동체가 잘 되기를 바라는 자신의 신념을 따르며 소외된 사람들을 대변하고 그들을 위해 싸우는 사람이기도 한다. 그는 단체의 관심이나 필요에 귀를 기울이며 그가 속한 단체나 가족들이 그의 삶의 중심이 된다. 그는 그가 보호하고 있는 단체나 가족이 가질 수 있는 위험에 대해서 지나치게 염려하고 기도한다.

그는 항상 내가 없으면 누가 내 가족을 돌볼까? 내가 없으면 누가 이 단체를 잘 돌볼 수 있을까를 걱정한다. 그는 사랑하는 단체나 사람들에게 헌신하며 돌보는데 관심을 가지면서도 그들에게 미흡하지 않을까 걱정한다. 그는 책임을 지고 잘 해 나가면서도 한편으로는 기대를 채울 수 없을지도 모른다는 것을 걱정한다. 그는 때때로 단체를 위한 자신의 생각이 올바른 것인지 아닌지를 의심하며 권위자에게 조언을 구할 수도 있는데 그것은 의존적이어서가 아니라 공동체를 위한 지나친 걱정 때문에 자신의 의견이 보편적이며 타당하고 확실한 것인가를 두드려 보기 위한 것이다. 순종과 신뢰는 그의 덕목이며 그는 권위자의 지침을 신뢰하고 싶어 한다. 지도자로서 그는 모든 일을 혼자 처리하지 않는다. 그는 단체의 의견에 귀를 기울이고 그들이 스스로 결정을 도출해 내도록 유도한다. 그는 단체의 결정이 단체를 행복하고 이롭게 하는 것이라고 생각될 때 그 결정을 선호한다. 그는 자신의 결정이 반드시 옳아야 하기 때문에 그 결정에 따른 책임에 대해 부담을 느끼는 나머지 지나치게 숙고하느라 시간을 보낼 수 있다. 그에게 실수할 수 있는 과감한 행동을 피한다. 그는 단체가 일치하기를 바라기 때문에 불화를 야기 시키는 어떤 결정도 바라지 않는다.

그는 공격적인 사람들과 함께 할 때 혼란을 느끼며 주의가 흩뜨려질 수도 있다. 단순한 그는 무엇이든 간단히 협조하면 풀릴 일들을 사람들이 왜 그렇게 부딪히는지 이해하기 어려워한다. 그러나 사려 깊은 그는 곧 평정을 회복하고 그들을 이해해 보려고 노력할 것이다. 그는 내면의 지침이나 규칙이 없을 때 자신의 판단이나 생각에 대해 깊이 숙고하게 된다. 사고 중심의 한가운데 있는 그는 너무나 깊이 생각하고 숙고하느라 결정을 내리는데 시간이 많이 걸리며 소심해 질 수 있다.

그는 그의 신념에 반대되는 것들을 위해 혁명적으로 싸울 수도 있으며 희생할 수도 있다. 그는 공동체를 위해서 이거다 하는 신념을 가질 때 누구보다도 용감해지며 희생적으로 헌신한다. 친구의 안전과 행복에 대해서 기꺼이 희생할 수 있는 그는 사람들과 즐기는 것을 좋아하며 사람과의 관계를 중요시 할 수 있다. 그의 이야기를 들어 보자.

<나의 관심은 모든 사람들의 안전과 확실함을 추구하는 것이다. 안전하지 않거나, 확실하지 않을 때 두려움이 생긴다. 내가 결정해서 행동하기보다는 상대방이 좋다고 할 때 내 행동에 당위성을 갖는다. 나는 학창 시절에 친구와 함께 학교에 가기 위해서 거의 3년을 매일 그 친구 집에 일찍 도착해서 그 친구가 준비하기를 기다려주고 같이 등교했던 적이 있었다>

그가 하는 일은 자신과 더불어 다른 사람들도 나 함께 원하는 것이어야 한다. 그렇게 될 때 그는 행복하다. 그가 신경 쓰고 있는 것은 그가 확실하다고 믿는 사람의 지원일 수도 있고, 자신의 내면에서 올라오는 내부의 지침일 수도 있다. 건강하지 못할 때 그는 걱정하는 경향이 있지만, 그는 단체를 즐겁게 해 줄 열정과 유머를 가지고 있다. 그는 공동체의 사랑을 받게 되고 믿음이 주어질 때 유머와 배려로 공동체를 안전하게 보호하며 한 사람 한 사

람을 살피는 지도자가 될 수 있다. 그는 실패의 경험을 곱씹으며 우울해 하거나 슬픔에 빠지는 감정적인 경험을 할 수 있으며 두려움이 생기면 다른 사람과 밀접한 관계를 맺거나 농담을 주고받으며 해소하기도 한다. 그는 안전한 관계를 찾기 위하여 사람을 진정으로 믿을 만하고 자신을 이해할 수 있는지 시간을 두고 관찰한다. 그는 작은 것에 매달려 숙고하는 경향이 있으며 때로 가장 나쁜 결과를 예상하고 걱정하기도 한다.

그는 지원이 없는 상태를 걱정하며 사람과 관계 맺을 때 무척 친절하고 따뜻하다. 그가 건강할 때 따스한 유머로 단체에 도움을 줄 수 있으며 머리 중심 사람이지만 사람과의 관계에 매달릴 수 있다. 그는 심장 중심의 사랑 유형처럼 상대방을 지나치게 배려한 나머지 자신의 생각이나 판단은 뒤로 둔 채, 상대방의 의견에 따를 수 있다. 그는 심장 중심인 사랑 유형처럼 식당에 가서 밥을 먹을 때조차 상대방의 결정에 따르며 자신이 무얼 먹고 싶어 하는지조차 안중에 없을 수 있다. 그는 자신보다 더 현명하다고 생각되는 사람들의 의견을 구하며, 올바른 일을 하고자 열심히 노력하고, 실패했을 때 다시 시도할 것이다. 예민하고 섬세한 그는 단체를 위해서 무언가를 하고자 했는데 실패했다면 좋았던 지난날들을 돌이켜보며 향수에 젖어 눈물짓기도 한다.

그는 교사, 혹은 부모로부터 지침을 얻으므로 부모 혹은 단체의 권위자가 감정적이어서 원칙 없이 감정에 의해 움직일 때 가장 혼란스럽다. 공동체 지향적인 그는 다른 이와의 관계가 확고하기를 원한다. 그는 다른 이들로부터 거부당할 때 무엇이 잘못 되었는지 알아내고자 한다. 그는 그룹 안에서 다른 사람들을 위해 준비된 마음과 온순함으로 상사의 지시에 가장 잘 따르는 사람일 수 있다. 그러나 그의 순종적인 태도는 공동체를 위한 자신의 가치로부터 오는 것이어서 자신의 생각과는 다른 부당한 강요에는 반발할 것이다. "그런데 왜 나만 걱정하고 나만 일해야 하는 것이지?" 이들의 종종 이렇게 불만을 털어 놓는다.

건강하지 못할 때 그는 자신이 사랑하는 사람이나 공동체의 이익을 위해서만 움직이며 건강하지 못한 신념, 단체, 명분에 이끌릴 수 있다. 그는 스스로를 반항적이고 권위에 반대하는 사람으로 여기기도 하지만 아이러니컬하게도 권위주의적인 요소가 많은 체제와 단체 그리고 신념에 이끌리며 단체의 권위가 어떤 결단을 요구할 때 용감해 질 수 있다. 그가 용감해 질 때는 자신이 신념을 가질 때이다. 그럴 때 누구도 해 낼 수 없는 일을 해 내기도 한다. 그는 자신의 삶에 뭔가 견고하고 명확한 것이 있다고 믿고 싶기 때문에 자신이 처한 상황을 설명해 주고 받쳐주는 이론이나 관점에 이끌린다. 그는 안정감이 매우 중요하므로 신념을 가지기 전까지는 의심이 많다. 그러나 자신이 확고한 신념을 가지게 될 때 고집스러워지고 다른 사람도 그렇게 해 주기를 원한다.

■ 극복방안

머리중심의 중앙에 위치한 그는 가장 에고(ego/자아)가 가장 많이 작동하는 쪽이 사고 쪽이므로 본질과의 연결이 끊어질 때는 사고 기능이 막혀 있다. 그는 끊임없는 의심과 함께 숙고를 거듭하며 내면의 안내와 접할 때까지 흔들릴 수 있다. 그런 이유로 그는 어떻게 이야기 되든 그 반대쪽을 동시에 가지고 있을 수 있다. 그는 강하기도 하고 약하기도 하며, 용기가 있을 수도 있고 두려움이 있을 수도 있으며, 신뢰를 가지기도 하고 의심하기도 한다. 공격적이기도 하고 수동적이기도 하며, 생각하는 사람들이면서 행동하는 사람들이다. 사람들과 모이는 것을 좋아하기도 하고, 혼자 있는 것을 좋아하기도 한다.

그에게 구원은 믿음이며, 성인은 아브라함이다. 아브라함은 하느님께 대한 충실한 믿음으로 모든 신앙인들의 어버이가 되었다. 그가 본질과 연결이 되며 자신과 타인을 신뢰할 수 있을 때 누구보다 충실하고 용기 있으며 깊이 영적인 하느님의 자녀가 된다. 그는 충실하고 책임감 있고 부드러운 모습으로 단체를 영적으로 이끌어 가는 참된 지도자가 된다.

■ 어울리는 일

그는 성실하고 꼼꼼하게 일을 처리하는 교사, 관리직, 기계수리, 종교인, 사회운동가, 회계사, 법조인, 교수 등이 어울린다.

⑦ 기쁨의 시선

그는 <나는 좋다. 나는 좋고 멋있고 즐거우므로> 라는 이상상을 가지고 있다. 그의 시선은 항상 환하고 즐겁고 새로운 기쁨을 줄 무언가를 찾는다. 새롭고 이상적인 기쁨을 찾아 여행을 즐기는 그의 자아는 가볍고 자유롭다. 그가 편안할 때 그의 말투는 격의 없고 자유스러우며 기쁘고 즐거움을 주는 많은 이야기를 가지고 있다. 주위가 환하고 기쁠 때 살아있음, 생명의 기쁨과 평화를 느끼며 생기를 찾는 그는 어린 아이일 때부터 밝고 명랑했다.

그는 어둡고 심각하고 칙칙한 분위기를 싫어했으며 특히 시끄러운 큰 소리를 싫어했다. 그는 예민하고 섬세하며 기쁨을 줄 수 있는 작고 신선한 곳에 마음이 끌린다. 그는 쉽게 부끄럼을 탈 수 있으나, 가능하다면 종일 노래 부르며 춤 출 수 있는 순진무구한 한줄기 바람결 같은 사람이다. 가볍고 낙천적이고 천진한 그는 경험하는 모든 것들에 대해 어린 아이와 같은 열정과 기대로 가득 차 있으며, 누구에게나 격의 없고 친근하게 다가간다. 권위적이지 않는 그는 파티에서 와인을 나누다가도 노동자들과 막걸리를 나눌 수 있는 사람들이다

그는 가볍고 재치 있으며 민첩하고 경쾌하고 생기발랄한 위트나 유머로 주위에 기쁨과 희망의 바이러스를 전파하고 싶다. 그는 자신감이 있을 때 가볍고 세련되어 있고 매력적이다. 그는 사막에서 끊임없이 오아시스를 만들어 내어 다른 이들에게도 생명의 꿈을 꾸게 해주고 싶은 꿈의 마술피리를 부는 사람들 같다. 즐겁고 가볍고 상냥한 그가 옆에 있으면 기분 좋아지며, 우리에게 가장 큰 선물인 순수한 존재의 기쁨을 일깨워준다. 그는 천국에 들어가기 합당한 어린 아이 같은 천진함과 순수함, 단순함을 지니고 있다. 그가 즐겨 쓰는 단어는 "와 멋져! 참을 수 없어." 등이며 그의 이상수의는 우수를 날아다니는 공상으로 가득한 꿈으로 나타난다. 늙어서도 어린아이의 얼굴을 가지고 살아가는 그는 꿈꾸는 사람이며 그의 꿈은 매번 총천연색이다.

어릴 적부터 밝고 환한 것을 좋아했던 그는 풍부한 상상력과 생명력을 가지고 삶에 완전히 뛰어들려는 열정을 가지고 있다. 그는 자신을 만족시키는 무언가를 열정적으로 하고 있을 때 생명력이 살아난다. 반짝이는 아이디어

로 신선한 매력과 기쁨을 안겨주는 그는 모든 유형 중에서 가장 머리가 좋고 창조적이다. 쾌활하고 낙천적이면서도 감성적인 그는 다재다능하며 특이 정확한 언어 구사력과 함께 예술적인 재능도 가지고 있다. 자유로워야 하는 그의 꿈과 작품은 자유를 향한 비상 혹은 희망과 비전이 주제일 수 있다. 그가 진정으로 원하는 주제는 영혼의 자유이며 그는 영적이고 정신적인 대화를 끊임없이 끌고 갈 수 있다.

지적 호기심이 많은 그는 무언가 새로운 것을 습득할 때 즐거워지며 머리맡에 항상 몇 권의 책이 놓여 있을 수 있다. 다방면에 걸친 지식을 가지고 정보를 합성하고 창조적인 아이디어를 내어 놓는데 탁월한 그는 어린아이 때부터 많은 상징들과 함께 대상을 정확한 언어로 표현한다. 두뇌회전이 빠르고 가볍고 민첩한 그는 무엇이든 빨리 배우며 특히 기억력이 좋다. 그는 한번 먹어본 음식의 맛을 생생하게 기억하고 있으며, 좋은 음식을 찾아 음미해보는 식도락가일 수 있다. 좋음 음식점이 어디 있는가를 알고 싶으면 그에게 물어보면 된다.

열정적인 성격과 다양한 분야에 대한 호기심, 뭔가를 빨리 배우는 능력과 재능들 때문에 그는 자신이 진정으로 해야 할 일을 결정하는데 어려움을 겪는다. 머리도 좋고 열정적인 그는 토끼 병이 있다. 요령껏 재빨리 해 놓고 난 뒤 다른 사람들이 따라 올 때까지 낮잠을 즐긴다. 그러나 그의 토끼 병에는 너무 앞서 가면서 다른 이들과 함께 할 수 없을 때 재미를 잃게 될지도 모른다는 것과 질투의 대상이 되지 않고자 하는 겸허함도 작용하고 있다. 그렇더라도 그가 균형 잡힌 상태가 되면 호기심과 빨리 배우는 능력, 쾌활함 등으로 많은 것들을 성취하게 된다.

자유롭고 창의적이며 예술적인 감각과 예민함을 가지고 있는 그는 주위가 암울하고 무거워질 때 자신이 무겁고 칙칙한 분위기를 바꾸어 놓아야 한다는 소명의식을 가지고 있다. 가랑잎이 굴러도 웃음을 참지 못하는 그는 어떤 심각하고 무거운 이야기도 가볍고 희극적으로 묘사해 낸다. 순진하고 즐거우며 단순한 그는 생기 넘치는 대화로 공동체를 고통으로부터 보호한다. 그는 공동체를 위해서 비극적인 일도 가볍게 희극적으로 묘사해 내며 만사는 괜찮아질 것이니 걱정할 것이 없다는 듯이 표현한다.

밝고 명랑하며 심각해지기가 어려운 그는 심각한 주제나 고민거리를 길게 가져가기가 힘이 든다. 그는 모든 유형 중에서 가장 섬세하고 여리며 상처에 쉽게 노출된다. 따라서 그는 힘든 주제 앞에서 어느 정도 깊이 생각해 보는 시간을 가지겠지만 어떤 결론에 도달할 때 툭 털어 버리고 고민을 끝낼 것이다. 그리고 결론에 따라 뒤돌아보지 않을 것이다. 공동체 중심인 그는 어떤 사람들과도 함께 잘 지내고 싶지만 고민 끝에 아니다. 라는 결론에 도달하게 되면 다시는 뒤 돌아 보지 않을 것이다. 그는 다른 사람들보기에 이기적인 사람으로 비춰질 수 있다.

창의적이고 예술적인 그는 길게 자신을 구속하고 있는 고통에 노출 될 때, 혹은 고통에서 극적 벗어나게 될 때 자신이 느끼고 있는 많은 감정들이 이해되지 않을 때 혼란스러워진다. 예술적 재능과 영민함을 함께 가지고 있는 가수 타블로는 그의 학력 논란이 잠재워지고 난 뒤 조이뉴스24와의 인터뷰에서 이렇게 말했다. "혼자서 생각하고 있을 때는 안 우는데 말을 하려고 하니 잘 모르겠다. 솔직히 억울해서 우는 건 아니고 절대 누구를 원망하거나 탓해서 우는 것도 아니다. 아쉬워서 우는 것도 아니고 뭔가를 잃었거나 놓치거나 겁나서 우는 것도 아니다"고 말했다. 이어 "그냥 벅차서 우는 것이다. 너무 많은 감정들이 느껴져서, 이해를 못해서 우는 것이다. 그렇게 큰 의미가 있는 것은 아니다. 괜찮다" 라고 말했다.

※출처 2010년 10월 02일 오전 06:08 /이미영기자 mycuzmy@joynews24.com

항상 기쁘고 즐거워야 하는 그에게는 자신이 처한 상황과 감정을 나누며 정리할 수 있는 한 두 사람의 친구가 필요하며, 자신의 정감을 표출 할 수 있는 애완동물을 필요로 할 수 있다. 그는 애완동물과 주파수를 맞추어 대화가 가능한 사람일 수 있다. 모든 유형 중에서 상처에 가장 예민하고 민감한 그는 아픈 이들. 특히 장애자들에게 한없는 동정심을 가지고 다가간다. 그러나 자신을 구속하는 어떤 것에도 매이고 싶지 않는 그는 인간관계에서 오는 끈끈함과 치근댐을 견디기 힘들어 하므로 거리 두기를 할 것이다.

이들은 자유로워야 하며, 항상 새롭고 흥미 있는 곳을 향해 눈을 돌릴 수 있다. 아픔과 상처에 여리고 민감할 수 있는 그는 지속적인 스트레스 상황에 놓일 때 스트레스를 풀어 줄 수 있는 어떤 것에라도 매달리게 되며 중독에 빠져 들 수 있다. 그가 컴퓨터 중독에 빠져들 수 있겠고, 알코올 중독에도 빠져들 수 있다. 가볍고 즐거워야 하는 그는 그의 스트레스 상황을 끊어줄 수 있는 예술적 자질을 개발하거나, 그림 그리기, 뜨개질, 꽃꽂이, 정원 가꾸기, 산을 오르는 일, 글쓰기 그리고 테니스 같은 운동이 좋은 약이 될 수 있다.

그는 삶에서 자신이 원하는 것들을 이루어 내려고 전략적으로 생각하고, 자신의 내적 외적 자원을 재빨리 조직할 수 있다. 그러나 그 계획을 실행함에 있어서는 지루함을 느낄 수 있어서 그에게는 계획을 실행해 줄 참모가 필요할 수 있다. 그는 따분한 경리일 같은 반복되는 일상은 견디기 힘들 것이다. 그는 신선하다고 여겨지는 사람들에게, 혹은 호기심을 불러일으키는 대상에게 일시적으로 매혹될 수 있으며 그 대상에게도 그러한 감정을 불러일으킬 수 있다. 그러나 건강하지 못할 때 그는 애정관계에서 변덕을 부릴 수 있다. 그는 어떤 일이나 사람에게 묶이는 것을 두려워하기 때문에 애정이 시작되는 단계에서의 격렬한 감정만을 즐기는 경향이 있다. 사람보다 자연을 더 사랑할 수 있는 그는 자연의 애호가이며 산에 오르기를 좋아한다. 그는 자연 안에 깃들어 있는 영성을 본다.

■ 극복 방안

유명한 물리학자인 리처드 필립스 파인먼(Richard Phillips Feynman) 유언은 "너무 지루해서 두 번 죽는 건 못하겠다. (I'd hate to die twice. It's so boring)" 였다고 한다. 기쁨 유형에게 죽음보다 심각한 건 지루함이다. 기쁨의 기운이 이들의 몸과 마음을 움직여가는 생명의 기운이기 때문이다. 기쁨 유형들의 지적 호기심은 새로운 지식을 찾아 지루함을 이겨내려는 장치였을 수 있다.

“어떤 기쁨도 악이 될 수 없다. 그런데 어떤 기쁨은 그것을 얻기 위해 기쁨보다 더 큰 고통을 겪어야 한다." 기쁨 유형의 철학자 에피쿠르스의 말이다. 흔히들 7유형, 기쁨 유형을 얘기할 때 쾌락주의자라고 정의한다. 그러나 그가 좇는 쾌락은 흔히 말하는 육체적 쾌락이 아니고 이상주의로 가득 찬 그의 머리에서 만들어지는 것이다. 에피쿠르스에게 주어진 상반된 평가 - <그의 적들은 그를 난봉꾼, 대식가, 술고래라고 지적했고 그의 친구들은 그의 금욕적인 생활 미덕 겸손

을 칭송했다>를 보면 에피쿠르스를 보는 이의 집착에 따라 전혀 다른 해석을 하도록 만드는 그의 삶을 들여다 볼 수 있다.

그가 깊이 몰두해있는 쾌락이라는 것은 구체적인 대상에서 느끼는 실제적인 느낌이라기보다 이상주의로 가득 찬 그들의 머리와 눈으로 각색된 환상적인 공간과 환상적인 느낌을 주는 대상으로 말미암은 즐거운 시간이라고 보아야 할 것 같다. 그 환상이 그들이 추구하고 있는 명예일 수도 있고, 멋있는 공간에서의 생활일 수도 있고, 인간적인 아름다움일 수도 있다. 그러나 이들의 내면은 세속적인 명예나 아름다움보다 지적인 탐구, 정신적이고 영적인 자유를 찾아 끊임없이 이동한다.

그는 부정적인 이야기나 아픈 얘기들을 길게 듣고 있을 수도 없고, 표현하기도 어려워한다. 그에게 세상은 더 없이 고상하고 멋있어야 하므로 고통스럽고 지리멸렬하고 천박스러운 것은 참기 어려워한다. 그 이유로 고통은 그의 머리에서 제거된다. 일설에 의하면 7기쁨 유형에게는 뇌신경 전달물질인 도파민(뇌의 쾌감을 증가시켜 고통을 잊게 하는 물질)의 농도가 다른 유형보다 높기 때문에 고통이 쉽게 그들의 머리에서 제거된다는 것이다.

건강하지 않을 때 그는 신경증에 시달릴 수 있으며 지나친 완벽 추구와 결벽증을 앓을 수 있으며 조울증을 앓게 되기도 한다. 그는 거칠고 생각 없이 행동할 수 있고 먹고 마시는 데에 빠져서 건강을 해칠 수도 있으며, 머리중심들이 그렇듯이 안전에 대한 두려움 때문에 비겁해 진다거나 지나치게 전략적일 수 있다. 이러할 때 그에게 주는 메시지는 두려움을 극복할 수 있을 만큼 믿음과 신뢰를 가지고 강해지라는 것이며, 그의 영성대로 올곧게 행동하라는 것이다.

그의 성령의 열매는 기쁨이다. 기쁨은 삶의 어두운 대가를 치르지 않고는 오지 않으며, 진지한 기쁨은 삶의 모든 난관들을 직시하고 그것들에 맞부딪히고 견뎌내면서 오는 기쁨이나, 거짓 이상주의는 현실을 부정하지 않으면 안 된다. 십자가 없는 부활은 없다. 삶의 난관에도 불구하고 시편을 노래하는 사람들은 절명의 순간에도 하느님을 놓지 않는다. "죽음의 그늘진 골짜기를 간다 해도 주님 함께 하시니 두려울 것 없나니……." 피상적인 낙천주의와 뿌리가 깊은 희망의 차이는 진지함에서 드러난다. 이것이 하느님께서 약속하신 유일하고 진실한 기쁨이다. 그가 진지함을 회복하고 깊이 기도할 수 있을 때 그는 정확한 하느님의 언어로 복음을 전파하는 사랑의 선교사가 된다. 예수 그리스도는 육체적이며 정신적인 고통을 겪으셨고, "나의 하느님, 어찌하여 나를 버리셨습니까?"(마태 27,34.46) 라고 고백하기까지 끝에 가서는 하느님과 멀어지는 깊은 고통을 견디셨다. 예수께서 체험하시고 고통 받으셨던 이 최악의 상태는 부활의 기쁨으로 가는 통로이다.

■ 어울리는 일

그는 기발한 아이디어와 열정으로 진행하는 새로운 학문 개척자이거나(특히 양자역학의 대가들 중 기쁨 유형이 많다) 운동선수, 이벤트회사, 광고기획, 마케팅, 예술인, 지휘자. 등이 어울린다.

⑧ 강함의 시선

그는 <나는 좋다. 나는 강하고 할 수 있으므로> 라는 이상상을 가지고 있다. 공평하고 강력한 정의가 실현되기를 바라는 그의 시선은 불의가 일어나는 것에 꽂혀있고 그의 자아는 불의에 대한 즉각적인 대결과 행동에 고착되어 있다. 불의를 바로 잡고 싶은 그의 말투는 직설적이고 폭로적이며, 예언적이다. 자신감과 함께 "나는 할 수 있다"는 신념을 가지고 있는 그는 어린 아이일 때 사람들은 하고 싶으면 하는 되는 것이지 왜 망설이는 지 이해하지 못했다. 그는 모든 일이 정의롭고 공평한 질서 안에서 각자가 자신의 역할을 다하고 있다고 느낄 때 살아있음과 기쁨 평화를 느끼며 생기를 찾는다. 그리고 자신이 그렇게 되도록 질서를 잡고 상황을 통제하고 싶은 그는 결정하는 사람이다. 그는 말을 배우기 시작하는 아기 때부터 혀도 돌아가지 않는 귀여운 목소리로 명령조의 말투를 구사했다. 그는 주위의 모든 일들이 자신의 역할을 해내며 질서 정연하게 돌아간다고 여길 때 평화롭다.

언행일치를 바라는 그는 힘이 있고 결단력이 있으며 솔직하고 단순하다. 그는 자신감과 함께 어디에서 불의가 일어나는지, 또 어디에서 부정이 작동하는지 정의와 진실을 본능적으로 알 수 있는 제 2의 감각을 가지고 있다. 그는 겨우 말을 시작한 어린 아이였을 때라도 놀이터에서 약한 아이를 괴롭히거나 남의 물건을 빼앗는 아이들을 혼내주며 간섭하려 했을 것이다. 그는 질서를 잡으려는 자신의 결정에 불응했을 때 엄청나게 노여워했을 것이다. 강함을 추구하는 그는 어린아이였을 때조차 비겁하게 우는 아이들을 싫어할 수 있다. 어린 아기일 때부터 비겁해 보이는 행동을 보고 힘으로 제지하고 싶었던 그는 그러한 상황들을 공개적으로 말한다. 그의 말투는 단도직입적이고 폭로적이며 예언적이다.

그는 타인들에게 바위처럼 믿음직한 사람이 될 수 있으며 엄청난 책임감과 배려하는 마음으로 대의명분이 생기면, 그것을 지키기 위해 자신의 힘을 모두 쏟을 수 있다. 그는 상황을 뿌리 채 파악하는 능력이 있기 때문에 겉으로 표현되는 단순함과는 달리 사려 깊으며, 특히 사회 체제에 대한 구조적 결함을 보고 핵심을 찌르는 공격을 가할 수 있다. 사회 정의가 이루어지는 것을 바라고 공정함을 추구하는 그는 개인적 관계 안에서나 구조적 관계 안에서 억압 받는 자들의 편에 선다. 그는 잘못된 체제나 사람들과는 맞서서 그에 상응하는 억압적인 요소들을 폭로하면서 그들을 도울 수 있다. 그는 원칙과 정의에 벗어나는 문제 상황이 야기될 때 재빨리 끼어들어 해결하고자 한다. 흔들리지 않는 확고한 자아로써 강력하며 홀로 편안할 수 있는 이들은 문제나 갈등상황을 해결할 때 어느 누가 개입되었건 상관하지 않고 해결책을 찾을 때까지 파헤친다. 그는 이론보다 자신의 경험과 실습에 따라 이론을 검증한다. 그는 관습이나 이론에 얽매이다 않으며 순응하지도 않는다. 그는 사회적 정치적 억압상황 혹은 단체의 부조리를 고발하고 사회 정의를 실현하는 도구가 됨으로써 스스로에게 권위를 부여한다.

그는 참되고 공정하다고 판단되는 것들에 대해 단호한 입장을 취한다. 문제 해결 과정에서 급진적인 접근방식을 택하는 그는 올곧게 일을 처리하기 위한 노력으로 죽음까지도 불사하겠다는 태도를 취한다. 이럴 때 그는 갑작스럽고 빠르며, 혹독하고 폭발적인 반응을 보일 때가 있다. 그의 진실에 대한 육감은 본능적이다. 진실하고 정직한 그는 때가 되면 진실을 알아내며, 게임에서 거짓말쟁이들을 폭로시킨다.

그는 자신감과 확신에 차 있으나, 물러 설 줄 알며 자신의 때를 기다릴 수 있다. 본능적으로 하늘의 때를 기다릴 줄 아는 그는 "지금은 너의 때다. 그러나 나의 때가 오면 그 시간은 나의 것이다" 이러한 기질로 인해 그는 야망이 없어 보이기도 한다. 그는 다른 사람에게 무언가 강요하지도 않고, 강요당하지도 않으며, 자신의 가락 속에 홀로 있기를 더 좋아하는 것 같다. 그는 타고난 은둔자들이다. 그는 본능적으로 우주적인 힘을 감지하고 심령 현상적 힘을 경험하기도 한다. 심리적, 영적 능력을 체험한 그는 상황을 해결하기 위해 고심하고 있는 다른 이들에게 "무엇이 문제입니까"라고 자신 있게 묻는다. 그에게는 자신의 잘못에 대해서도 흔쾌히 인정함으로써 스스로 웃을 수 있는 관대함이 있다. 이러한 능력은, 다른 사람들의 의견을 무시하는 완고함에도 불구하고 자신감과 함께 그의 단순하고 순진한 면모를 보여준다.

그의 삶은 심오함과 의미심장함으로 차 있는 것 같다. 그는 천박함, 피상적인 것, 무미건조한 이론을 찾지 못한다. "얼마나 엉터리인지" "그 평범함이란" "상식을 활용하시오" "머리를 좀 쓰세요" 등이 이들이 평소에 잘 쓰는 표현들이다. 그는 꽤 현명해 보이는 사람들이 어떤 상황에서 바보같이 대처하는 것을 보고 놀란다. 그는 단순하며, 잘난 척 하지 않고, 만인이 흥분하는 일 앞에서도 덤덤해 보일 수 있다. 정확한 이해와 확실한 이유를 가지고 핵심을 찔러 얘기하는 그의 말은 잡다한 논리들로 야기된 소요를 가라앉히는 마지막 말이 되어줄 것이다. 그가 가진 정확한 통찰력만큼이나 그의 말은 핵심을 꿰뚫고 있으며 거부할 수 없는 힘을 가지고 있다.

그의 공격은 보다 근본적이고 체계적이며, 사회 정치적 차원에서 생기는 문제에 대해서는 구조적 변화를 요구하는 쪽이다. 그의 사고과정은 급진적이고 혁신적이며 사회정의를 위해 여러 형태 예를 들면, 거부, 추방 혹은 죽음에 이르는 고통을 감수하기도 한다. 이러한 일은 수많은 기득권들 자들에게 복수할 때 불가피하게 일어난다. 그렇더라도 종종 그는 자신의 개입이 무익하다는 것을 알고 파국적인 일이 터지기 전에 손을 뗄 수 있다. 그럴 때 그는 스스로에게 타이른다. "나는 그들을 완고한 채 내버려 두리라. 나는 그들의 게임에 끼지 않으리라"

그를 이해하기까지는 시간이 걸린다. 그는 설명 없이 자신의 일을 한다. 그는 때로 쓸 데 없는 말을 늘어놓는 사람들에게 싫증을 내며, 논쟁을 간단히 줄이려는 의도로 질문을 되돌린다. "어떻게 생각 하십니까?" 그는 누구라도 충분한 상식을 가지고 단번에 이해하기를 원하며, 긴 토론이 필요하다고 느끼지 않는다. 도량이 크고 관대함에 비해 그는 가장 작은 것 까지도 정확함을 요구하는 완벽주의자일 수 있다. 사람들은 관대하면서도 요구가 지나친 그의 완벽주의를 이해하기 힘들다. 그는 자신이 남들에게 의존하지도 않으며 남들도 자신에게 의존하지 않기를 바란다. "더 이상 해낼 수 없을 때만 나를 부르시오" 그는 느긋하게 자신이 개입하지 않아도 되길 바라며 상황을 주시한다.

그는 세부적인 지시를 묻는 사람들을 귀찮게 여기며 스스로 자족하는 사람들 같아 보인다. 이런 기질 때문에 그는 다른 이들과 함께 일을 도모하려들거나 타협하기보다, 혼자 일하기를 좋아한다. "당신이 하던지, 내 벼려 두시오" 이깃이 이들이 일하는 태도이다. "당신이 그걸 원한다면 하시오! 그렇지 않으면 내가 하겠소" 그는 "내가 당신을 존중하니까 당신들도 나를 존중하시오, 내가 강요하지 않으니, 당신도 강요하지 마시오, 내가 당신을 내버려 두듯이 당신도 나를 내버려 두시오"라는 철학으로 산다.

그는 자신을 위협하거나, 혹은 자신의 철학을 모독하는 이에게 즉각적으로 반응한다. 그는 근본적으로 관계에 연연하지 않으며, 자신을 모독한 사람들을 끊어버린다. 기본적인 인간의 권리가 박탈되거나, 그룹, 상황 혹은 체제, 사고방식 등이 잘못되어 있을 때 그것들을 묵인하지 않는다. 그는 또한 속임수나 위험, 억압, 혼돈이 지속되도록 허락하지 않는다. 그는 문제를 끝까지 파헤치면서 궁극적인 해결로 몰고 간다. 이 때문에 그는 다른 사람들에게 대담하고 경솔하고 때로는 폭력적으로 보이기도 한다.

그는 정의롭고 공평한 사회를 회복하기 위해 필요한 것이라면 무엇이건 기꺼이 지불하려고 한다. 그는 다른 사람들은 그들이 원칙을 위해 치르는 값에 비해 관련된 것들이 아주 작은 것일 때 놀란다. 그러나 원칙적인 그는 하찮은 것일지라도 원칙이 지켜져야 하며, 어떤 값을 치르고서라도 기어이 지켜낸 원칙에 대해 자긍심을 갖는다.

그는 천성적으로 신사적이고 부드럽다. 그러나 그의 이런 좋은 점을 이용하여 이득을 챙기거나 기만할 때 참지 못한다. 이득을 취한다는 것 자체가 자신에게도 다른 사람에게도 정의롭고 공정해야 하는 이들의 철학에 위배되는 것이기 때문이다. 그는 다른 이들을 점잖고 차근하게 대하므로, 다른 이들이 이들에게 불경스럽게 대하는 것을 참지 못한다. 그는 자신도 다른 사람도 웃음거리로 만들거나, 약자를 못살게 굴거나, 집적거리고 속이는 것들을 참지 못한다. 그는 그럴 때 즉시 맞서며 선을 긋는다. 그는 또한 놀림을 당하는 사람의 의식성장을 도와주면서 다시 당하지 않도록 배려한다.

그는 특히 약해 보이는 사람이나 작은 단체들에게 정직하다. 그는 상대하고 있는 사람을 확실히 믿을 수 있을 때, 그들의 약함을 돌보아주는 부드러움이 있으며, 관계 안에서 매우 성실하다. 그러나 그의 믿음직한 성격을 이용하여 그를 속이고 관계의 이중성을 보이면 철저하게 관계를 끊어버린다. 그럼에도 불구하고 그 당사자를 사랑했다면 다시 상처를 받지 않기 위해서 주의할 것이다. "전부 아니면 전무" 라고 말하는 이들은 소유욕이 강하다. 그는 직접 경험하는 것이 아닌 누구에게서 들은 말이거나 혹 읽은 것들은 믿지 않는다. 그는 어떤 경우든 사람 또는 상황에 정직하고 진실한 관계를 가진다. 그는 자신에 대해서 엄격한 만큼 다른 사람에게도 엄격하기를 원하며 특히 표리부동을 견디지 못한다. 그는 자신의 언행에 따른 고통을 당할 각오가 되어 있으며, 다른 이들에게도 자신과 같은 진실성, 솔직함을 기대한다. 그의 간결한 말투에는 사람이나 상황, 혹은 실상을 표현하는 예리한 예언자적인 깊이를 갖고 있으나 꾸밈은 없다. 그의 대화는 진지하고 무겁다. 주제는 사람, 그룹, 사회공동체 등이 개선되어야 할 것이다. 그는 대화의 주제가 명백하지 않거나, 사소하고 가벼운 것일 때 홀로 조용히 있기를 선호한다. 그는 상대편의 언어에 섞여 있는 부조리를 금방 알아낸다. 그는 상대의 언어 너머로 반대의 것을 볼 수 있을 것이다. 그와 함께 있을 때 당신은 당신의 진술이 논리적인 결론으로 이어질 수 있는지 확인해 보아야 할 것이다. "그래서-" "그러므로-" "그래서 어떻게 되었나?"

그는 상대의 이야기가 함축성과 논리를 가질 수 있도록 유도한다. 그는 간추려진 요점들을 요약함으로써 명확한 결론에 이르도록 하기 위해서 토론을 길게 가지고 가기도 한다.

진실된 관계라고 믿고 있던 곳에서 부정을 체험하고 복수하려는 유혹을 가질 때 그는 성바오로의 편지를 기억하는 것이 좋을 것이다.

"잘난체하지 마십시오. 아무에게도 악을 악으로 갚지 말고, 모든 사람이 다 좋게 여기는 일을 하도록 하십시오. 가능하다면 모든 사람과 평화롭게 지내십시오. 친애하는 여러분, 자신이 복수할 생각을 하지 말고, 하느님의 진노에 맡기십시오. 성서에도 '원수 갚는 것은 내가 할 일이니, 내가 갚아 주겠다.' 하신 주님의 말씀이 있습니다. 그러니, 원수가 배고파하면 먹을 것을 주고, 목말라하면 마실 것을 주십시오. 그렇게 하면 그의 머리에 숯불을 깔아 놓는 셈이 될 것입니다. 악에게 굴복하지 말고, 선으로써 악을 이겨내십시오." (로마 12, 16-21).

■ 극복방안

그의 선물은 결백함이다. 사람들에게 정직함을 요구하고 정직하지 못한 행동을 즉시 폭로하는 그는 자신에게도 정직함을 요구하는 것을 배워야 한다. 그의 과제는 힘의 문제를 직시하는 것이다. 건강하지 못 할 때 그는 자신에게도 타인에게 너그럽지 않다. 오로지 진리와 진실과의 만남이 그를 자유롭게 할 수 있다. 건강할 때 그는 남을 지배하지 않고, 자신의 힘과 생명력으로 남들을 돌보고 보호할 수 있다. 그럴 때 그는 누구보다도 진정한 힘으로 개인과 사회를 성장시킬 수 있다. 그러나 그렇게 되기까지 그는 자신이 틀릴 때도 있고, 용서를 구할 때도 있다는 것을 인정해야 한다. 그렇게 하는 것이 약함이 아니라 진정한 강함이라는 것을 깨달아야 한다. 그가 자신의 진정한 힘을 회복하고 자신의 힘을 사회정의를 위해 쓸 수 있을 때 그는 누구보다도 개인과 사회의 발전을 위해 기여 할 수 있을 것이다.

■ 어울리는 일

그는 정의롭고 공평한 사회적 변화를 위한 바람을 일으킬 수 있으며 정의를 위해 일하는 사제나 수도승, 혹은 정치인이거나 사회사업가일수 있다. 그는 강한 집중력과 힘으로 해내는 운동 선수, 기업인, 자신의 솔직함과 단순성으로 다른 이들의 솔직한 고백을 끌어낼 수 있는 토크쇼의 유명한 진행자일 수 있다.

⑨ 평화의 시선

그는 <나는 좋다. 나는 평화롭고 안정되어 있으므로> 라는 이상상을 가지고 있다. 공평하고 평온한 사회적 변화를 위한 그의 시선은 항상 그늘지고 약한 곳에 있는 이들을 바라본다. 그는 세상의 일에는 그리 큰 욕심은 없으나 공평하고 정의로운 세상의 변화에 대한 열망은 뿌리 깊은 그의 소망이므로 사랑유형처럼 동정심이 많다. 그는 자신의 필요에는 그리 신경 쓰지 않지만 공평하고 정의로운 사회적 변화에 의한 그의 열망으로 자신이 가진 것을 내어 줄 수 있는 사람이다. 평화에 대한 가치로 움직이는 그는 항상 평온하고 침착하며, 핵심을 찌르는 간결한 말투를 구사한다.

그는 모든 일이 평화로운 질서 안에 있다고 판단될 때 살아있음과 기쁨,

평화를 느끼며 생기를 찾는다. 감정에 좀처럼 휘둘리지 않는 그는 조용하며 중심이 잡혀있으며 그의 얼굴은 고요하게 가라앉아 정지 되어 있는 듯하다. 그는 사람을 편견 없이 대하며 사람을 편안하게 해 주는 능력이 있다. 그는 아이 때부터 아이 돌보는 사람들에게 평화와 안정을 주었을 것이다. 그는 일이나 인간관계의 어려움 속에서도 끝까지 버텨서 해내는 힘이 있다. 그는 특히 인내심이 강한데, 그의 인내심은 고요한 힘과 엄청난 지구력에 의해 유지된다. 그는 본능 중심의 중앙에 위치한 만큼 의지와 힘을 가지고 있다. 평화유형들은 본질을 보는 능력만큼 집중력이 강하므로 다른 사람들이 잘 보지 못하는 구석진 곳을 볼 수 있으나 자신의 때가 아니면 좀처럼 드러내지 않는다.

황우석 박사도 평화유형이다. 평화유형들은 평화가 자신의 의식을 움직여가는 의식에너지이기 때문에 구성원 모두가 평화롭기를 바라며 악의가 없는 유형이다. 그리고 다른 사람들도 자신처럼 악의가 없다고 믿는다. 그런 이유에서 신의 뜻에 가장 가까운 사람됨의 기질을 가지고 있는 유형이지만 점검 없이 잘 믿는 이유 때문에 일을 망치기도 한다. 평화유형의 가치는 정의로운 분배와 공정하고 평화로운 사회적 변화에 있다. 그는 자신의 연구결과가 가져올 혜택으로 가난한 사람들을 도울 수 있으리라는 꿈을 가지고 있었고, 연구결과로 얻어지는 재화를 국가로 귀속시켜 그의 꿈에 대한 확실한 보장이 마련되기를 바랬다. 그러나 그는 갈등직면이 어려운 탓에 사람을 잘 믿으며 자신의 의견보다 대중의 뜻에 헌신하려는 성격적 특징으로 논문조작이라는 오명으로 고초를 겪었다. 그러나 밝혀진 것은 단지 연구비 유용이었고, 연구비 유용 역시 사비가 더 들어갔으나 항목관리가 정확하지 않았다는 데 따른 것이었다.

넬슨 만델라도 평화유형이다. 넬슨 만델라 역시 그의 가치인 공정하고 평화로운 사회적 변화에 대한 가치를 위해서 긴 옥고를 견디어 내면서 대통령이 되었다. 그리고 "나는 일생 백인이 지배하는 사회에도 흑인이 지배하는 사회에도 맞서 싸웠다. 모든 사람이 평등한 기회를 갖고 함께 살아가는 사회를 건설하고자 했다. 필요하다면 그런 소망을 위해 죽을 준비가 돼 있다."라는 어록을 남겼다. 그는 일생을 통해 정의와 평화를 위한 그의 가치를 위해서 움직였고 27년간의 긴 옥고를 치르면서도 인종차별을 위한 투쟁의지를 꺾지 않았다.

위기상황에서 더욱 차분해 지는 그는 태연자약함과 침착함으로 가혹한 현실에 반응한다. 그는 어떠한 환경에서도 감정적으로 흔들리지 않으므로 상황을 보는 윗자리의 입장에 있을 것이다. 그러나 이들이 지도자로서의 입장에 있지 않다면 잘 나서지 않으며 상황이 흘러가는 데로 그냥 내 버려 둘 것이다. 그의 내면은 용감하고 단호하지만, 타인에게 강요하지 않는다. 그는 타인의 모습을 있는 그대로 놔둔다. 그의 옆에 있으면 안정이 되며 편안해진다. 그는 두려움을 학습하지 않는 한 아이 때부터 어둠이나 귀신을 두려워하지 않았다. 그러나 물려고 달려드는 개는 두려워 할 수는 있는데, 위기상황에서 더욱 가라앉고 침착해 지는 그의 성향으로 달려드는 개들을 진정시킬 수 있다.

그의 침착성은 사람들에게 참으로 위안을 준다. 그의 신사적인 단호함은 사람들을 저항 없이 바른 길로 되돌리며 무장을 해제하도록 만든다. 주제넘지 않고 우주적 실체와 깊은 일체감을 가지고 있는 그는 일상에서 일어나고 있는 일들과 조화를 이룬다. 느리지만 확실한 그는 힘들이지 않고 마땅히 이루어야 할 일들을 해 낼 수 있다. 무기력하다고 인식되는 그이지만 그는 그 인식을 당혹스럽게 만들 만한 능력을 소유하고 있다. 그는 문제의 핵심을 찌르는 결정을 내리고 물꼬를 틀어 잘못 흘러가고 있는 전 제도를 올바른 길로 되돌릴 수 있기 때문이다.

우주적인 실재와 깊은 일체감을 가지고 있는 그는 본질적으로 현실을 파악해 내는 균형 잡힌 이해로써 인생에서 일어나는 일들과 조화를 이루고 있다. 단순하고 정직하고 소박한 그는 인생의 어떤 기복에도 영향 받지 않고 해야 할 일들을 해 나갈 것이다. 그는 객관적인 눈으로 사실대로 보기 때문에 부당하게 의심받고 있는 사람들의 편에서 그들을 도와 줄 수 있다. 사람들 안에 있는 좋은 것만을 믿는 그는 기회주의자들에게 악용 당할 수 있는 이들을 포용한다. 그의 생각과 말과 행동의 동기는 순수하고 악의가 없다. 그는 종종 모두가 자기처럼 착하고 순수하며, 부패되지 않았다고 생각하기 때문에 피해를 입는다. 그러나 그는 곧 믿을만한 자신의 기질을 이용하여 사람들이 이득을 취했음을 알게 된다. 기회주의자들에게 당하고 나면, 그는 관계를 끊는다. 그럴 때 상대방은 모든 것이 끝났다는 것을 알게 된다. 그는 상대편이 다시 화해하려고 시도하더라도 이러한 노력에 대해 무관심하다.

지도자로서 그는 중도파이다. 그는 너무 많이 좌우로 기우려 지지 않는다. 그는 사람을 매우 믿으며, 필요한 경우가 아니라면 그룹의 진행과정에 개입하지 않는다. 그는 그룹 과정이 그대로 진행되고 그룹이나 대중들의 뜻이 그대로 전해지도록 허용한다는 점에서 민주적이다. 그는 야심이 없는 장 중심 사람들로서 대중의 뜻에 헌신한다. 이러한 지도스타일은 독재자에게 길들여져 있거나 지도자가 항상 그룹의 진행과정에 개입했던 사람들에게는 부적절하다.

그가 지도자가 되면, 그 때가 구성원들이 성장하는 시기이다. 그는 모두가 관련분야에서 책임을 다하고, 서로 완전한 보완과 협력이 이루어지도록 독려 한다. 그는 자신의 존재를 드러내지 않으며 공무에 있어서 정직과 완전무결함을 지향한다. 장 중심인 그에게 도전하지 않는 것이 좋을 것이다. 그는 우아하지만 고집스럽게 당신의 무례함을 꺾어 당신이 얼굴을 들 기회조차 주지 않을 것이다. 그가 원하지 않는 때에 그를 움직이게 하는 것이 어려운 것처럼, 그가 마음을 정했을 때, 그의 마음을 바꾸기도 매우 어렵다. 그가 결정을 내렸을 때, 그 때가 바로 당신이 중단할 때라는 것을 알게 된다.

본능적으로 현실의 본질을 파악하고, 궁극적인 현실에 매우 균형 잡힌 이해를 할 줄 아는 그의 침착하고 자연스런 반응을 주위의 사람들은 상황에 굴복하여 게을러 진 것으로 간주한다. 종종 약자의 편을 드는 그는 약자가 죄인이라는 점을 증명하기 어렵도록 만든다. 그는 어떤 사람에게 반대하여 강한 행동이 요구되는 상황에서 개입하지 않으려 하고 느리게 행동하려는 유혹을 받는다. 그가 현실을 이미 운명 지어진 것으로 받아들일 때는 아무 일도 일어나지 않는다. 그는 운명론자이며, 주위 사람들이 겪는 좌절을 신의 섭리라고 치부한다. 그는 "모든 것이 마찬 가지 일거야."라는 이유로 현실을 묵묵히 바라본다. 그는 다른 사람들이 사소한 일로 왜 야단법석을 떠는지 의아해 한다. 그의 고요함과 침착함을 보면 어떤 것도 그를 움직이게 할 수 없으며 그가 원하지 않는 한 강요할 수도 없을 것 같다.

그는 항상 내적 평온을 유지한다. 그는 죽음 앞에서조차 평온하다. 감정적으로 평온함을 가지려는 시도로 그는 외적 현실의 가치를 폄하한다. 그는 커다란 산을 조그마한 두더지 흙더미로 만든다. "일어날 일은 일어날 것입니다. 죽을 때가 되면 죽을 것이고 당신이 그걸 막을 길은 도무지 없어요." 라는 이유로 그는 감정을 없앨 수 있다. 모두가 마감 선에서 바쁘게 돌아갈 때, 그는 아무 혼란 없이 정시에 도착하거나, 늦는다 하더라도 아무 위급함을 느끼지 않는 것 같다. 그를 급하게 만들 긴박한 것은 아무것도 없다. 주위의 사람들이 아무리 급하게 돌아가도 그는 동요하지 않은 채 남아 있을 것이다. 그의 본질은 평온함이다. 그는 삶의 어떤 상황에서도 한결같다. 불의에 관한 것 말고는 어떤 것도 그를 흥분시키거나 우울하게 만들지 못한다. 그의 고요함을 대하면 평화를 느끼기도 하고, 반응에 대한 느낌이 없어 언짢은 기분이 들기도 하고 밋밋한 대답에 좌절하기도 한다. 그의 직선적이고 간결한 말투는 일을 혼란스럽게 하려는 것이 아니고 토론을 간략하게 줄이기 위함이다.

그의 내적 평온과 침착성은 위급함과 감정표출이 전혀 없는 진솔한 자세에서 드러난다. 어떤 상황에서도 괴로움이나 조급함을 느끼지 않는 그의 내면은 강조해야 할 대목이라고 생각하고 스스로 연기하지 않는 한 어떠한 상황에서도 흔들리지 않는다.

그는 대화를 계속하는 데에 관심이 없는 지루한 대화 상대이다. 그는 상대방의 질문에 어떠한 열의도 없이 사실적으로 평범하게 답한다. 간명하고 요점만 얘기하는 그는 간결하고 꾸밈없이 말한다. 이야기 거리가 없으면 그는 주위에 많은 사람들이 있더라도 쉽게 깊은 침묵에 빠진다. 그가 당신 곁을 떠난다 하더라도 당신은 눈치 채지 못할 것이다.

그는 신앙심이 매우 깊다. 하느님께서 함께 하신다는 것을 굳게 믿는 그는 우주적인 힘과 침묵 안에서 신과 자신을 연결시킨다. 그는 신의 뜻에 따라 행동하기 위해서 먼저 신의 뜻을 식별한다. 그가 신의 뜻을 감지했을 때 그는 말없이, 다른 사람이 전혀 눈치 챌 수 없었던 놀랄만한 일을 시작한다.

"하느님께서는 그 지혜를 성령을 통하여 우리에게 나타내 보이셨습니다. 성령께서는 하느님의 깊은 경륜에 이르기까지 모든 것을 다 통찰하십니다. 사람의 생각은 그 사람 속에 있는 마음만이 알 수 있듯이 하느님의 생각은 하느님의 성령만이 아실 수 있습니다. 우리가 받은 성령은 세상이 준 것이 아니라 하느님께서 주신 것입니다. 그래서 우리는 하느님께서 우리에게 주시는 은총의 선물을 깨달아 알게 되었습니다." (1고린 2, 10-12)

■ 극복 방안

건강하지 못할 때 그에게 딜레마는 자기 비하와 혼수상태이다. 그가 본능 중심에서 균형이 잡혀 있을 때는 큰 강처럼 모든 이를 수용하며 힘들이지 않고 끌어 않는다. 그러나 그가 평온함을 집착으로 가져갈 때는 갈등을 회피하고자 자신의 뜻은 접어둔 채, 무모하게 다른 이들에게 맞추어 줌으로써 곤란을 당한다. 사람에게서 좋은 것만 보고 믿으려는 고집과 갈등이 싫은 그는 때로 다른 사람들에게 우유부단하게 비춰질 수 있다. 그의 말은 이렇게도 저렇게도 해석할 수 있어서 서로 반대편 사람들을 혼란에 빠뜨리게도 하며 그의 극단적으로 낙천적인 말과 행동 - 내가 알고 신이 아는데 무슨 상관이냐! 라는 식의 행동은 다른 관심사와 관점을 가진 사람들의 다른 해석을 불러와 고초를 겪기도 한다.

그의 자기비하는 자기를 비하시킴으로써 상대방을 편하게 해 주려는 의도가 깔려 있다. 자기를 비하시킴으로써 상대방이 자긍심을 갖게 되고 편안하게 되리라는 기대 때문이다. 그러나 그러한 자기 비하는 "네가 편하면 나도 편하다." 라는 그의 집착을 드러내는 것으로써 그를 곤경에 빠뜨리게 된다. 왜냐하면 그는 장 중심 사람으로서 누구도 침범할 수 없는 그 만의 영역을 가지려 하며 무례하게 치고 들어오는 사람을 싫어하는데, 그의 자기비하를 잘못 해석한 무례한 사람을 만나 더 어려운 갈등 상황을 만날 수 있기 때문이다. 그러나 그는 자신의 잘못에 대한 책임을 수용하고 견뎌나갈 힘을 가지고 있으며 자신과 신만이 존재하는 자신의 영역을 고집할 것이다.

그는 영적 세계에 관심이 많지만, 물질과 몸에 가장 잘 접해 있는 본능 중심의 중앙에 위치한 유형이다. 그가 본질과 연결이 닿아 있을 때는 원초적인 힘과 흡인력을 갖게 되고, 자신이 속한 종교의 본질을 꿰뚫는 능력이 있으며 우주적인 실재 안에서 신과 자신의 일체감을 느끼며 신앙심이 있다. 그러나 본질과의 연결이 끊어져 분리되어 있을 때는 엄청난 혼란스러움을 경험하는데 그는 그 혼란스러움에서 평화를 보상 받기 위해 세상의 밝은 면, 긍정적인 면만을 보려 하며 환상과 몽상 속으로 움츠려 든다. 환상 속에서 그는 시를 쓰거나, 그림을 그리기도 한다. 그가 예술가일 때 섬세하면서도 선이 굵은 통합된 것들을 창조해 내기도 한다. 그의 과제는 삶의 어두운 면을 거부하고 갈등을 피해 세상에서 벗어나려는 충동보다 현실에서 참여하고 행동 해야 한다는 것이다. 그에게 가장 필요한 성서구절은 "나는 이 세상에 불을 지르러 왔다. 이 불이 이미 타 올랐다면 얼마나 좋았겠느냐? 내가 받아야 할 세례가 있다. 이 일을 다 겪어 낼 때 까지는 내 마음이 얼마나 괴로울지 모른다. 내가 이 세상을 평화롭게 하려고 온

줄 아느냐? 아니다. 사실은 분열을 일으키러 왔다." 루가 (12:49 ~51) 이다.

■ 어울리는 일

그는 종교인, 사회사업가, 정치인, 심리상담 등이 어울린다.

4. 뇌의 생존전략 – 그림자투사가 질병을 키운다

우리의 생명은 의식활동을 통하여 생명을 이어가고 있다. 의식활동은 생명활동이기 때문이다. 그런데 뇌는 기억정보 없이 의식할 수도 반응할 수도 없다. 그런 이유에서 뇌는 대상을 보거나 들을 때 연관기억을 떠올린다. 뇌는 특히 자신의 몸과 마음을 움직여가는 생명의 빛에 닿아 살아갈 힘과 생명력을 얻기 위한 무의식적 본능적 생존욕구 안에서 낙원의 기억을 떠 올리는데, 영적 평화, 사랑, 기쁨 안에서 누리던 낙원의 기억은 우리의 의식과 생명을 움직여가는 생명의식에너지이기 때문이다.

낙원의 기억, 생명의식에너지 층 안에서 함께 있는 우리는 본질 안에서 천상적인 그림이나 풍경 혹은 음악을 들을 때 똑 같이 감동한다. 그러나 힘의 중심에 따른 집착과 충동의 이기적인 시선 안에 갇혀 있을 때 서로를 잘 알아듣지 못한다. 주어진 가치에 따른 시선에 갇힌 영혼은 다른 가치로부터 온 생각과 말과 행위가 이해되지 않을 때 자신의 가치에 따른 죄의모습 – 그림자를 투사한다. 그리고 상대방의 그 나쁜 버릇을 고쳐주기 위하여 사랑이라는 이름의 폭력으로 반응한다.

● 유형별 신념 틀, 인식 틀, 사랑 법

사랑이라는 이름의 폭력, 사랑 법은 결국 다른 사람과 맺는 관계 방식으로서 상대방의 버릇을 고쳐 자신의 가치대로 잘 지내고 싶은 자아중심적 이기적인 욕구로부터 온다.

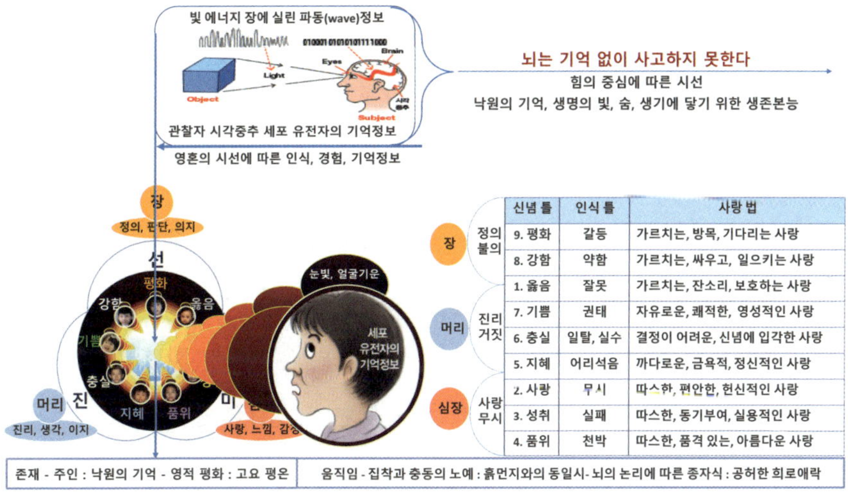

신념 틀	인식 틀	사랑 법
9. 평화	갈등	가르치는, 방목, 기다리는 사랑
8. 강함	약함	가르치는, 싸우고, 일으키는 사랑
1. 옳음	잘못	가르치는, 잔소리, 보호하는 사랑
7. 기쁨	권태	자유로운, 쾌적한, 영성적인 사랑
6. 충실	일탈, 실수	결정이 어려운, 신념에 입각한 사랑
5. 지혜	어리석음	까다로운, 금욕적, 정신적인 사랑
2. 사랑	무시	따스한, 편안한, 헌신적인 사랑
3. 성취	실패	따스한, 동기부여, 실용적인 사랑
4. 품위	천박	따스한, 품격 있는, 아름다운 사랑

옳음 유형의 몸과 마음을 움직여 가는 신념 틀은 옳음이다. 옳음이라는 신념에 따른 죄는 잘못이고 잘못은 옳음 유형의 인식 틀이 된다. 옳음 유형의 잘못이라는 인식 틀은 전체성을 가진 빛의 시선으로 자신을 포함한 모두를 위해서 조화와 균형 안에서 적절히 쓰일 때 인류공동체를 위한 빛의 선물이 된다. 그러나 자아중심적 이기적인 시선으로 집착과 충동 안에서 강박적으로 쓰일 때 자신은 항상 옳으므로 잘못이라는 자신의 가치에 따른 죄의 모습, 콤플렉스는 상대방을 비춰내는 인식틀로 작용 되어 자신과 공동체의 질서를 무너뜨리고 질병으로 몰고 간다.

양자물리학에서 밝혀졌듯이 우리는 우리의 시선에 담긴 의식에너지, 우리의 주관대로 대상을 경험할 수 있을 뿐이다. 옳음 유형은 자신의 인식 틀, 잘못이라는 시선에 담긴 주관대로 상대방의 잘못된 것만을 경험할 수 있을 뿐이다. 따라서 옳음 유형은 자신의 가치를 수행하여 숨쉬고 살아갈 무의식적 본능적 생존욕구에 따라 상대방의 잘못을 지적해주고 고쳐주어야만 살아남을 수 있을 것이다. 라는 거짓 자아의 속삭임을 끊임없이 듣고 있다. 그러나 옳음 유형의 잘못이라는 시선에 담긴 의식에너지는 상대방의 몸 상태에 물리적 상태에 교란을 일으켜 긴장시키므로 상대방의 건강을 위협할 수 있다.

옳음 유형의 사랑 법은 다른 사람들의 잘못을 지적해 주고 가르치고 보호해 줌으로써 사람들과 잘 지내고 싶은 욕구로부터 온 관계 방식이다. 그러나 잘못되어 있다는 옳음 유형의 시선 앞에서 다른 유형의 가치로부터 온 생각과 말과 행동은 빛을 잃고 긴장하게 되며 부정적 정서와 함께 건강이 위협받게 된다. 옳음 유형인 필자의 남편은 자신은 다른 사람들과 잘 지내고 싶은데 다른 사람들은 왜 자신 앞에서 긴장 하는지 이해할 수 없다고 고백한 바 있다. 필자 역시 남편의 도덕적 완벽함에 이끌려 결혼했지만 남편 앞에서 긴장되는 건 어쩔 수 없는 것이어서 그 당시에는 잘 설명해 줄 수가 없었다. 그러나 지금은 자신의 인식 틀을 이해했고 자유로워졌으므로 가족 모두 편안한 상태이다.

옳음 유형을 포함한 우리 모두는 자신의 영적 정신적 신체적 조건 안에서 자신은 항상 옳기 때문에 자신의 죄를 상대방을 통하여 비추어내는 그림자투사를 잘 이해하지 못한다. 그러나 결국 그림자투사에 따른 뇌의 생존전략이 공동체의 질서를 무너뜨리고 질병을 키운다. 공동체의 의식과 숨, 생명을 움직여 가는 진리는 뇌의 논리 안에 있지 않고 뇌의 논리를 초월한 초월의식, 사랑과 생명의 빛으로부터 온 아홉 영적 의식에너지, 영성 안에서 때문이다. 뇌의 논리로부터 온 생존전략, 그래야 살아남을 수 있으리라고 믿고 속삭이는 자아중심적 거짓자아의 속삭임이 공동체를 파괴하도록 부추겼던 우리들의 집착이다. 따라서 뇌의 논리로부터 온 집착에서 벗어나 사랑과 생명의 길, 회복과 치유의 길을 걷기 위해서는 그러한 사고과정을 거치도록 설계된 뇌신경회로가 변해야 하고, 뇌신경회로가 변하기까지는 8주간의 알아차림이 수반되어야 한다는 것이 뇌신경과학자들의 주장이다.

그러나 8주간의 알아차림은 그냥 변화의 시작일 뿐이다. '알아차림 – 자각'을 통한 회개는 "깨어있음"의 의미로서 평생을 지속해야 할 작업이며 영혼의 치유와 더불어 몸과 마음의 치유를 가져오는 가장 확실한 도구다.

성취유형과 옳음 유형의 예를 들어보자. 성공함으로써 힘과 생명력을 가지게 되는 성취 유형의 신념 틀은 성공이다. 그리고 힘의 중심이 심장에 있는 심장중심으로서 자기편이 다치지 않도록 배려하는 사랑이 많은 사람들이다. 성취 유형은 집착과 충동 안에서 자신의 가치를 사용할 때 자신의 가치인 성공을 위해서 상대를 꼭 이기야 한다고 생각하므로 이기느냐, 지느냐가 문제일 수 있다. 잘못된 것을 바로 잡고서야 힘과 생명력을 찾게 되는 옳음 유형의 신념 틀은 옳음이다. 게다가 옳음 유형의 힘의 중심은 장에 있으므로 정의가 옳음 유형의 몸과 마음을 이끌어 가는 생기이다. 이기느냐, 지느냐가 문제인 성취 유형이 옳은가, 잘못되었느냐가 문제인 옳음 유형 동료에게 다가가 자신의 성과물에 대한 발표에 대해서 의논한다. 성취 유형은 발표의 성공을 위해서 자신의 성과를 가능한 선에서 적당히 부풀려 발표할 수 있도록 도와달라고 요청한다.

잘못된 것을 바로잡아 세우려는 집착을 가지고 있는 옳음 유형은 성취 유형의 의도와는 달리 부풀려진 부분을 지적해 주며 진심 어린 충고를 하게 된다. 그러나 성취 유형의 집착과 충동의 창 – 이기느냐, 지느냐가 문제인 창은 동료의 진심 어린 충고를 – 상대방을 이기기 위해 협조를 거부하고 있는 모습으로 비추어낸다. 성취 유형은 옳음 유형이 자신을 이기기 위해서 자신의 발표를 실패로 끌고 갈 것이라는 그림자투사에 의한 인식의 창에 따라 우울과 슬픔, 분노를 경험하게 된다.

사랑이 시작되는 곳은 투사다. 사랑은 온전한 하느님의 얼굴 – 자신의 결핍된 자아(self)를 채워줄 온전한 자기(Self)를 상대를 통해 비춰보면서 시작된다. 머리 중심을 통합해야 할 과제가 주어진 심장 중심 사람들은 본능적으로 자신의 결핍을 채워줄 머리 중심 사람들에게 이끌린다. 우리는 어느 힘의 중심으로 태어났건 자신의 결핍을 채워줄 누군가에게 이끌린다. 관계 안의 불완전한 생명 – 결핍된 자아인 우리는 대상으로부터 본질을 경험하여 결핍된 자아(self)를 통합함으로써 온전한 생명에 도달하고 싶다. 그러나 그러한 열망은 자신이 영적 존재임을 망각하고 육체적 심리적 생명과 동일시한 그림자투사 의하여 좌절된다.

사랑과 아름다움의 현현인 엘리자베스 테일러(Elizabeth Taylor)의 경우를 보자. 심장 중심 사람인 엘리자베스 테일러 역시 자신의 결핍을 채워줄 내면의 이끌림에 따라 머리중심 사람인 첫 번째 남편 곤래드 힐튼을 만났다. 성취유형인 엘리자베스 테일러의 신념 틀은 사랑 받고 인정받기 위한 성공이다. 그렇기 때문에 상대방이 그녀를 성공으로 이끌어주리라 믿는다. 그녀가 첫 번째 결혼 상대로 만났던 곤래드 힐튼은 그녀의 결핍을 채워줄 머리중심 사람이기도 했지만 힐튼 호텔의 상속자여서 그녀를 성공으로 이끌어줄 만한 재력을 가진 남자였다. 그러나 곤래드 힐튼은 머리중심의 기쁨 유형이었다. 곤래드 힐튼의 신념 틀은 삶은 기쁨으로 가득 차 있어야 한다는 것이어서 영혼의 자유로움과 가벼움을 추구한다. 누구에게도 매이고 싶지 않는 그는 일시적으로 사랑에 빠질 수는 있지만 일상이 될 때 지루해진다. 그는 심장 중심 부인인 엘리자베스 테일러가 사랑을 구하며 매달릴수록 도망치고 싶다. 그러한 태도는 그의 가치로부터 오는 생존의 문제지만, 사랑의 가치가 움직이는 심장중심 사람인 엘리자베스 테일러는 자신의 그림자를 투사함으로써 자신의 가치에 따른 죄의 모습 자신을 무시하는 것으로 받아들일 수 밖에 없고, 자신의 삶을 실패로 이끌 것이라고 믿는다. 그녀는 수치심을 느끼게 되고 8개월의 짧은 결혼생활을 끝낸다.

그런데 엘리자베스 테일러가 만난 두 번째 만나던 남편 역시 기쁨 유형이었다. 온전한 자기(Self)를 대상에게 투사하면서 자신의 결핍을 채워줄 대상에게 한없이 끌리는 탓이다. 그러나 상대방으로부터 자신의 결핍을 채어줄 생명력을 얻어 온전한 생명을 얻어 누리지 못하고 상대방으로부터 서로의 그림자를 투사한 탓으로 부정적 감정과 스트레스 상황에 놓여 결별하게 된다. 그러나 자신의 결핍을 채워줄 대상을 찾고자 하는 내면의 요구로 엘리자베스 테일러가 다시 만난 대상은 거의 모두 기쁨유형이었다. 매번 기쁨 유형에게 이끌리면서 매번 실패를 경험하는 엘리자베스 테일러의 모습은 자신의 온전함을 대상에게 투사하여 대상으로부터 힘과 생명력을 얻어 누리려는 내면의 요구와 그림자투사가 부딪쳐 생명력을 탕진하게 되는 우리들의 모습이다.

자신에게 선물로 주어진 사랑을 지켜내기 위하여 치열하게 살다간 엘리자베스 테일러의 영적 사랑을 위한 삶은 에이즈 퇴치를 위한 노력으로 빛난다. 그녀는 그녀의 아름다움과 연기력으로 대중을 사로잡았으며 아카데미 여우주연상을 두 번이나 받았고 골든 글로브상을 4회나 받았으며 AIDS 홍보와 연구, 치료전문가로서도 주목 받았다. 그토록 아름다운 여인을 누군들 사랑하지 않을 수 있을까? 그러나 대상으로부터 자신에게 부족한 결핍을 채워 온전한 본질을 경험함으로써 생명력을 얻고자 했던 우리의 노력은 그림자투사에 따른 인식의 감옥 안에서 상대로부터 비본질적 정체성만을 경험하게 되어 두려움, 수치심, 분노와 함께 흔들린다. 그녀는 다방면에서 성공가도를 달린 성취유형이었으나 8번의 결혼과 이혼을 반복하면서 심장을 다치게 되고 결국 심부전증으로 사망했다.

그림자투사에 따른 인식의 감옥 안에서 내 안의 본질과도 만날 수 없고, 대상으로부터 본질을 얻어 누릴 수도 없는 조건 지어진 우리의 육체적 심리적 생명은 애초부터 존재론적인 고독을 지닌 모습으로 살아가는 수밖에 없는 결핍된 자아이다. 인간은 그 결핍을 채우기 위해 외부로부터 무언가를 붙잡으려 하지만 인간에게 있어서 존재론적인 고독은 오직 내 안의 나 - 존재적 생명인 본질, 영성으로의 회귀 안에서만 해결된다. 우리는 대상과 하나되는 온전함을 꿈꾸지만 힘의 중심을 초월하여 영성을 회복하지 않는 한 대상의 본질에 닿을 수 없는 조건 지어진 몸과 마음이어서 서로 헛손질과 상처를 주고받게 된다.

자신의 가치로 재어본 상대방의 생각과 말과 행동으로부터 자신의 그림자를 투사하면서 그 잘못된 버릇을 고쳐 주고자 생겨난 사랑 법에는 상대방을 통하여 힘을 얻고자 하는 집착과 강박 탓으로 부정적인 감정이 수반된다. 있는 그대로 비추어 내지 못하고 있는 그대로 반응하지 못하도록 만드는 그림자투사와 그림자투사에 의한 충고는 상대방으로 하여금 이해 받지 못하고 있다는 좌절을 안겨줄 뿐만 아니라, 충고에 묻어있는 부정적인 감정까지 전달된다. 더구나 충고는 다시 상대방의 그림자투사, 인식 틀에 의해 왜곡되어 반목과 대립을 가져 올 뿐이다. 우리는 물론 영성을 회복할 수 있고 집착과 충동의 창이 아닌 선명한 창으로 상대방을 비추어 내고 적절한 충고를 해 줄 수도 있다. 그러나 충고를 받아드리는 상대방의 내면이 집착과 충동 안에 묶여 있다면 선의의 충고라 할지라도 상대방의 인식 틀에 의해 왜곡될 수밖에 없다. 우리는 서로의 그림자투사에 의해 자신의 행위가 왜곡되는 상황과 사랑이라는 이름의 폭력을 경험하면서 두려움, 수치심, 우울, 슬픔, 화 등의 부정적인 정서를 주고 받으면서 질병으로 내어 몰린다.

선악분별에 따른 각 유형별 인식 틀을 점검해 보고 서로를 재 해석해 봄으로써 조화와 균형을 찾아 재 상봉의 기회를 가져 보는 의미에서 유형별 신념 틀, 인식 틀, 사랑 법을 살펴보자.

가. 머리 중심 – 5 지혜, 6 충실, 7 기쁨

◉ 지혜 유형

이들의 육체적 심리적 생명을 움직이는 힘은 지혜이므로 이들의 신념 틀은 지혜이다. 이들은 자기중심, 자기추구, 자기방어적 사고에 갇힐 때 상대방 행동의 동기에 상관없이 마주 있는 상대나 상황을 실수 혹은 어리석음이라는 인식 틀로 재어본다. 늘 자원이 부족하다는 느끼는 이들의 실수라는 인식 틀에는 재화의 낭비에 대한 실수를 포함한다. 이들이 부정적인 감정을 가질 때는 자신과 상대방의 실수 때문에 자신의 명예가 실추될 수 있다고 여길 때, 혹은 재화에 대한 낭비를 가져오게 할 상황이라고 해석할 때다. 그럴 때 이들은 두려워진다. 이들은 실수하지 않기 위해서 상황을 분석하고 또 분석하면서 정반합의 사고에 갇혀 자신의 상상으로 만들어낸 망령으로 두려워질 수 있다. 이들은 자신이 어리석어 지는 것을 극도로 싫어하는데 이들의 혈을 움직여가는 생명의 기운이 지혜이기 때문이다. 공동체 중심인 이들은 책임감이 강하고 자원이 부족하다고 느끼며 낭비를 싫어하고 육체적 필요보다 정신적 필요에 마음을 쓴다. 이들은 거리 두기의 명수들이며 까다롭고 맑은 정신적 사랑을 한다.

◉ 충실 유형

이들의 육체적 심리적 생명을 움직이는 힘은 충실이므로 이들의 신념 틀은 충실이다. 이들은 자신이 정한 내면의 원칙을 지키며 공동체를 위해서 헌신한다. 이들이 자기중심, 자기추구, 자기방어적 사고에 갇힐 때 상대방 행동의 동기에 상관없이 일탈이라는 인식 틀로 재어본다. 이들은 마주하고 있는 상대나 상황이 혼란스럽고 제멋대로이고 원칙 없이 흘러간다고 생각하고 걱정한다. 이들은 자신이 가족 혹은 공동체를 위해서 책임감을 가지고 최선을 다하고 있는가를 점검하며 걱정한다. 이들이 부정적인 감정을 가질 때는 상대나 공동체 구성원들이 책임감 없고 성실하지 못하며 일탈을 일삼는다고 생각할 때이다. 이들은 상황이 좋지 않을 때 머리로 어두운 각본을 쓰며 두려워지고 준비되지 못한 자신에 대해서 부끄러워하기도 하고 화가 나기도 한다. 이들은 자신도 타인도 충실하지 못할 때 부정적 정서를 경험하는데 이들의 혈을 움지여가는 생명의 기운이 충실이기 때문이다. 이들은 공동체를 위해서 '이거다' 싶은 신념이 섰을 때 누구보다 용감하게 공동체를 위해서 헌신하며 자신을 불태울 수 있다. 이들은 신념에 입각한 희생적인 사랑을 한다.

◉ 기쁨 유형

이들의 육체적 심리적 생명을 움직이는 힘은 기쁨이므로 이들의 신념 틀은 기쁨이다. 이들은 자신 안에 내재된 기쁨의 바이러스를 전파하여 세상을 즐겁고 아름다운 곳으로 만들어 가고 싶은 명랑하고 즐거운 사람들이다. 이들은 자기중심적, 자기추구적 사고에 갇힐 때 상대방 행동의 동기에 상관없이 심각함과 권태로움이라는 인식 틀로 재어본다. 이들은 공동체를 기쁨으로 채워줄 수 있다고 판단되는 일 앞에서 열정적으로 매달리나 일이 심각해질 때 지루해진다. 이들의 신념 틀은 삶이란 재미와 기쁨으로 가득 차 있어야 한다는 것이다. 이들이 부정적인 감정을 가질 때는 상대방 행동의 동기에 상관없이 자신을 구속한다고 느낄 때, 공동체나 자신이 불의한 신념에 의해 구속당하고 있다고 느낄 때이다. 이들은 이들의 기쁨을 훼손하려는 어떤 상황에서도 상처받으며 예민하게 반응한다. 이들의 혈을 움직여가는 생명의 기운이 기쁨이기 때문이다. 이들은 자신 안에 내재된 기쁨으로 충만하다가 자신의 정체성을 위협하는 부정적인 해석 앞에서 혹은 폭력 등 큰 소리 앞에서 우울해 진다. 그런 이유에서 이들은 조울증을 가지고 있다. 이들은 기쁨을 찾기 위하여 항상 새로운 무엇인가를 꿈꾸며 아이디어가 많으므로 툭 털어버리고 자유롭게 날아갈 수 있으나, 섬세하고 예민하므로 상처에도 민감한 이들은 상처 받을 때 움츠려 들어 입을 다물어 버리는 경향이 있다. 이들은 산뜻하고 가볍고 유쾌한 사랑을 한다.

나. 심장 중심 – 2사랑, 3성취, 4 품위

◉ 사랑 유형

이들의 육체적 심리적 생명을 움직이는 힘은 사랑이므로 이들의 신념 틀은 사랑이다. 관계 안에서 인정받고 사랑 받아야 하며 다른 사람들의 반목조차 불편한 이들은 자신의 개입으로 단체가 화목해 지기를 원한다. 그러나 주위의 사람들은 이들의 도움을 이용할 뿐, 실제로 이들의 도움으로 관계를 회복하고 싶어 하지 않을 수 있다. 이들이 자기중심, 자기추구, 자기방어적인 사고에 갇힐 때 이들은 상대방 행동의 동기에 상관없이 자신의 도움을 무시한다는 인식 틀로 재어본다. 이들이 부정적인 감정을 가질 때에는 자신의 개입을 무시하고 공동체를 살벌하게 몰고 간다고 해석할 때이다. 이들의 혈을 움직여가는 생명의 기운이 사랑이기 때문이다. 자신을 무시한다고 느낄 때 이들은 수치심, 우울 등을 앓게 되고 이들의 재능은 빛을 잃는다. 상대방의 청을 거절하기 힘든 이들의 사랑 법은 자신의 뜻은 접어놓고 상대가 행복하기를 바라는 희생적인 따스한 사랑이다.

◉ 성취 유형

이들의 육체적 심리적 생명을 움직이는 힘은 성공이므로 이들의 신념 틀은 성공이다. 실패 안에서도 작은 성공만을 기억하는 이들의 가공할 만한 선택적 기억력은 성공지향적인 이들의 관점을 드러내 준다. 이들의 혈을 움직여가는 생명의 기운이 성취이기 때문이다. 이들이 자기중심, 자기추구, 자기방어적인 사고에 갇힐 때 상대방 행동의 동기에 상관없이 자신의 성공에 방해되는 상대나 상황이라는 인식 틀로 재어본다. 이기고 지느냐가 문제인 이들은 과도한 경쟁으로 실재적인 사랑을 잃게 될 때 수치심, 화 등으로 건강을 망가뜨릴 수 있다. 그럴 때 이들의 재능은 빛을 잃는다. 성장을 위해 자신의 잘못을 지적해 주는 것조차 싫은 이들의 사랑 법은 자신에게 성공을 가져다 줄 일이나 사람에게 사랑이 가는 실용적인 사랑이다.

◉ 품위 유형

이들의 육체적 심리적 생명을 움직이는 힘은 품위이므로 이들의 신념 틀은 아름다움과 품위이다. 이들은 세상이 아름다움에 의해 구원되리라고 믿는다. 기본적으로 아름답고 품위를 갖추고 있는 이들은 누더기를 걸쳐도 아름다워 보인다. 이들의 혈을 움직여가는 생명의 기운이 품위이기 때문이다. 이들이 자기중심, 자기추구, 자기방어적인 사고에 갇힐 때 상대방 행동의 동기에 상관없이 평범함과 천박함이라는 인식 틀로 상대방을 재어본다. 이들이 부정적인 감정을 가질 때는 상대방 행동의 동기에 상관없이 자신의 품위를 손상시킬 수 있는 상황이나 상대라고 해석할 때이다. 이들은 주위의 평가에 지나치게 신경을 쓰며 영향 받는다. 이들은 사랑하는 사람이나 단체의 품위가 손상되지 않게 하려고 노력한다. 단체 안에서 좋지 않는 일들이 일어난다고 믿는 이들은 단체 안에서 융화되기 힘들 수 있다. 관대하고 부드러운 이들은 사랑 자체로 아름다운 사랑을 갈구한다.

다. 장 중심 - 1옳음, 8 강함, 9 평화

◉ 옳음 유형

이들의 육체적 심리적 생명을 움직이는 힘은 옳음이므로 이들의 신념 틀은 옳음과 완벽함이다. 이들의 눈은 심판관의 눈이며 세상은 항상 잘못되어 있다고 믿고 바로 잡아야 한다는 믿고 잘못이라는 인식 틀로 재어본다. 이들은 자기중심, 자기추구, 자기방어적인 사고에 갇힐 때 상대방 행동의 동기에 상관없이 잘못되어 간다고 판단할 때이다. 그럴 때 이들은 화가 난다. 이들의 혈을 움직여가는 생명의 기운이 옳음이기 때문이다. 그러나 화를 낸다는 것은 옳음과 완벽을 깨는 것이어서 이들은 화를 억압한다. 이들의 억압된 화로 인해 짜증이 심해질 때 이들의 재능은 빛을 잃게 되고 이들 앞에서 다른 사람들은 긴장이 되고 불편해 진다. 이들의 사랑 법은 잔소리 사랑이다. 바른 생활 교과서라는 별명으로도 불리는 이들은 자신이 사랑하는 이들에게 가르침을 주려 하며 예의가 바르다. 이들은 모든 것들이 반듯하게 돌아가야 함으로 질서를 잡기 위해서 잔소리 사랑을 한다.

◉ 강함 유형

이들의 육체적 심리적 생명을 움직이는 힘은 강함이므로 이들의 신념 틀은 강함이다. 이들의 말과 행동에는 힘이 실려 있다. 이들은 어릴 때부터 명령 투의 말부터 배우는 이들이 자기중심, 자기추구, 자기방어적인 사고에 갇힐 때 상대방 행동의 동기에 상관없이 약함이라는 인식 틀로 마주하고 있는 상대나 상황을 재어본다. 이들은 연약함을 싫어하며 상황이 자신의 손에 의해 통제되기를 원하기 때문에 누구에게 예속되는 것을 가장 싫어한다. 이들의 혈을 움직여가는 생명의 기운이 강함이기 때문이다. 대체로 건강하며 관대하고 대범한 이들은 자신도 상대방도 연약해 지는 것을 싫어한다. 때로 강렬한 스포츠를 즐기는 이들의 싸움은 이들이 거래를 성사시키는 방법이기도 하다. 이들은 싸우면서 친해진다고 믿으며 싸우면서 일으켜 주는 사랑을 한다.

◉ 평화 유형

이들의 육체적 심리적 생명을 움직이는 힘은 평화이므로 이들의 신념 틀은 평화이다. 이들은 함께 하고 있는 이들에게 편안함과 안정감을 준다. 이들은 몸과 마음에 평화를 간직하기 위하여 갈등상황을 피하려고 한다. 이들의 혈을 움직여가는 생명의 기운이 평화이기 때문이다. 갈등직면이 어려운 이들이 자기중심, 자기추구, 자기방어적인 사고에 갇힐 때 상대방 행동의 동기에 상관없이 갈등상황이라는 인식 틀로 마주하고 있는 상대나 상황을 재어본다. 일의 잘, 잘못을 떠나서 어려운 처지의 사람들 편에 서고 싶어하는 이들은 통제 당하는 것을 가장 싫어하며, 상대방도 억압하거나 구속하는 일 없이 자율적으로 일 하기를 원한다. 이들은 일이 순리에 따라 순조롭게 해결되기를 바라는 운명론자들이다. 이들은 모든 걸 신의 섭리에 맡겨두며 자율적으로 움직일 수 있도록 울타리를 넓게 쳐두는 방목하는 혹은 기다리는 사랑을 한다.

● 서로 알아들을 수 없는 사람들

나의 신념 틀은 주어진 영성으로부터 온 것이므로 긍정적인 의식이다. 그러나 나의 신념 틀에 의한 생각과 말과 행동은 상대의 인식 틀에 의해서 부정된다. 있는 그대로 보고 듣지 못하는 우리들 일상의식의 창은 서로를 왜곡시켜 비추어내고 반응함으로써 차별, 대립, 반목으로 치달아 상처를 주고 받는다. 서로를 집착과 충동의 창으로 왜곡시켜 알아채고 경험하면서 반응하고 있는 일화를 옳음 유형, 기쁨 유형, 성취 유형이 엮어가는 이야기를 통해서 들어 보자. 단체 안에서 창의적인 아이디어와 명쾌한 재담으로 분위기를 띄워주는 기쁨 유형은 인기가 많다. 자신이 공동체의 분위기를 기쁨으로 채워야 한다는 욕구를 가지고 있는 이들은 새로운 아이디어로 일을 벌이곤 한다. 그러나 일벌레인 옳음 유형의 눈에는 자신이 하고 싶은 일이나 벌이는 문제아로 보인다. 바른 생활 교과서라는 별명으로 불리는 옳음 유형은 자신의 가치인 올바름으로 공동체의 궂은일을 도맡아 하고 있기 때문에 기쁨유형의 일까지 자신의 차지가 되기 일쑤이기 때문이다. 책임과 의무를 중요시하는 모든 장 중심 사람들 - 옳음, 강함, 평화 유형의 눈에도 기쁨 유형의 생각과 말과 행동들이 놀기 좋아하고 항상 새로운 무언가를 찾아 날아다니는 철딱서니 없는 사람으로 보인다. 모든 장 중심 사람들이 그렇듯이 옳음 유형은 기쁨 유형의 버릇을 고쳐주고 싶다. 성취유형은 반짝이는 아이디어를 가지고 있는 기쁨 유형과 함께 사랑과 관심을 나누며 함께 일을 도모하면서 무언가 성취해 내고 싶은 욕구에 기회를 보고 있는 중이다. 그러던 차에 완벽을 추구하는 신중한 옳음 유형이 기쁨 유형의 버릇을 고쳐주고 싶은 의도에서 신중하게 다가가 첫 인사를 한다.

"날씨가 참 좋습니다." 옆에 서있던 성취 유형은 기쁨 유형에게 호감을 가지고 있지만 머뭇거리고 있던 차에 옳음 유형이 자신보다 먼저 다가가 사랑의 인사를 건네고 있다고 착각한다. 자신의 내면에 자리한 집착의 눈과 귀로 상대를 보고 해석한 탓에 성취 유형의 귀에 들려오는 옳음 유형의 인사는 기쁨 유형에게 접근하여 관심과 사랑을 나누려는 것으로 해석된다. 옳음 유형의 행동은 성취 유형에게 사랑을 쟁취하고 싶은 모습으로 비춰지고 옳음 유형은 순식간에 성취 유형의 연적이 되어 버린다. 일의 진행과정에 따리 옳음 유형은 성취 유형의 경쟁자가 되어버리고 옳음 유형의 모든 말과 행동은 이기느냐 죽느냐가 관건인 성취 유형의 집착으로 해석되어 부풀려진 채로 전해진다. 자신이 부풀리고 지어낸 이야기에 스스로 속게 되는 성취 유형은 모든 상상을 동원해서 자신이 믿고 있는 만큼 전할 수 있는 능력이 주어진다. 그러한 능력으로 성취 유형의 말은 설득력 있게 전해진다.

신중하고 완벽한 옳음 유형은 상황을 반듯하게 돌려놓기 위해서 애를 쓰겠지만 옳음 유형의 말과 행동은 성취유형의 인식 틀에 비춰져 더욱 왜곡되고 부풀려져 괴담이 되어 단체에 전해진다. 옳음 유형이 모든 이들의 질투심을 유발시킬 만큼 각광을 받고 있거나 유복하다면 괴담은 단체를 하나로 묶어주는 고리가 된다. 그렇게 되어 성취 유형의 말에는 더욱 힘이 실리고 괴담은 날개가 달려 퍼져나간다. 옳음 유형은 이제 기쁨 유형 보다 성취 유형의 버릇을 고쳐 주고 싶다. 그러나 이미 기정사실이 되어버린 옳음 유형의 행동들은 단체의 가십거리가 되기 십상이다. 옳음 유형은 참다가 급기야는 한꺼번에 폭발할 수 있다. 그는 공동체를 뒤집어 놓을 수도 있다. 그럴 때 주위의 사람들은 옳음 유형이 왜 그토록 화를 냈는지 이해할 수 없다. 이유 없는 무덤이 없듯이 한 사람의 행동에는 그 행동이 옳았든, 옳지 않았든 그와 신만이 이해하고 있는 이유가 있다. 그렇더라도 공동체의 공감을 얻을 수 없는 옳음 유형의 부정적인 모습은 옳음 유형 자신에게도 기쁨 유형에게도 성취 유형에게도 공동체에도 생명력을 파괴하는 폭력으로 비춰질 뿐이다.

나는 어디서 어떻게 드러나는가?

관계 안에서, 비 본질적 정체성, 왜곡된 신성 → 아홉 죄의 모습 → 칠죄종 + 두려움, 기만

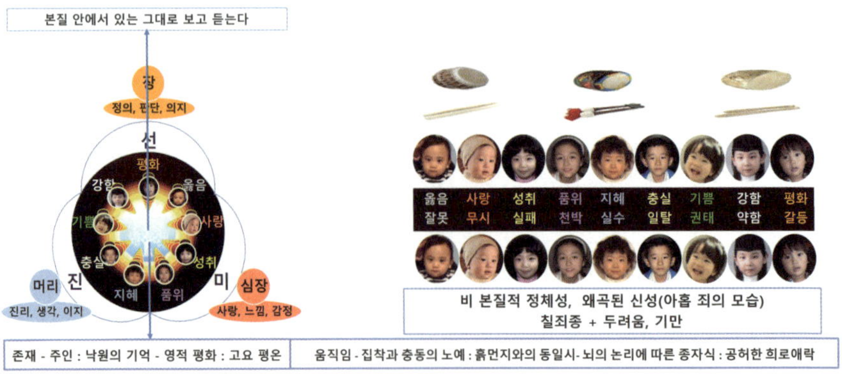

우리에게 의사소통이 가능할까? 나의 행동이 내면의 동기대로 그대로 전달된다고 믿지만 기대 자체가 잘 못된 것일 수 있다. 북소리는 어디에서 드러날까? 북소리는 북과 북채와의 관계 안에서 북과 북채의 재질(才質)에 따라 상호작용하여 반응하는 소리로 드러난다. 우리의 의사소통 결과도 마찬가지다. 우리들 의사소통의 결과 역시 우리가 지니고 살아가는 기질(氣質)에 따라 상호작용하여 반응하는 의식 혹은 의견으로 드러난다. 나의 생각과 말과 행동은 상대방 색깔의 창에 의해 왜곡되고, 왜곡된 채로 또 다른 사람들의 창 색깔에 따라 다시 왜곡되어 전달된다. 같은 성취 유형이 성취 유형의 말을 들을 때는 같은 인식 틀을 가지고 있기 때문에 성취 유형의 말을 공감하면서 들을 것이다. 그러나 머리중심이 전해들을 때는 자신의 인식 틀에 따라 옳음 유형이 공동체의 안전을 위협하는 행동을 했고, 실수했다고 비난할 것이다. 장 중심이 들을 때는 장 중심의 인식 틀에 따라 옳음 유형이 공동체를 자신이 힘으로 통제하기 위해서 힘을 행사했다고 비난할 것이다. 따라서 곡해 받고 있다고 느낄 때 자신을 위한 해명이나 설명은 일을 더욱 엉켜들게 만들어줄 뿐이다. 사람의 일이란 진실과는 상관없이 보고 듣는 각자의 그림자투사에 따라 더욱 각색되고 부풀려져 괴담이 만들어지고 말하기 좋아하는 사람들의 가십거리가 되어 돌아다니기 일쑤다. 오해를 받고 있다는 징후를 느낄 때는 침묵이 괴담을 잠재우는 가장 빠른 길일 수 있다. 그러한 이유로 프랑스의 재담가인 샹포르는 "의견 중에 가장 최악의 의견은 여론이다." 라는 명언을 남겼다.

5. 성장방향, 스트레스 방향, 날개

힘의 중심을 가지고 있는 조건 지어진 알몸 - 그 알몸이 자신의 육체적 심리적 생명을 이어나가기 위한 영적 정신적 신체적 조건으로부터 온 잘못된 자기 사랑은 우리를 고통 속으로 끌고 간다. 잘못된 자기사랑이 불러온 고통이 우리의 의식을 깨울 수 있을 때 본질 안에서 하나인 우리는 성장과 통합의 길을 걷게 된다. 그러나 때로 고통은 우리를 스트레스 상황으로 몰고 갈 수 있어서 우리의 상황은 더욱 나빠질 수 있다. 성장과 통합의 길을 걷거나 스트레스 방향으로 가는 길에 있어서도 우리들 의식의 흐름은 우주적 창조 질서 안에서 어떤 흐름의 법칙을 가지고 움직인다.

아홉 로고스의 시선, 얼굴, 손 : 역할, 소명○ 선악분별x

빛의 생명, 영적 존재 : 전체와 접힌 질서 : 개체는 연결 → 유기체는 전체(존재적 영적 생명)와 연결이 끊어질 때 질병이 발생되는 움직임

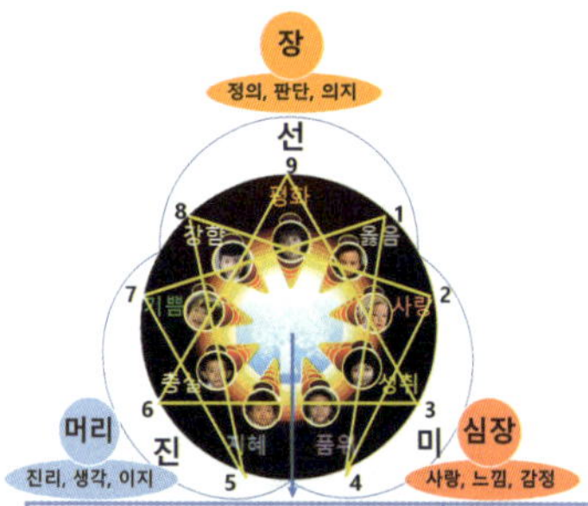

		신념 틀	인식 틀	사랑 법
장	정의 불의	9. 평화	갈등	가르치는, 방목, 기다리는 사랑
		8. 강함	약함	가르치는, 싸우고, 일으키는 사랑
		1. 옳음	잘못	가르치는, 잔소리, 보호하는 사랑
머리	진리 거짓	7. 기쁨	권태	자유로운, 쾌적한, 영성적인 사랑
		6. 충실	일탈, 실수	결정이 어려운, 신념에 입각한 사랑
		5. 지혜	어리석음	까다로운, 금욕적, 정신적인 사랑
심장	사랑 무시	2. 사랑	무시	따스한, 편안한, 헌신적인 사랑
		3. 성취	실패	따스한, 동기부여, 실용적인 사랑
		4. 품위	천박	따스한, 품격 있는, 아름다운 사랑

존재 : 로고스, 영적 생명 = 생명나무	3의 법칙	7의 법칙	움직임 : 육체적 심리적 생명 = 선악과 나무
생명의 빛, 법, 로고스의 시선, 숨 : 생기 낙원의 기억 : 고요, 평온	머리 심장 장	1, 4, 2, 8, 5, 7, 1	로고스의 시선, 숨, 생기를 통한 물질과 에너지의 교환으로 생명력 낙원의 기억에 닿기 위한 지력, 의식활동(생명활동) : 희로애락

3의 법칙, 7의 법칙이다. 본질 안에서 하나인 우리의 의식은 성장지점, 스트레스지점으로 가는 길에서 3의 법칙과 7의 법칙이라는 의식의 흐름을 겪게 된다. 3의 법칙이란 삼각형으로 표현된 상징 도형에서 보는 바와 같이 3-6-9-3의 흐름을 가리키며, 7의 법칙은 1-4-2-8-5-7-1의 흐름을 가리킨다. 3의 법칙에서 성장방향은 3->6->9->3의 흐름이고, 스트레스 방향은 9->6->3->9의 흐름이다. 1-4-2-8-5-7로 이어지는 7의 법칙에서 성장방향은 7->5->8->2->4->1의 흐름이고, 스트레스 방향은 7->1->4->2->8->5->7의 흐름이다.

가) 성장방향

3유형 ⇒ 6유형 ⇒ 9유형 ⇒ 3유형
7유형 ⇒ 5유형 ⇒ 8유형 ⇒ 2유형 ⇒ 4유형 ⇒ 1유형 ⇒ 7유형

◎ 이기냐 지느냐가 문제인 3성취 유형은 자신의 성공을 위해서 다른 사람을 이용하거나 다른 사람의 희생을 요구하지 않고 공동체를 위해서 희생 봉사 하는 6 충실 유형의 특징을 나의 것으로 하게 될 때 그토록 원하던 주위 사람들의 사랑과 인정을 받게 되며 존경 받는 지도자로 우뚝 설 수 있다.

◎ 의심과 두려움으로 자신의 힘을 탕진하던 6 충실 유형은 9 평화 유형이 가지고 있는 편안함과 믿음을 자신의 것으로 할 수 있을 때 재능이

살아나며 공동체를 위해서 자신의 기량을 발휘할 수 있다.

◎ 평화를 집착으로 가져갈 때 갈등 직면이 어려워 일을 그르치거나, 아예 아무것도 할 수 없는 9 평화 유형은 자신감을 가지고 행동할 수 있는 3성취 유형의 특징을 자신의 것으로 가져와 행동할 수 있을 때 자신이 그토록 원하던 공평하고 정의로운 세상의 변화를 위해서 기여할 수 있다.

◎ 지루함과 권태로움을 참을 수 없는 7 기쁨 유형은 깊숙이 파고 들 수 있는 5 지혜 유형의 특징을 자신의 것으로 할 수 있을 때 많은 것들을 이루어 낼 수 있다.

◎ 정반합의 사고에 갇혀 행동할 수 없는 5 지혜 유형은 8강함 유형의 힘과 생명력을 자신의 것으로 할 수 있을 때 긍정적인 8 강함 유형의 모습을 보이며 간디처럼 행동하는 지성이 될 수 있다.

◎ 자신의 힘으로 정의롭고 공평한 사회적 변화를 일으키고 싶은 8 강함 유형들은 모든 것을 자신의 힘으로 통제하고 결정하고 움직이고 싶다. 가난하고 나약하여 힘의 논리에 의해 착취당하고 있는 것을 보면 참을 수가 없는 8강함 유형들은 정의를 위해서 일할 수 있을 때 2 사랑 유형의 성격 특징을 자신의 것으로 가져와 진심으로 다른 사람을 위해서 봉사하고 희생할 수 있으며 자신이 그토록 원하던 사회적 변

화를 일으킬 수 있다.

◎ 자신의 필요보다 다른 사람의 필요에 신경을 더 쓰면서 의존적이 될 수 있는 2 사랑 유형은 4유형의 독립심을 배워 자신으로서 굳건히 설 수 있을 때 품위유형의 아름다움까지 곁들여 당당하고 우아하게 일을 추진한다. 그럴 수 있을 때 이들은 자신의 필요에도 귀를 기울이게 됩니다. 이들이 진실로 자신을 사랑할 수 있을 때 다른 사람도 진심으로 일으켜 세워 줄 수 있는 재능이 발휘 된다.

◎ 잃어버린 사랑을 향해서 끊임없는 갈망과 슬픔 속에 잠겨 현실을 살 수 없는 4 품위 유형들은 행동하는 1옳음 유형의 특징을 배울 수 있을 때 열등의식에서 벗어나 자신감을 가지고 행동하는 영적 품격을 갖출 수 있다. 그럴 때 4 품위 유형들은 자신이 그토록 원하던 당당하고 아름다운 모습으로 사회 정의를 위해서 일 할 수 있다.

◎ 자신의 틀 안에서 당연과 의무에 충실하며 자신의 책임을 다하면서 일에 파묻혀 지내는 1옳음 유형들은 자신의 틀에서 해방될 될 때 7기쁨 유형의 자유로움을 자신의 특징으로 끌어 온다. 그럴 수 있을 때 1 옳음 유형은 삶의 윤택함과 즐거움 안에서 책임을 다하는 성공하는 지도자로 태어나게 된다.

어떤 유형으로 태어났건 본질 안에서 하나인 우리의 과제는 전체성 안에서 모든 유형의 특징을 의식화 하는 것이다. 모든 유형화의 의미는 자신의 특성을 잃지 않으면서 모든 유형의 본질에 닿을 수 있는 개성화의 의미이며, 그리스도화, 말씀화의 의미이다. 성취의 예를 들어 보자. 성취 유형이 영성이 가지고 있는 본질로서의 성취를 이루려 할 때 1유형의 올곧음과 정직으로 일하며 2유형의 사랑과 희생정신으로 4유형의 품격과 5유형의 지혜와 6유형의 충실함으로 일하며 7유형의 기쁨 안에서 8유형의 강함과 9유형의 평화 안에서 이루어 낸다는 것이다. 관계 안의 생명은 우리는 영적 성취를 이루어 낼 때에야 공동체와 함께 진정으로 살아있음의 느낌, 삶의 기쁨을 느끼게 된다.

나) 스트레스 방향

9유형 ⇒ 6유형 ⇒ 3유형 ⇒ 9유형
1유형 ⇒ 4유형 ⇒ 2유형 ⇒ 8유형 ⇒ 5유형 ⇒ 7유형 ⇒ 1유형

◎ 9평화 유형의 자기 비하는 자신을 비하함으로써 상대를 편안하게 해주어 평화를 얻어 누리려는 집착이다. 그러나 장형으로서 권위적인 9평화 유형의 자기비하는 다른 사람들이 자신에게 함부로 대하도록 유도함으로써 스트레스를 받게 된다. 그럴 때 9평화 유형은 6충실 유형의 못난 모습인 의심과 노심초사 등을 자신의 것으로 가져와 움츠러들다가 나중에는 무섭게 폭발하게 된다. 9평화 유형은 자신이 그토록 원하던 평화를 깨 버리고 공동체를 살벌하게 몰고 가게 된다. 9평화 유형의 자기 비하는 자신의 재능이 드러나는 것을 막아 결과적으로는 자신

이 원하던 평화를 잃게 한다.

◎ 공동체를 위해서 성실히 봉사하는 6 충실 유형은 잘못된 신념에 빠질 때 자신의 신념을 행동으로 옮기기 위해서 3성취 유형의 책략을 쓰면서 일을 성공시키려 한다. 그럴 때 6충실 유형은 3성취 유형의 못난 모습 - 이기느냐 지느냐의 문제를 자신의 것으로 가져와 결국 공동체를 위한 자신의 가치인 충실을 깨게 되므로 자신을 잃게 된다. 그럴 때 6 충실 유형은 더욱 두려워지고 편집증 등을 앓게 된다.

◎ 자신감을 가지고 행동하던 3성취 유형이 지나친 책략을 써서 공동체에서 이탈되는 실패를 하게 될 때 3성취 유형은 걷잡을 수 없이 의기소침해지며 움츠러들게 된다. 그럴 때 3 성취 유형은 자신감을 잃게 되고 삶의 의욕을 잃게 되며 실패했다는 자각으로 우울증을 앓게 된다. 그리고 아무것도 할 수 없는 9평화 유형의 못난 모습처럼 움츠려 들며, 수치심과 화 등으로 무너지게 되어 이성을 잃고 자신을 망가뜨릴 수 있다.

◎ 모든 일을 자신이 떠맡아 하게 되는 1 옳음 유형은 과도한 업무로 짓눌릴 때 불공평한 환경과 자신에게 화를 내게 되며 그토록 애써온 일들에서 보람을 찾지 못하며 회의하고 반성하게 된다. 그럴 때 1 옳음 유형은 극심한 우울에 갇히게 되며 4품위 유형의 특징인 슬픔 우울 등을 자신의 것으로 취하며, 그의 재능은 드러나지 않는다.

◎ 독립적이며 자신만의 공간에서 굳건히 서 있을 수 있는 4 품위 유형들은 사랑에 대한 갈망으로 스트레스를 받게 될 때 2 사랑 유형의 의존적인 것들을 자신의 것으로 자신의 재능인 품위를 잃고 망가지게 된다.

◎ 다른 사람의 필요에 마음을 쓰며 희생 봉사에서 기쁨을 느끼던 2 사랑 유형들은 자신이 해준 것만큼 아무에게도 되돌려 받을 수 없으며 착취당하고 이용당했다는 느낌을 가지게 될 때 8 강함 유형의 못난 모습을 자신의 것으로 갖고 와 무섭게 화를 터뜨릴 수 있다. 그렇게 될 때 2 사랑 유형은 사랑을 잃게 되어 악순환을 겪게 되고 우울증에 빠지게 된다.

◎ 이성적이고 결단력 있는 행동으로 일을 추진하던 8 강함 유형이 독단에 빠져 사람들을 심하게 통제하려 할 때 공동체는 8 강함 유형을 배척하게 된다. 그럴 때 8 강함 유형은 심하게 충격 받으며 5 지혜 유형의 못난 모습을 자신의 것으로 가져와 의심과 망상에 빠져들며 움츠려 든다.

◎ 우울의 극점에서 기도하며 지혜를 통달할 수 있는 5 지혜 유형들은 깊이 생각하는 대신에 스트레스 지점에서 얕고 가벼운 7기쁨 유형의 못난 모습을 자신의 것으로 가져와 본질을 놓치게 된다. 그럴 때 5지혜 유형은 가볍고 전략적이 되며 자신의 특성인 지혜를 놓치게 된다.

◎ 자유롭고 밝은 환경에서 창의적인 아이디어로 반짝이는 7기쁨 유형은 억압받을 때, 혹은 과도한 책임을 떠 맡게 될 때 스트레스 방향인 1옳음

유형의 못난 모습을 자신의 것으로 가져와 본질을 놓치게 된다. 이들이 잘 극복했을 때라도 완벽에 대한 과도한 신경증으로 일을 완벽하게 해내기 위해서 몸과 마음을 과도하게 움직인다. 그럴 때 이들은 찬사와 함께 인정받게 되지만, 이들의 과도한 사고기능이 극복되지 못 했을 때 상황의 잘, 잘못을 따지게 되고, 공동체를 살벌하게 몰아가기도 하고 알코올 중독, 도박 등에 빠질 수도 있다.

다) 날개

성장 방향 스트레스방향 이외에도 우리는 필요에 따라 각 유형 옆 양쪽 날개유형의 성격특징을 끌어다 쓴다. 따라서 우리의 의식이 성장지점에 있는가, 스트레스 지점에 있는가에 따라, 끌어다 쓰는 양쪽 날개 유형에 따라 각기 다른 모습을 보여 준다.

우리는 우리가 처해진 상황에 따라 양 날개의 성격 특징을 끌어다 쓸 수 있다. 가령 1옳음 유형이 어느 가게의 점원으로 생계를 이어가게 되었을 경우 자신의 특징대로 사람을 가르치고 잘못된 것을 바로 잡으려 한다면 점원으로 살아갈 수 없다. 그럴 때 1옳음 유형은 옆 날개로 있는 2사랑 유형의 성격 특징을 끌어다 쓸 수 있다. 1옳음 유형은 2사랑 유형의 서비스 정신과 배려 등을 끌어다 쓰면서 점원으로 살아간다. 그렇다 하더라도 자신이 타고 난 1옳음 유형의 기운이 자신을 돌리는 생명력이므로 삶의 행간 행간에서 1옳음 유형의 특징을 드러낸다. 서비스를 하면서도 손님의 잘못된 점을 조심스럽게 지적해주거나 손님이 잘못 주차해 놓은 차를 잘 주차하도록 지적해 줄 수 있다.

반대로 2사랑 유형이 1옳음 유형처럼 관리직, 행정직 혹은 회계사 등의 일을 하게 될 경우 2사랑 유형의 따스함이나 서비스 정신을 갖고 있지만 날개 유형인 1옳음 유형의 특징을 살려서 잘못된 것을 꼼꼼히 가려내며 일을 완벽하게 완수하게 된다. 각 유형은 이러한 방식으로 상황에 따라 날개를 끌어다 쓸 수 있다. 그러나 자신의 생각과 말과 행동의 동기는 내면의 요구에 따른 타고난 유형의 동기에 따라 움직인다.

그러면 각 유형은 성장 방향, 스트레스 방향, 날개에 따른 의식의 흐름 안에서 유형이 변할까? 그렇지 않다. 각 유형의 의식은 성장 방향, 스트레스 방향, 날개에 따라 조금씩 다른 모습을 보일 수 있으나 각 유형 생각과 말과 행동을 주관하는 내면의 동기는 각 유형의 가치에서 출발한다. 예를 들어 9평화 유형인 레이건은 성장 방향에서 3성취 유형의 성격 특징을 자신의 것으로 해야 했다. 그러나 레이건이 3성취 유형의 특징을 가지고 살아간다 하더라도 자신의 생각과 말과 행동을 움직여 가는 힘과 생명력은 정의롭고 공평한 사회적 변화를 위한 9 평화 유형의 가치에서 출발한다는 것이다.

행동하는 지성인 간디는 5지혜 유형이었지만, 역동 안에서 성장 지점인 8강함 유형으로 옮아가 행동하는 지성이 되었다. 그러나 진리를 좇아 살아가는 5지혜 유형의 가치는 그의 친필 자서전 곳곳에서 드러내고 있다.

성장 방향, 스트레스 방향, 날개가 가지고 있는 역동에 따라 얼굴 기운과 눈빛, 태도 매너 등도 어느 정도의 변형을 가져올 수 있다. 간디의 얼굴을 보면 타고난 지혜 유형의 눈빛, 얼굴 기운에서 행동하는 지성이 되어 성장 지점인 강함 유형으로 변화하면서 눈빛, 얼굴 기운들이 변화한다. 그러나 그의 일생을 통해 일관되게 흐르고 있는 눈빛, 얼굴 기운을 보면 사려 깊고 온화하며 무엇보다 금욕적인 5 지혜 유형의 특징을 일관되게 보여 주고 있다.

1옳음 유형이 서비스업에 종사하게 되어 2사랑 유형의 날개를 쓰게 될 때 1옳음 유형의 확고한 눈빛과 올곧은 얼굴 기운보다 사랑 유형의 따스한 눈빛과 따듯하고 편안한 얼굴 기운을 취하게 되겠지만 타고난 2사랑 유형만큼 따스하고 편안한 얼굴 기운을 보여 주기는 어렵다. 2사랑 유형이 생업을 위해 관리직, 행정적, 회계사 등에 종사하게 되었을 때 2사랑 유형은 옆 날개인 1옳음 유형의 특징을 끌어다 쓸 수 있다. 그럴 때 2사랑 유형은 확고한 눈빛, 올곧은 얼굴 기운을 가질 수 있다. 그러나 1옳음 유형만큼은 아니라는 것이다.

3의 법칙과 7의 법칙, 양쪽 날개로 그려진 에니어그램 상징 도형은 우리들 9가지 성격 유형과 그 성격 유형들 간의 상호 역학 관계를 설명해 준다. 우리는 에니어그램 상징 도형의 상호 연결성을 봄으로써 자신과 타인의 성격 프레임과 관계 맺고 있는 사람들과의 역동을 이해할 수 있다.

◎ 자유롭고 건강한 삶을 위한 노트

● 자신의 죄로 상대방을 보고 듣는 그림자투사를 멈춘다.

"하느님의 신비는 사람의 마음속에 자리하고 있다. 우선은 머리의 지력으로 알아듣기 쉬운 것 같아도 그것은 오직 사랑 안에서만 메아리 친다. 당신은 사랑함으로써 이해하게 된다. 사랑한다는 것은 마음속을 터놓는다는 것이다. 표징은 사랑할 때 명백하게 드러나 보이고 올바르게 해석되고 이해된다."

- 도시의 광야 중에서(까를로 까레또) -

표징은 사랑할 때 명백하게 드러나 보이고 올바르게 해석되고 이해된다는 까를로 까레또의 말처럼 한 사람을 온전히 사랑할 수 있는 신성의 빛, 로고스의 시선 안에서만 우리들 의식의 창은 투명해질 수 있으며 선명하게 비추어 낼 수 있을 것이다. 사람의 생각과 말과 행동은 머리의 지력을 통한 분석으로는 알 수 없다. 사람의 생각과 말과 행동을 놓고 머리로 분석 할 때 분석하면 할수록 힘의 중심에 따른 왜곡과 영성의 회복 정도에 따른 의식 수준에서 멀리 나아갈 수 있을 뿐이다. 머리 중심의 머리는 분석하면 할수록 이해할 수 없는 것들을 들추어내어 두려움에 갇히게 되고, 심장 중심의 머리는 분석하면 할수록 무시당했다는 수치심, 우울증에 갇히게 되고, 장 중심의 머리는 분석하면 할수록 불의하다는 판단에서 오는 화에 갇히게 된다.

그러면 에니어그램 유형의 틀로 한 사람의 생각과 말과 행동을 분석해 내고 판단할 수 있을까? 그렇지 않다. 각 유형이 보여주는 사고방식, 행동방식, 태도, 몸짓 등의 큰 줄기는 짐작할 수 있겠다. 그러나 우리의 생각과 말과 행동의 동기는 우리의 의식수준이 성장방향, 스트레스 방향의 어느 지점에 있는가에 따라서, 쓰고 있는 날개에 따라서 달라진다. 또한 영성을 회복해 갈수록 본질에 닿아 모든 유형의 장점을 골고루 쓰게 되듯 집착에 갇힐 때 역시 모든 유형의 약점에 노출될 수 있고, 자신이 속한 공동체의 역사, 문화, 종교, 교육에 따라서 다른 모습을 보여주고 있기 때문이다. 더구나 인간은 타고난 영적 가치에 따른 기질을 가지고 있고 기질과 의식수준을 가지고 있는 몸이어서 어느 누구도 있는 그대로 판단 할 수 없는 조건 지어진 몸이다. 데이비드 호킨스 박사 역시 그의 저서 '의식수준을 넘어서'에서 "인간 정신은 그 자체의 구조로 말미암아 진실과 거짓을 식별할 수가 없는 것이며, 이러한 인간의 무지와 한계를 인류는 개인뿐만 아니라, 전 문명이 겪게 된 엄청난 고통과 수닌 죽음을 통해서 고통스럽게 자각하게 되었다." 라고 설명하고 있다. 그리고 무엇보다 중요한 것은 사람의 일이란 신비에 속한 것이어서 내 탓이 아닌 대속의 의미로 겪게 되는 일 등 이해할 수 없는 수많은 요인과 변수에 의해 움직여가고 있기 때문에 인간의 손으로 만들어진 어떤 틀로서도 재단되어서는 안 된다는 것이다. 이 책에서 사용하고 있는 양자 물리학, 생물학조차 에니어그램의 이해를 위한 과학적 도구로 사용되었을 뿐 인간의 지력에 의한 어떤 도구로도 신비를 온전히 풀어 낼 수는 없다는 것이다.

인간의 지력에 따른 어떤 이론이라도 이론이란 당시의 의식수준 안에서 현상 안에 숨겨진 신비를 풀어보는 창일 뿐이어서 의식의 성장에 따라 언제든 수정, 변경될 수 밖에 없는 것이다. 따라 언제든 수정, 변경될 수 밖에 없는 것이다. 신비를 풀어내는데 있어서 신은 인간의 한계 이상으로 자신을 드러내 보여 줄 수 없기 때문이다. 그런 이유에서 에니어그램의 지혜 역시 자신의 집착을 들여다 보는 거울로서 영적 성장과 상담에 사용될 수 있을 뿐 사람을 판단하는 도구로는 사용될 수 없다.

에니어그램이 주는 메시지 중 인식의 감옥 안에서 잠자는 의식의 기계적 자동반응만큼이나 중요한 것은 우리는 하나의 공동체 안의 연결로서 관계 안의 유기체적 생명이라는 것이다. 신체가 나쁜 영향에 노출 될 때 가장 약한 부분이 먼저 다치듯, 우리들 공동체에서도 가장 여리고 약한 유형인 기쁨 유형이 가장 쉽게 다친다. 신은 기쁨 유형의 여리고 다치기 쉬운 마음 안에 천재성을 숨겨 놓았듯이 우리들 가장 약한 모습 안에 우리들의 강점을 숨겨 놓았다. 우리는 서로의 약점 안에 숨어 있는 강점을 찾아내어 서로를 살려 주면서 다 함께 살아나야 할 공동 운명체이다. 그러나 우리들 공동체의 의식수준과 의식수준에 따른 역동은 청소년의 자살률이 말해 주듯이 희생양을 만들어 낸다. 희생양이 되는 것 또한 자신의 의지와 노력에 따른 책임일 수 있겠다. 그러나 간과해서 안 될 것은 우리는 타고난 힘의 중심에 따라 조건이 다른 몸으로 태어난다는 것이다. 장 중심 사람들은 자기보존적 본능과 함께 건강을 타고나기 때문에 노력하지 않아도 의지가 강한 사람들이다. 그러한 강한 장형들 눈에는 여리고 전략적인 머리중심 사람들이 거슬릴 수 있다. 그러나 머리 중심 사람들이 타고난 특성이 여리고 약하기 때문에 살아남기 위하여 전략적이 될 수밖에 없다는 것이다. 머리 중심 아이들에게는 자신의 특성을 잃지 않으면서 장을 통합 할 수 있는 과정이 주어져야 한다. 그 과정이 부정적이고 강제적인 힘에 의해 주어진다면 자유롭고 밝은 환경 안에서 꽃 피울 수 있는 이들의 천재성은 빛을 잃게 되고 살아갈 힘을 잃은 아이들은 옥상에서 뛰어내릴 수밖에 없는 것이다. 그렇게 될 때 우리 공동체 역시 천재성도 기쁨도 잃게 되어 어두워 질 수밖에 없을 것이다. 관계 안의 유기체적 생명인 우리는 누군가로부터 있는 그대로 이해 받고 사랑 받을 수 있을 때 고요해 지며 치유되고 성장한다. 에니어그램은 사람을 해석하고 판단하는 도구가 아니고 조화와 균형을 이루어가기 위하여 서로에게 생명의 빛이 되어주기 위한 도구로만 사용될 수 있다. 에니어그램을 통하여 우리는 서로에게 그리고 자라나는 아이들에게 자신의 특징을 잃지 않고 참된 개성화에 이를 수 있도록 있는 그대로 판단 없이 들어 주고 이해해 주는 이웃, 친구가 되고 부모가 될 수 있으며, 결점과 약점 안에 숨어있는 재능을 살펴보고 키워주는 이웃과 부모가 되어 줄 수 있다.

"너희는 사람의 기준으로 심판하지만 나도 아무도 심판하지 않는다. 그리고 내가 심판하여도 내 심판은 유효하다. 나 혼자가 아니라, 나와 나를 보내신 아버지께서 함께 심판하시기 때문이다." 요한 8,15-17

● 나의 시선이 어디에 있는가를 생각해 보고 생각과 말과 행위의 동기를 정화시켜 나간다.

삶을 이끌어 가는 충동이나 욕구는 주어진 영성으로부터 오며 삶을 살아가는 에너지의 원천이다. 그러나 그 충동이 강박으로 이어질 때 집착이 된다. 힘의 중심을 가지고 있는 우리들 알몸의 의식 - 감옥 안에서 잠자고 있는 우리들 일상의식은 자기중심, 자기추구, 자기방어적인 거짓 자아의 속삭임 - 그렇게 하지 않으면 사랑 받지 못하고 살아남지 못하리라는 속삭임을 듣고 있다. 우리를 지지해 주고 있는 신성(神性)의 빛은 힘의 중심을 가진 거짓 자아에 의해 가려진다. 우리는 우리들 알몸의 창 - 오염된 눈이 비추는 모습에 스스로 속아 반응함으로써 결코 상대의 본질에 닿을 수 없는 헛손질만 계속하게 된다. 그리고 그 반응을 보는 상대의 내면에서도 진심이 어떻게 왜곡되는지를 경험하면서 어둠 속에서 두려움과 함께 흔들린다. 우리들 알몸 - 힘의 중심을 가지고 있는 알몸은 두려움 속에서 다시 사랑 받고 살아남기 위하여 집착과 거짓을 쓰고……. 그렇게 진심과 진심이 서로 만나지 못하여 사랑이 왜곡되고 세상은 집착과 집착이 거짓과 거짓이 부딪치는 소통이 어려운 곳으로 변해 왔다. 그런 의미에서 심리학자들은 거짓을 진심으로 믿어 줄 때 그 사람은 더 이상 거짓을 얘기하지 않고 치유된다고 설명한다.

본질이 굳어져 집착이 된 것은 물과 얼음으로 표현될 수 있다. 관계 안의 유기체적 생명인 우리가 주위의 영향을 받아 변화하는 것처럼 물 역시 모든 걸 수용하고 받아들여 같이 탁해 진다. 그러나 물은 자신의 성질을 잃지 않으며 결국 정화 작용을 해내어 주위를 맑혀 준다. 그러나 집착이 된 얼음은 서로 부딪치고 깨지면서 상처를 주고받는다. 자기추구, 자기방어적 집착과 충동 안에서 부정적인 감정을 경험하고, 재능이 얼어붙게 될 때 "나의 시선이 어디에 있는가?" 점검해 보아야 한다. 자신의 생각과 말과 행위의 동기가 임마누엘 하느님, 로고스의 시선으로부터 온 것인지, 잠시 알몸을 살아나게 하는 것 같지만 결국은 나와 주위를 망가뜨리게 하는 그림자투사에 의한 기계적 자동반응으로부터 오는 것인지 매 순간 의식하고 알아차리며 생각과 말과 행위의 동기를 정화시켜 나간다.

● 임마누엘 하느님, 빛의 시선으로 나와 타인의 집착 안에서 숨은 신성을 보고 나와 타인을 용서한다.

길이요 진리이고 생명이신 그리스도는 우리에게 생명과 사랑의 길을 가르쳤지만 자신들의 방식으로 알아채고 대처하는 군중들은 이해하지 못하여 자신들의 방식으로 왜곡시키고 십자가가 못 박았던 것이다. 우리에게 아픔이란 있는 그대로 보고 듣지 못하여 예수 그리스도에게 가했던 것과 같은 폭력을 서로에게 가할 때 견뎌야 하는 것들이다. 예수그리스도가 십자가상의 지극한 아픔 속에서도 연민의 마음으로 드렸던 기도 "저들을 용서 하소서 저들은 자신이 하는 일을 모르고 있나이다." 라는 기도를 드릴 수 있을 때 우리는 완성으로 나아간다. 우리는 나와 타인의 성격, 집착 안에 숨어 있는 신성을 보고 나와 타인을 용서해야 하며, 우리의 몸은 고통 안에서 정화되이 균형과 조화를 이룬 영적 몸으로 바뀌어 간다. 그리스도인들은 세례식 때에 그리스도 안에서 죽고 그리스도 안에서 새로 태어나는 과정을 거친다. 십자가의 어리석음은 하느님의 지혜이며, 죽음에 의해 지배되는 속된 어떤 것들 속에서도 그것을 통하여 신성을 회복해야 하는 것이 우리들의 참된 과제다.

● 내가 나의 주인이 되어 <지금 여기>를 산다.

과거를 생각해 보면, 상황을 판단하고 해석하고 그 판단에 따라 반응했던 내가 있었고, 나의 과거가 만들어졌다. 그러나 생각해 보면 많은 부분이 재해석 될 수 있는 여지가 있었다. 상대편이 부정적인 파장을 보냈을지라도 내가 평화 중에 있었다면 나의 판단은 달라졌을 것이고 다르게 반응했을 것이고 다른 과거가 만들어졌을 것이다. 결국 나의 과거는 얼마든지 변할 수 있었던 허구였을 뿐이다. 집착과 충동이 만들어 낸 허구와 불확실한 미래에 영향을 받아 무한한 가능성으로 열려 있는 지금 여기 이 순간을 쪼갤 필요가 있을까? 평화, 기쁨, 사랑은 우리들 존재의 원인이자, 본질이며 우리들의 몸과 마음을 돌려 살게 해 주는 빛이다. 빛의 생명인 우리들 빛의 시간에 과거와 미래는 없는 것이며, 순간의 삶이 영원으로 이어질 뿐이다. 생명의 빛 안에 현존할 수 없는 시간은 반 생명적인 시간이다. 우리의 마음이 누구를 용서할 수 없어서 허구와 상처에 묶여 있는 동안, 나의 결정에 따라 얼마든지 변할 수 있는 것들을 상상하고 걱정하는 마음에 묶여 있는 동안은 생명의 빛이 우리에게 도달할 수 없도록 막는 시간들이다. 하늘나라는 한없는 그리움과 갈망으로 얻어지는 실체라고 영적 스승들은 말하고 있다. 많은 신비가들은 하느님 나라 - 낙원을 향한 그리움과 갈망을 통해 하늘나라를 탐색해 왔다. 참으로 간단하다. 우리는 하늘나라를 갈망하는 원의(原意)를 가짐으로써 하느님의 것을 선택할 수 있고, 우리의 갈망과 의지로써 존재의 깊은 의식 안에서 빛나고 있는 생명의 빛 - 그의 지원과 안내를 받아 사랑의 속성인 영원한 생명을 살 수 있는 것이다. 그 길은 오로지 현재에 존재하는 삶의 방식, 현존 안에서만 가능하다. 어느 신비가는 이렇게 말한다. "성인이란 온전히 현재에 존재할 수 있는 사람이다."

● 육체적 심리적 생명과의 동일시에서 벗어나 고요한 가운데 내 안으로부터 들려오는 생명의 소리를 듣는다.

진리 안에서 현존 할 수 있을 때, 우리는 거짓 자아를 만족시키기 위한 집착을 투명하게 바라보고 놓을 수 있으며, 내면의 요구에 의해 평화와 기쁨과 사랑 안에서 행동하게 된다. 그런 의미에서 진정한 의미의 기도란 내면으로부터 들려오는 생명의 소리를 듣는 것이다. 고요한 가운데 내면의 목소리에 귀를 기울여 보자. 들리지 않는다면 자신에게 물어보아야 한다. 진실로 원의(原意)를 가지고 있는가? 우리가 진정으로 낫기를 원하고 있을까? 그렇지 않은 경우가 더 많다. 영적 진보와 치유를 원한다고 하지만, 실제로는 집착과 충동 안에서 부정적으로 반응한 자신도 타인도 용서하지 못하고 상황을 어떻게든 되돌려 보려는 바보게임에 완고하게 머물러 있을 수 있다. 우리는 잘못된 자기사랑 - 집착과 충동으로부터 온 부딪힘과 부정적 감정을 나누고 위로 받기 위해서 잘못된 자기사랑의 더 큰 이름 - 집단이기주의가 만들어내는 패거리 문화, 끼리끼리 뭉치는 저급하고 연약한 사랑에 연루되어 왔다. 공동체의 분열과 시기, 질투, 국가간의 다툼과 전쟁 공포 등 인류가 겪어온 수난과 고통에는 항상 집착과 충동으로부터 온 잘못된 자기사랑과 집단이기주의가 벌이는 바보게임이 함께 하고 있었다.

집착과 충동으로부터 온 생각과 말과 행위들을 투명하게 바라보고 잘못된 자기사랑과 집단이기주의의 폐해에서 해방되고 개인과 공동체가 치유되기까지는 먼저 내 몸의 변화가 요구된다. 변화는 어떤 인식의 전환에서도, 한 순간의 깨달음으로부터도 오지 않는다. 우리는 몸 세포 하나하나에 고질처럼 새겨져 있는 기억의 영향을 받아 습관처럼 살아가고 있다. 그러므로 변화란 기억과 습관의 정화 없이는 불가능하다. 기억과 습관의 정화는 매 순간 생명의 원인이자 본질인 신성과의 올바른 관계 안에서, 빛의 시선을 가진 빛의 생명으로 자신의 그림자트사를 투명하고 분명하게 알아차릴 수 있는 깨어있는 의식 안에서 가능하다.

힘의 중심을 가진 조건 지어진 알몸으로 태어난 우리는 힘의 중심으로부터 오는 기계적 자동반응을 벗어날 길은 없다. 그리고 고요한 가운데 의식적으로 노력하지 않는 한 매 순간 힘의 중심, 잘못된 자기사랑으로부터 오는 그림자투사와 부정적 감정을 경험할 수밖에 없다. 그렇더라도 깨어난 의식은 매 순간 부딪히는 부정적인 감정과 나를 동일시하지 않는다.

◎ 깨어난 의식은 잘못된 자기사랑에서 오는 그림자투사와 부정적 감정을 나와 동일화하여 상처받고 그 상처를 나누고 위로 받기 위해서 잘못된 자기사랑의 더 큰 이름 – 집단이기주의가 만들어내는 패거리 문화, 끼리끼리 뭉치는 저급하고 연약한 사랑을 추구하지 않는다. 또한 잘못된 자기 사랑이 만들어낸 그림자투사로부터 오는 부정적 감정을 보상 받고자 벌이는 교묘한 전략에 연루되거나 영향 받지도 않는다.

◎ 깨어난 의식은 매 순간 올라오는 그림자투사와 부정적인 감정을 전체성을 가진 빛의 시선으로 의식해 본다.

◎ 깨어난 의식은 나와 상대방의 집착과 충동에 의한 그림자투사와 부정적 감정을 빛의 시선으로 부정적 감정과 기억, 습관들을 투명하게 비추어 내며 그 상처와 고집을 이해와 용서와 사랑으로 치유시켜 흘려 보낸다.

◎ 깨어난 의식은 집착과 충동에 의해 만들어진 부정적인 결과물로 인해서 성취감에 도취 되지도 않는다. 집착을 통하여 얻어낸 반 생명적인 결과물 – 명예, 부, 권력 등은 언제라도 사라지고 말 것들이어서 기쁨대신 슬픔을, 사랑대신 미움을, 평화대신 갈등을 준비하고 있기 때문이다.

◎ 깨어난 의식은 우리들 손에 의해 만들어진 긍정적인 것들이 우리가 해낸 것이며, 우리 모두의 것이라는 안다. 관계 안에서 이루어지는 어떠한 것들도 우주적인 어떤 필요에 의하여 우리에게로 와서 우리를 통하여 흘러 가는 것이기 때문이다.

◎ 깨어난 의식은 잘못된 자기사랑으로부터 멀어지는 자기부정과 서로를 향한 연민의 눈으로 긍정과 믿음과 사랑 안에서 이웃과 함께 생명의 길을 걸을 것이다.

◎ 깨어난 의식은 집착과 충동으로부터 온 잘못된 자기사랑으로부터 벗어나

빛의 시선을 가진 빛의 생명 으로 현존 할 수 있을 때 우리는 이미 자유로운 존재이며 존재 자체로 기쁨이고 사랑이고 평화임을 믿는다.

● 자신 안에서 활동하고 있는 신성을 깨닫는다.

황홀하기 그지없는 연주가 끝난 뒤 청중이 연주자에게 다가가 물었다. “어떻게 그렇게 훌륭한 연주를 할 수 있었나요?” 그 연주자는 이렇게 대답한다. “하느님께서 연주하시도록 저는 비켜서 있기만 하면 됩니다.” 자신을 잊고 무아지경에서 연주를 끝냈다는 이야기다. 하느님의 사랑은 아기 독수리와 엄마 독수리에 비교된다. 아기 독수리가 때가 되어 날아야 할 때 아기 독수리는 제 힘으로 날아 오른 줄 알지만 사실은 엄마 독수리가 날개 밑으로 바람을 내어 아기 독수리가 잘 날아 오르도록 도와준다. 우리는 신성의 빛과 연결된 빛의 자녀들이므로 절대적인 힘에 받쳐지지 않고는 날 수도 없으며, 좋은 연주도, 삶의 조화로운 관계도, 존재의 기쁨도 평화도 사랑도 그 어떤 것들도 가능하지 않다. 그런 의미에서 우리에게 가장 중요한 것은 나와 함께 계시는 임마누엘 하느님에 대한 신뢰 안에서 영적 가치를 살아감으로써 마음을 내려 놓는 것이다. 그럴 수 있을 때 나의 몸은 완벽하게 이완되어 하느님으로부터 오는 생명의 기운은 아무 방해 없이 내 몸으로 흘러 혈을 움직이고 상처와 부정적 정서로 뭉쳐진 곳을 따뜻하게 풀어주며, 뇌는 새롭게 실행되고, 면역성 호르몬의 생리작용과 함께 싱싱하게 살아난다. 임마누엘 하느님, 로고스로부터 오는 생명의 기운, 영성에 의해 지지 받고 있을 때 지지 받고 있을 때 나의 행동은 내가 한다는 특별한 의식이 없는 무위(無

爲)의 행동으로서 내면의 요구에 의한 선명한 의식으로 가장 적절한 생각과 말과 행동을 하게 된다. 그럴 때 우리는 빛의 얼굴과 빛의 시선으로 상대방의 처지를 깊이 이해하고 수용하게 되어 어떤 이의 어떤 행동도 순결하고 사랑에 찬 눈으로 알아차리며 진리 안에서 봄 들판을 가로질러 불어오는 싱그러운 바람처럼 가볍고 자유롭고 신선해 질 수 있을 것이다.

에필로그

우리는 어디서 왔다가 어디로 가는 것일까? 살아가면서 문득문득 떠 오르는 물음이지만 죽음 앞에 서게 될 때는 삶과 죽음에 관한 것들이 아주 구체적이고 생생하게 다가 옵니다. 톨스토이는 죽음이란 인간에게 있어서 최초의 신비였으며 인간의 사고를 가견에서부터 불가견의 것으로, 일시성에서 영원성으로, 인간성에서 신성으로 향하게 했다고 말했습니다. 저의 영적 탐사도 그렇게 시작되었습니다.

30여년 전 어느 겨울날 건강검진을 해 보았는데 간암으로 진행되기 쉽다는 B형 만성 활동성 간염 중증이었고, 간 조직도 이미 많이 거칠어져 있어서 회복이 어렵다는 것이었습니다. 담당 의사는 약 잘 먹고 섭생을 잘 하면 8년정도는 버틸 수 있을 것이라고 말했습니다. 당시 막내가 초등학교 1학년이었으니 8년뒤면 중학교 2학년때일텐데 사춘기 아이를 두고 가야 한다는 것이지요. 저는 받아들일 수가 없었습니다. 그리고 자연치유도 있을 터인데 8년이라는 데이터는 약을 썼을 때 일어나는 통계자료일 것이라는 데 생각이 미쳤습니다. 8년이라는 데이터가 만들어진다는 건 어떤 특정한 방법에 따라오는 강제적인 기간인 셈이지요.

간이란 해독을 하는 장기여서 무슨 약이든 간에서 해독을 하고서야 약효를 낼 수 있으니 간장약조차도 간에는 부담일 것이고 이미 망가진 간에 약으로 더 부담을 준다는 건 어리석은 일이라고 생각했습니다. 저는 약을 끊고 간에 부담을 주지 않으면서 치유에 도움이 된다는 단전호흡을 시작했습니다. 그러나 비장과 간이 부어있어서 숨이 단전까지 내려가기가 어려웠습니다. 저는 절망 끝에 기도했습니다. "제가 가야 한다면 저 없이도 섭리 안에서 아이들이 잘 자랄 수 있다는 믿음을 가지고 가게 해 주십시오!" 저는 모든 걸 의탁하고 기도할 수 밖에 없었습니다. 제게는 잡을 지프라기 조차 없는 상황이었으니까요. 그러던 중 예수의 수난을 묵상하고 있던 어느 성 목요일 저녁 주님의 기도를 그 의미와 함께 외우던 중에 뜨거운 불화살이 발끝으로 내리 꽂히는 듯한 신비체험이 주어지면서 살아났습니다.

성서 속에서 예수는 치유가 일어난 여인에게 이렇게 말합니다. "여인아. 네 믿음이 너를 살렸다." 그러나 저는 기적을 믿지 못하는 성격이기 때문에 예수 그리스도의 수난과 제 처지를 함께 묵상할 수 있을 뿐이었습니다. 그리고 수난 묵상 후 주님의 기도를 외우고 있던 중 불화살처럼 뜨거운 기운이 발 아래로 흘러 내릴 때 조차 제 머리를 치는 건 "이게 뭐지?" 라는 놀라움이었습니다. 더구나 그 신비체험이 치유로 연결된 것이라고는 믿을 수가 없었습니다. 그러나 다음 달 정기 검진 일 검사결과가 모두 정상으로 돌아와 있었습니다. 의사는 있을 수 없는 일이니 좀 더 지켜 보자고 했습니다. 그제서야 저는 성 목요일 저녁의 신비체험이 떠 올랐고 집으로 돌아와 십자가 고상 앞에서 한없이 울었던 기억이 납니다.

병이 낫고 난 뒤, 제게 있었던 치유체험이 환자들에게도 일어날 수 있기를 바라며 호스피스 활동을 시작했습니다. 그러나 저는 제 체험을 환자들에게 잘 설명해 줄 수가 없었습니다. 저의 치유체험은 저로서도 이해되지 않았고 가끔 비현실적으로 다가오곤 했으니까요. 제 일생에 있어서 가장 큰 미스터리는 어린 자식을 두고 가야 할 지도 모르는 일이 어떻게 제게 일어났는가 하는 것이고 또 주님의 기도와 함께 있었던 치유체험입니다. 저는 저의 치유체험을 풀어낼 수 있는 모두가 납득할 만한 일반적인 언어와 자연의 법칙이 분명히 있을 것이라고 믿었습니다. 그 언어를 찾아내야겠다고 마음 먹었지요. 저는 심리학, 철학, 불교의 사원 등 제 발길 닿는 어느 곳에서든 신비를 풀어줄 수 있는 언어가 있기를 바라며 기웃거렸습니다. 그러던 중 깨달았던 것이 있었습니다. 신비체험을 한 모든 이들을 통해서 이해하게 된 것은 절대자로 표현되는 우리들의 근원은 모두 하나라는 것이었습니다. 제게 일어났던 신비체험은 어느 누구에게나 가능한 것이었으며, 표현이 다를 뿐 어느 종교에서든 기도할 수 있는 어떤 곳 – 그 장소가 어느 들판이었어도 가능한 것이었으며 본질적으로는 같은 체험이라는 것이었습니다.

언젠가 " 하느님의 자기 윤색" 이라는 말을 들었을 때 저는 고개를 끄덕였습니다. 종교적 신념이 만들어낸 그 어떤 이름이든, 절대자를 일컫는 보편적인 이름을 하느님이라고 부른다면 하느님은 각 개인에게 가장 알맞은 방법과 길을 택해서 오신다는 것이었지요. 절대자의 사랑은 우리들 각 개인 앞에 놓여진 종교적 상황과 신념, 기질과 체득한 정도에 따라 다르게 표현되는 언어와 몸짓을 알아들으시고 그에게 가장 적합한 방법을 통해 오신다는 것이었습니다. 하느님의 사랑은 존재하는 모든 것에 닿아 있기 때문이겠지요.

그 후 저는 제게 무슨 소명이 있어서 살려 주신 거라고 굳게 믿고 인간 관계든 일이든 너무나 열심히 했던 것 같습니다. 그러나 저는 저의 동기나 가치에 상관없이 사정없이 오해 받고 매도 당하면서 자신을 돌아보기 시작했습니다. 그러던 중 에니어그램을 만났습니다. 에니어그램을 공부하면서 저는 제게 일어났던 모든 일을 확연히 이해할 수 있었습니다. 우리의 눈과 귀는 자신의 몸과 마음을 움직이는 가치로부터 오는 서로 다른 영혼의 시선과 주관을 가지고 있고 다른 시선, 다른 주관으로 세상을 보고 듣기 때문에 서로를 이해하고 받아들이기가 힘들었던 것이지요. 우리는 서로 상처를 주고 받았으며 병이 들었습니다.

저는 다시 병이 도지고 병원으로 실려가게 되었습니다. 여의도 성모병원이었습니다. 담당의사는 여러 명의 레지던트들을 모아놓고 초음파 검시방법을 가르치려는 듯 "자 보이지?" 라고 하면서 손에 들고 있는 기기를 넘겨주었고 레지던트들은 모두 제 간에서 무언가를 확인한 듯 고개를 끄덕였습니다. 저는 암이구나! 하고 받아들였습니다. 그리고 다음날 아침 회진을 온 의사에게 "암이지요?" 라고 물었습니다. 의사는 "아주 조그마해" 라는 말로 저를 위로하고는 오후 3시에 CT촬영이 있을 것이라고 말했습니다. 저는 다시 질병을 앓고 있던 예전의 환경으로 돌아가 주님의 손에 모든 걸 맡겨드리면서 주님의 기도 그 의미와 함께 깊은 호흡에 빠져들었습니다. 얼마간 시간이 지나고 화장실에 가서 얼굴을 보았는데 까맣던 얼굴에 혈색이 좀 돌아온 듯 했습니다. 그리고 오후 3시가 되어 CT촬영을 했는데 암이 없어져 버린 것입니다. 담당의사는 이럴 수는 없으니 다시 초음파 검사를 하자고 했습니다. 그러나 초음파 기계에서도 암은 보이지 않았습니다. 담당 의사만이 아니라 여러 명의 레지던트들이 확인했던 암 조직이었는데 없어진 것입니다. 의사는 믿을 수가 없으니 다시 초음파 검사를 하자고 말했습니다. 그러나 역시 보이지 않았습니다. 의사는 다시 암 조직이 보였던 초음파 기계로 가서 검사를 해 보자고 했습니다. CT촬영후 그렇게 세 번의 초음파 검사를 했으나 암 조직은 보이지 않았습니다. 오래된 일이라서 여의도 성모병원에 제 기록이 있는지는 모르겠습니다. 저의 담당 의사선생님은 당시 간을 가장 잘 보신다는 가톨릭 대학 교수직을 가진 분이셨습니다. 당시에도 60세가 넘어 보였으니 살아계시다면 아마 연세가 많으실 것 같습니다. 당시 그 교수님에게 저를 소개해 주신 어느 신부님께서 그 이야기를 들으셨는지 저를 부르셨습니다. 그리고 어떻게 했는가를 물으셨고 저는 "주님의 기도 그 의미와 함께 숨 쉬었습니다."라고 대답했습니다.

처음 초음파 기계에서 담당의사와 레지던트들이 확인한 그 무엇이 암 조직이 아니었는지도 모르겠습니다. 암 조직이 얼마나 작았으면 주님의 기도와 함께 숨 쉬는 그 짧은 시간 안에 없어져버렸는지 저로서도 현실감이 느껴지지 않습니다. (묵주를 쥐고 환희 고통 영광을 묵상하면서 드렸으니 약 45분이 걸렸습니다.) 성 목요일 예수님의 수난 묵상 후 '주님의 기도'를 드리던 중 신비체험으로 만성활동성 감염이 나아버린 것 역시 현실감이 느껴지지 않기는 마찬가지입니다. 그러나 '주님의 기도 그 의미와 함께 숨쉬기'는 그로부터 30여년이 지난 지금까지 제 건강을 지켜주고 있습니다.

제 치유를 이해할 수 있도록 해 줄 학문적인 근거는 제가 본문에서 기술한 정신신경면역학과 동의보감에서 찾을 수 있지만 가장 근본적인 근거는 "그 분 안에 생명이 있었으니 그 생명은 사람들의 빛이었다." 라는 요한1,1-5의 말씀과 "하느님께서 흙으로 사람을 빚으시고 생명의 숨을 불어넣으사 사람이 생명체가 되었다." 라는 창세기 2,7의 말씀입니다. 하느님의 마음으로부터 온 말씀이 생명을 움직이는 생명의 빛으로서 생명의 숨과 생명의 혈을 움직이는 생기와 함께 있습니다. 하느님의 마음으로부터 온 말씀은 혈을 움직일 뿐만 아니라 면역성 호르몬도 고요하고 평온한 하느님의 마음으로부터 방출됩니다. 세상의 생명이 말씀으로부터 왔고 말씀으로 치유되니 말씀이 곧 우리들 생명의 원인이자 본질이며 생명력입니다. 그러면 어떻게 선악분별에 따른 그림자투사로 생노병사의 길을 걷고 있는 조건 지어진 우리의 마음이 하느님의 마음과 일치할 수 있을까요? '주님의 기도 그 의미와 함께 숨쉬기'로 온 몸은 하느님의 뜻이 이 땅에서도 이루어지기를 바라는 하느님의 마음과 일치할 수 있습니다.

신체 컨디션은 마음에 따라 시시각각 얼마나 빠르게 움직이는지 경험해 보신 분들을 알 것입니다. '주님의 기도 그 의미와 함께 숨쉬기'는 얼마나 빠르게 치유를 도와 주는지요. 우리의 몸이 주님의 기도 그 의미와 함께 숨 쉴 수 있을 때 우리의 몸은 생명의식에너지 층으로부터 오는 사랑과 생명의 힘, 말씀으로부터 오는 생명의 빛, 생명의 숨, 생기와 연결됩니다. 그럴 수 있을 때 우리의 몸은 생명의 원인이자 실재이며 본질이자 생명력인 임마누엘 하느님의 마음과 같은 주파수의 진동으로 공명할 수 있고 막힌 혈은 온 몸을 흘러 질병으로 굳어진 몸을 이완시키고 세포 유전자를 순식간에 깨워 뇌는 새롭게 실행되며 생명수는 폭포수처럼 온몸으로 흘러 내립니다. 그렇게 몸은 공동체를 위한 십자가가 아닌 성격적인 이유로 스스로 만들어낸 십자가 - 질병으로부터 놓여날 수 있게 됩니다.

문제는 주님의 기도가 지향하는 의미, 하느님의 나라가 이 땅에서도 이루어 지기를 바라는 마음이 온 몸의 의미가 되도록 오로지 그 염원으로 기도드릴 수 있는가 입니다. '주님의 기도 그 의미와 함께 숨쉬기'가 가능할 때는 주님의 십자가 묵상으로 자신을 비롯한 모든 이를 용서할 수 있는 마음이 은총처럼 주어질 때와 기억정화가 이루어질 때입니다. 우리의 뇌는 한가하고 조용해 질수록 세포에 새겨진 온갖 상처들이 올라와 해결해 달라는 소리로 가득해 집니다. 그런 이유에서 우리는 주님의 기도에 온전히 몰입하기가 쉽지 않습니다. 우리의 뇌는 컴퓨터와는 달리 조용하게 쉬고 있을 때 혹은 기도를 시작하려는 차분한 마음 안에서 디폴트 모드 회로(default mode network)로 돌아가 숙제를 풀어보려고 더욱 활발하고 현명하게 움직입니다. 주님의 기도에 온전히 몰입하기 위해서 필요한 것은 그 과정 안에서 일어나는 기억정화입니다.

우리의 기억은 빛의 시선에 따른 본질적인 경험에 의한 것이든 그림자투사에 따른 비본질적인 경험에 의한 것이든 그때 그때 영혼의 시선에 따른 그림자투사로부터 온 경험과 기억입니다. 우리에게 문제는 서로 다른 영혼의 시선과 시선에 따른 그림자투사로 끊임없이 이어지는 서로 알아 듣는 것 같지만 속으로는 다른 계산이 작용하고 있는 의사소통입니다.

관계 안의 생명인 우리에게 소통 문제는 숨쉬기와 연결됩니다. 시원한 소통은 편안한 숨길을 내고 불편한 소통은 숨길을 막습니다. 에니어그램은 서로의 그림자투사가 어떻게 서로의 숨통을 막아 왔는지를 이해하고 수용할 수 있도록 도와줍니다. 또한 조화와 균형 안에서 생명력을 주고 받으며 숨 쉴 수 있는 방법을 제시해 줍니다. 에니어그램을 통한 그림자투사의 이해와 수용안에서 자기인식을 통한 영적 치유가 일어나 빛의 시선을 되찾게 될 때 우리는 기억정화와 함께 있는 그대로 투명하게 알아차리고 소통하면서 회복과 치유의 길을 걷게 됩니다.

에니어그램 성격 유형 중 같은 유형들은 모두 같은 시선을 가지고 있고, 같은 경험과 기억 안에서 같은 문제에 부딪힐 수 있으며 같은 갈등 안에서 같은 방법으로 싸우고 있다는 것을 알고 난 뒤 저는 에니어그램이 자기 인식을 통한 영적 치유와 더불어 몸과 마음의 치유를 위한 가장 유용한 도구가 될 수 있나는 데에 동의했습니다. 그런 이유로 에니어그램은 심리학과 영성의 다리라고 불립니다. 에니어그램이 우리에게 유용한 도구가 된다는 것은 심리학과 철학 등 인간의 근원을 찾아 헤맨 노력의 결과로 발굴해낸 언어들을 신비와 하나로 묶어 주기 때문입니다. 마찬가지 이유로 에니어그램은 제게 일어났던 죽음의 그림자와 치유, 그 과정에 있었던 신비체험을 풀어 설명해 줄 수 있는 가장 적합한 언어로서 자연의 법칙을, "하느님의 자기 윤색"에 관한 것들을 들려주고 있기 때문입니다. 이 책자와 함께 하는 내면여행이 자신과 이웃에 대한 이해와 더불어 자유롭고 건강하고 충만한 삶을 만들어나가는데 도움이 되기를 바랍니다.

2018년 12월 25일 저자 황인숙

참고문헌

- 성서 : 주교회의성서위원회, 발행인 김희중
- 메리 레벡카 로가시온 지음 / 이정순 옮김(2006) 『에니어그램』 서울 : 성서와 함께
- 메리 레벡카 로가시온 지음 / 황인숙 옮김(2010) 『My ESSENCE, MY Identity』
- 앤 해링턴 지음 / 조윤경 옮김 (1989) 『마음은 몸으로 말을 한다』 ㈜살림출판사
- C.G.융 지음 · 설영환 옮김(2005) 『무의식의 분석』 선영사
- P.D.우즈펜스키 지음 / 오성근 옮김(2005) 『위대한 가르침을 찾아서』 서울 : 김영사
- 데이비드 호킨스 지음 / 문진희, 김명권 옮김(2009) 『의식 수준을 넘어서』 서울 : 판미동
- 데이비드 호킨스 지음 / 백영미 옮김(2009) 『의식혁명』 서울 : 판미동
- 글렌라인(Glen Rein) 지음 / 조인성 · 이명수 옮김(2003) 『양자 생물학』 미내사
- IrvinD.Yalom 저 / 임경수 역(2007) 『실존주의 심리치료』 학지사
- Ken Wiber 저 / 조옥경 옮김(2010) 『켄윌버의 통합 심리학』 학지사
- 빅터 프랭클 지음 / 이시형 옮김(1969) 『삶의 의미를 찾아서』 청아출판사
- 빅터 프랭클 지음 / 심일섭 옮김(2002) 『프랭클 실존분석과 로고세라피』 도서출판 한글
- 십자가의 성요한지음 / 최민순 옮김(1971) 『가르멜의 산길』 서울 : 바오로딸
- 움베르토에코.마르티니지음 / 이세욱 옮김(2003) 『무엇을 믿을 것인가』 서울 : 열린 책들
- 데이비드 봄 지음 / 이정민 옮김(1980) 『전체와 접힌 질서』 서울 : 마루벌
- 데이비드 봄 지음 / 강혜정 옮김(2011) 『창조적 대화론』 서울 : 에이지
- 박문호 지음(2015) 『그림으로 읽는 뇌 과학의 모든 것』 (주)휴머니스트출판그룹
- 자크 라캉 지음 / 권택영 옮김(2004) 『욕망이론』 서울 : 문예출판사
- Ruth A.Bear 편저 / 안희영 옮김(2009) 『마음 챙김에 근거한 심리치료』 학지사
- William R.Lovallo 저 / 안희영 옮김(2012) 『스트레스와 건강』 학지사
- 존 카밧진 지음 / 장현갑 · 김교현 · 김정호 옮김 (1998) 『마음챙김 명상과 자기치유』 학지사

- C.G.융 지음·김양순 옮김(2016)『인간과 상징』 동서문화사
- 신경희 지음(2018)『정신신경면역학 개론』 학지사
- 리처드 로어·안드레아스 지음 / 이화숙 옮김(1993)『내 안에 접힌 날개』 서울 : 바오로 딸
- 까를로 까레뜨 지음『도시의 광야』 서울 : 분도 출판사
- 이죽내 지음『융 심리학과 동양사상』 하나의학사
- Fraser Bor 지음 / 박현순 · 이창인 역『융 학파의 꿈해석』 학지사
- 로버트 존슨 지음 / 고혜경 번역『당신의 그림자가 울고 있다』 에코의 서재
- 존 카밧진 지음 / 안희영 · 김재성 옮김 (2012)『마음챙김에 대한 108가지 교훈』 학지사
- 오쇼 지음 / 손만규 옮김(2006)『위대한 만남』 서울 : 비전코리아
- 윤희조 지음(2012)『불교의 언어관』 도서출판 씨 · 아이 · 알
- 요코야마 고우이츠 지음 / 묘주 옮김(1997)『唯識哲學』 서울 : 경서원
- 황인숙 지음(2009)『FACES IN 에니어그램』 서울 : 연경미디어
- 이어령 지음(2010)『지성에서 영성으로』 서울 : 열림원
- QUANTUM BIOLOGY by DR. GLEN REIN(1992)
- 한국통합의학회『2011추계학술대회논문집』
- 오정석 · 윤호창 · 김태헌 "씨써클 기업의 개념과 영적 자신에 대한 연구"
- 한국통합의학회『2011추계학술대회논문집』
- 강길전(충남대 교수) "심신치유에서 몸과 마음의 연결에 관하여"
- 김경식 박사(가람정신병원장) "양자 의학"
- 시스템 메타포에 대한 철학적 이해 최종덕

황 인 숙

경희대 아동가족학과 졸업
서울불교대학원대학교 심신통합치유학석사,
한국심신치유학회 이사
EBSH(Enneagram Based Spiritual Healing)연구소장

◎ 저서
『안나의 기도』 미루나무
『얼굴로 알아보는 성격이야기』진리탐구
『FACES IN 에니어그램』연경미디어
『엄마 나도 마음이 있어요』신진리탐구
『몸, 마음, 영성적 접근법의 에니어그램』한국프레이밍 연구소

에니어그램 워크 · 문의
EBSH(Enneagram Based Spiritual Healing)연구소

www.ebsh.co

제목 : 회복과 치유로 가는 길 -에니어그램 In Faces
지은이 : 황인숙
펴낸이 : 김동현
펴낸곳 : 민영사 임프린트 EBSH연구소
펴낸날 : 2019년 1월 25일 초판

주소 : 서울시 성동구 독서당로 39길 43 1층
전화 : (02)711-1224, 711-1225
팩스 : (02)711-1226
등록 : 2014년 1월 1일 제2014-000001호
Home : www.minyoungsa.com
E-mail : myspub@hanmail.net

ISBN: 979-11-86378-29-8 03110
정가 : 25,000원